科学出版社"十三五"普通高等教育本科规划教材
新型生态科学系列

现代农业与生态文明

曹林奎　黄国勤　主编

科学出版社
北京

内 容 简 介

本书主要介绍现代农业发展与生态文明建设的关系，农耕文化与生态文明建设，现代农业的特征和发展趋势，生态文明建设的研究与实践，农村生态文明建设，休闲农业与乡村旅游，农业信息化与精准农业，农业产业结构调整策略，现代农业的可持续发展战略等内容。

本书可作为农业院校本科生通识课程教材，以及现代农业与生态文明研究领域相关专业本科生和研究生的参考书，并可供从事以上相关专业研究的高校教师、农业科研和农村技术人员及农村第一线领导干部参考。

图书在版编目(CIP)数据

现代农业与生态文明/曹林奎，黄国勤主编. —北京：科学出版社，2017.10
科学出版社"十三五"普通高等教育本科规划教材. 新型生态科学系列
ISBN 978-7-03-055208-2

Ⅰ. ①现… Ⅱ. ①曹… ②黄… Ⅲ. ①现代农业-农业生态-生态文明-高等学校-教材 Ⅳ. ①S181

中国版本图书馆 CIP 数据核字（2017）第 271525 号

责任编辑：席 慧 马程迪 / 责任校对：杜子昂
责任印制：赵 博 / 封面设计：铭轩堂

科 学 出 版 社 出版
北京东黄城根北街 16 号
邮政编码：100717
http://www.sciencep.com

北京华宇信诺印刷有限公司印刷
科学出版社发行 各地新华书店经销
*

2017 年 10 月第 一 版　开本：787×1092　1/16
2026 年 1 月第七次印刷　印张：14
字数：358 000
定价：49.80 元
（如有印装质量问题，我社负责调换）

《现代农业与生态文明》编写委员会

主　　编　曹林奎　黄国勤
副 主 编　严力蛟　董召荣
　　　　　赵　琦　徐珊珊
参　　编　（按姓氏笔画排序）
　　　　　马艳芹　卢晓慧
　　　　　刘家根　齐海军
　　　　　孙丹平　宋　贺
　　　　　张贵友　周　婷
　　　　　赵　倩　姚　承
主　　审　骆世明　陆贻通

前　言

　　现代农业的产生是人们对人与自然关系反思的成果。现代农业有别于原始农业和传统农业，除了生产方式与手段不同以外，更重要的是理念和技术的差异，表现为现代农业在时空上的突破，由产中延伸到产前、产后，并形成了一条"产—加—销"一体化的现代农业产业链。现代农业将以现代产业组织为纽带，以现代产业理念为指导，以现代科技为支撑，发展形成第一、二、三产业相融合的新格局。

　　生态文明是人们对人与自然关系审视的产物，是农业文明、工业文明后的一个新的文明阶段。生态文明统领物质文明、精神文明、政治文明和社会文明，反映在自然生态保护、生态产业发展、生态生活方式、生态文化意识、生态制度建设等各个方面。当前生态环境的恶化，应当归因于全球性工业化进程，因为工业经济必须以消耗大量的资源为代价，并伴随着以能源为主体的资源耗竭和过度的环境污染。同时，现代工业化农业对化石能源的过分依赖，造成对化石能源的"过度"使用，从而引发严重的农村环境问题。因此，要把握生态文明的建设带给现代农业的机遇，将现代生态农业做大做强。只有农业生态文明得到大力发展，才能以农业促农村、以农业富农民，并实现现代农业的可持续发展。

　　"现代农业与生态文明"是运用系统工程原理、生态学理论和现代农业科学技术成果，研究现代农业可持续发展和农村生态文明建设的一门新课程。它是高等院校为了主动适应并积极服务于现代农业建设，加速培养农业科技创新人才而开设的一门通识课程。本课程既是现代农学、生态学、生物技术等相关学科沟通的桥梁，又是农业科学、信息科学、经济学、管理学和社会学等多学科研究成果的综合应用，同时反映了现代农业与生态文明研究领域的一些新观点和新思考。

　　本书根据编者多年的教学和科研经验，结合当今全球现代农业与生态文明研究领域的发展前沿，系统地阐述了现代农业发展与生态文明建设的关系；农业生态文明的基本理念；中国传统农业与优秀农耕文明传承；现代工业化农业的特点和问题；现代农业的产业特征与发展趋势；我国乡村发展与农村生态文明建设；现代生态农业技术、模式及其发展战略等内容。本书可作为农业院校本科生通识课程教材，以及现代农业与生态文明研究领域相关专业本科生和研究生的参考书，并可供从事以上相关专业的高校教师、农业科研和农村技术人员，以及农村第一线领导干部参考。

　　本书的出版得到上海交通大学农业与生物学院和农业部都市农业重点实验室的资助。本书由上海交通大学联合江西农业大学、浙江大学、安徽农业大学、上海科技馆等高校和科研单位专家、学者共同组织编写，经过各位同仁的通力合作，耗时两年多，终于完成了编写任务。本书编写分工如下：第一章由上海交通大学曹林奎执笔；第二章由浙江大学严力蛟、赵倩、姚承执笔；第三章由上海交通大学赵琦执笔；第四章由江西农业大学黄国勤、孙丹平执笔；第五章由江西农业大学黄国勤、马艳芹执笔；第六章由浙江大学严力蛟、刘家根、周婷执笔；第七章由嘉兴职业技术学院卢晓慧、安徽农业大学齐海军执笔；第八章由安徽农业大学张贵友、董召荣、宋贺执笔；第九章由上海科技馆徐珊珊执笔；全书由曹林奎教授、黄国勤教授统稿。本书由华南农业大学骆世明教授和上海交通大学陆贻通教授担任主审，他们对本书的编写提出了许多宝贵意见和建议，在此表示诚挚的谢意。

  本书在编写过程中，得到刘新秀、徐媛媛、林鸿煜、吴昊、韦奕莹、郭沁怡、吴玥瑶、杨锦瑶、李冰洁、刘亚茹、谢颖盈、姜洪、霍思高等同志的帮助和支持。同时，本书参考了国内外大量文献资料，吸收了有关方面著作和教材的研究成果。对此，一并表示衷心感谢。由于本书内容涉及面广，编者水平有限，在书中体系及章节内容上难免存在不足之处，敬请同行专家不吝赐教，也欢迎广大读者批评指正。

编　者

2017 年 7 月 1 日

目　录

前言
第一章　绪论 ... 1
第一节　现代农业与生态文明的概念 ... 1
第二节　现代农业发展与生态文明建设的关系 ... 6
第三节　农业生态文明建设的目标和思路 ... 12
第四节　农业生态文明建设的展望 ... 16
第二章　农耕文化与生态文明建设 ... 22
第一节　传统农业的生态智慧 ... 22
第二节　传统农业与文明进步 ... 27
第三节　传统农业与现代工业化农业 ... 34
第四节　农耕文化与生态文明 ... 40
第三章　现代农业的特征和发展趋势 ... 48
第一节　世界农业发展现状和存在问题 ... 48
第二节　现代农业的类型和特征 ... 54
第三节　现代农业的发展趋势 ... 59
第四节　生态文明建设背景下中国现代农业的任务 ... 63
第四章　生态文明建设的研究与实践 ... 67
第一节　生态文明建设的重大意义及战略对策 ... 67
第二节　生态文明的基本特征 ... 76
第三节　生态文明建设的内容 ... 84
第四节　现代农业时代生态文明建设的途径和措施 ... 91
第五章　农村生态文明建设 ... 97
第一节　农村生态文明的战略地位 ... 97
第二节　农村生态问题及其综合治理 ... 97
第三节　农村生态文明建设方法与路径 ... 105
第四节　农村生态文明建设的实践案例 ... 108
第五节　生态文明与新农村建设 ... 118
第六章　休闲农业与乡村旅游 ... 123
第一节　休闲农业与乡村旅游概述 ... 123
第二节　休闲农业与乡村旅游类型和模式 ... 133
第三节　国内外休闲农业与乡村旅游产业现状和发展趋势 ... 140
第四节　当前休闲农业与乡村旅游存在问题及发展对策 ... 147

第七章 农业信息化与精准农业 …………………………………………………… 155
- 第一节 农业信息化的概念及其在生态文明中的作用 ……………………… 155
- 第二节 精准农业及其实践 ………………………………………………… 157
- 第三节 精准农业信息获取技术 …………………………………………… 165
- 第四节 精准农业信息处理技术 …………………………………………… 169
- 第五节 精准农业信息田间实施技术 ……………………………………… 172

第八章 农业产业结构调整策略 …………………………………………………… 178
- 第一节 农业产业结构的概念和内涵 ……………………………………… 178
- 第二节 生态文明建设中农业产业结构调整的基本原理 ………………… 179
- 第三节 农业产业结构调整模式与关键技术 ……………………………… 185
- 第四节 农业产业结构调整的方向和途径 ………………………………… 189

第九章 现代农业的可持续发展战略 ……………………………………………… 192
- 第一节 农业可持续发展的理论与实践 …………………………………… 192
- 第二节 现代生态农业的模式和技术 ……………………………………… 196
- 第三节 生态文明视角下现代农业的可持续发展战略 …………………… 202

参考文献 …………………………………………………………………………… 209

第一章 绪 论

第一节 现代农业与生态文明的概念

"现代农业与生态文明"是一门运用系统工程原理、生态学理论和现代农业科学技术成果,研究现代农业可持续发展和农村生态文明建设的新课程。这门课程是高等院校为了主动适应并积极服务于农业现代化建设,加速培养农业科学创新人才而新开设的。"现代农业与生态文明"课程既是现代农学、生态学、生物技术等有关学科沟通的桥梁,也是农业科学、信息科学、经济学、管理学和社会学等多学科研究成果的综合应用平台,本教材还提出了现代农业与生态文明研究领域的一些新观点。现对本课程的相关概念简介如下。

一、农业生态系统

农业生态系统就是人类利用农业生物之间及农业生物与环境之间的相互作用而建立的,并按人类社会需求进行物质生产的有机整体。农业生态系统介于自然生态系统与人工生态系统之间,是一种被人类驯化了的半自然生态系统。它不仅受自然的制约,还受人为调控过程的影响。它既受自然生态规律的支配,又受社会经济规律的调节。农业生态系统的能量流、物质流、信息流和价值流是相互交织着的。能量、信息和价值都依附于一定的物质形态,物质流又要靠能量的驱动,信息流则调节着系统的能量流和物质流,使系统更加协调和稳定。

农业生态系统与自然生态系统相比,有很多显著的差异,其中最大的差别就是多了一个人为调节控制系统(图1-1),其主要特征如下。

(1)农业生态系统的生物组分是以人工驯化培育的农业生物为主,人是其中最重要的调控力量,也是农业生态系统中一个重要的消费成员。农业必须发展或保留选择和引入新基因、新品种的能力以适应不断变化的环境。

(2)农业生态系统的环境组分多了人工环境组分。也就是说,农业生态系统的环境组分大多是经人工改造或受人工调控的环境。例如,农业生态系统中的土壤、水体等也受到人类活动的深刻影响。

(3)农业生态系统的稳定性较弱。农业生态系统的物种结构单一化,自我调节机制被削弱,代之以更多的人工调控。以人工调控取代自然调控使农业生态系统维持一定的稳定性。自然生态系统主要通过自我调控机制,维持生物多样性及其生态系统较高的稳定性。

(4)农业生态系统是一个更加开放的系统。农业生态系统的生产除满足系统内部的需求外,还要满足系统外部和市场所需,有大量的农、林、牧、渔等产品离开系统,参与系统内再循环的残留物质数量较少。同时,还伴随着一些非目标性的输出,如水土流失、温室气

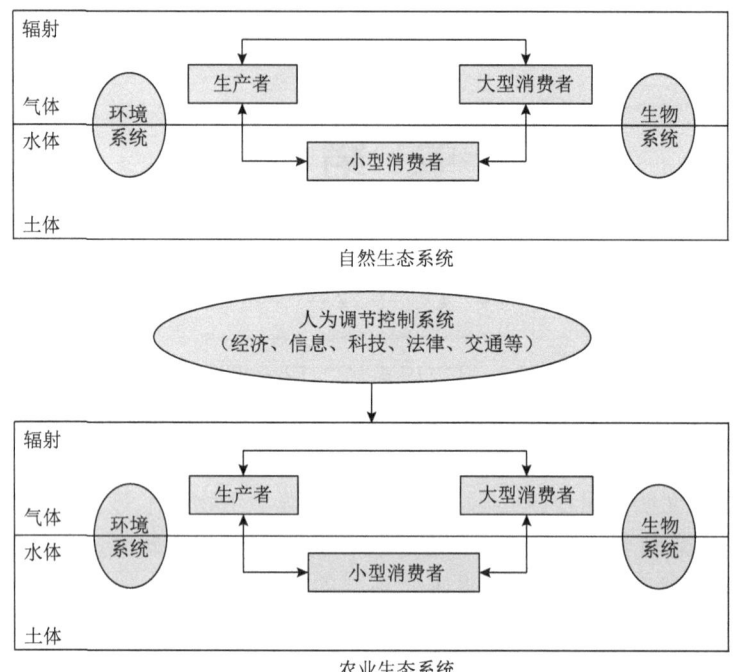

图 1-1 自然生态系统与农业生态系统的结构比较

体排放（CO_2、CH_4、N_2O）等。为了维持系统的再生产过程，要向系统输入大量化肥、农药、机械、电力、灌溉水等物质和能量。农业生态系统的这种"大进大出"现象，表明它的开放性远超过自然生态系统。

（5）农业生态系统的净生产力比较高。由于品种的改良、环境的改善、生物低呼吸消耗等因素，农业生态系统的净生产力要高于一般自然生态系统。随着农业生物技术的不断发展，将培育出更加优质高产的良种，加上农业生产管理的集约化，更有利于提高农业生产力水平。

（6）农业生态系统既服从自然生态规律，又服从社会经济规律。农业生态系统比自然生态系统更加复杂，这是因为农业是人们利用自然和社会经济资源进行的综合生产活动，农业也是由生物和非生物环境相互作用而组成的复杂系统。人们要发展农业生产必须调控管理农业生态系统，也必须服从生态、经济的客观规律。

（7）农业生态系统的目标是满足人类日益增长的需要，是以人类的需求为中心的；而自然生态系统的目标是使生物的现存量最大，总生产接近总消耗。农业是一种产业，即在整个农业生态系统有限的资源条件下，运用现代化生产投入和科学技术，生产出足够的农产品。与此同时，合理调控农业资源与环境，确保农业生态系统的良性循环。

二、现代农业

世界农业可划分为原始农业、传统农业、现代农业三大发展阶段。而现代农业又可细分为两个时段：一是发达国家兴起的现代工业化农业；二是未来全球农业发展的方向，即现代生态农业。20 世纪 50 年代末，发达国家的农业率先实现了由传统农业向现代工业化农业的转变，但是目前广大发展中国家仍处于传统农业阶段或由传统农业向现代工业化农业转变的过渡时期。纵观当今世界农业格局，虽然仍是现代工业化农业和传统农业并存，但总的发展趋势是现代农业向更高层次发展，全球农业向现代生态农业的历史性转变。现代生态农业是继原始农业、传统农业、现代工业化农业之后的一个农业发展新阶段。它的发展目标是建成一种多元化和综合性的新型产业，同时又是一种开源节流和可持续发展的绿色产业。

现代农业就是用现代工业装备的、用现代科学技术武装的、以现代管理理论和方法经营的、生产效率达到世界先进水平的农业（路明，2008）。它是以现代产业组织为纽带，以现代产业理念为指导，以现代科技为支撑，连接第一、二、三产业的农业体系。现代农业有别于传统农业，除了生产方式与手段不同外，更重要的是理念的差异，表现在现代农业在产业链上的突破，由产中延伸到产前和产后，并形成了一条生产、加工、销售（"产—加—销"）一体化的现代农业产业链。现代农业是人们对人与自然关系不断反思的结果，它既不同于自给自足的原始农业，又不同于精耕细作的传统农业。它既是技术高度密集的科技型产业，又是面向全球经济一体化的"技—农—工—贸"相结合的现代企业。现代农业的基本特征主要是产业结构市场化、生产方式集约化、经营形式产业化、生产技术生物化和农业生产决策信息化等。因此，现代农业是一个既新颖又宽广的概念和领域，这对中国农业生态系统的研究和管理是一个挑战，也是一个发展的机遇。

目前，中国各地正在加速建设各种特色的现代农业，根据地域不同，现代农业可分为农区农业、城郊农业和都市农业等类型。众所周知，农业是中国国民经济的基础，但是在不同时期和不同的地区，对农业基础地位的认识是不一样的。随着社会经济的不断发展，社会赋予农业的功能日益丰富。农业历史悠久，每一次科技上的重大突破和革命，都将农业推上一个新台阶，进入一个新的历史时期。可持续发展的理念，以生物技术与信息技术为主导的新的农业科技革命，使中国迈上了建设现代农业的步伐。现代农业既是一种技术密集型的知识产业，又是一种可持续发展的绿色产业。中国现代农业的建设将是一项长期的系统工程，是一个由量变到质变、由低级到高级的发展过程。因此，我们一定要站得高、看得远，用创新的观点、深远的思路来认识和研究现代农业，这也是建设生态文明的关键。

三、生态文明

生态文明就是人类生存状态的文明，即人类为了更好地生产、生活，在协调与处理人与自然的关系和人与社会的关系中形成的精神成果和物化成果的总和。它是以人与自然、人与人、人与社会和谐共生、良性循环、全面发展、持续繁荣为基本宗旨的文化伦理形态，它是在人类对于长期以来主导其社会物质文明的农业文明和工业文明的反思基础上形成的。生态文明的内涵可以从横向、纵向两个视角来理解。从横向来看，生态文明是与物质文明、精神文明和政治文明并列的文明形式。生态文明理念下的物质文明，致力于消除经济活动对大自然自身稳定与和谐构成的威胁，逐步形成与生态相协调的生产、生活与消费方式。生态文明下的精神文明，提倡尊重自然，认知自然价值，建立人自身全面发展的文化与氛围，从而转移人们对物欲的过分强调与关注。生态文明下的政治文明，尊重利益和需求多元化，注重平衡各种关系，避免由于资源分配不公、人或人群的斗争及权力的滥用而造成对生态的破坏。生态文明是对现有文明的超越，它将引领人类放弃工业文明时期形成的重功利、重物欲的享乐主义，摆脱自然与人类两败俱伤的悲剧。从纵向来看，人类文明经历了四个阶段，即原始文明、农业文明、工业文明和生态文明阶段。如果说农业文明是"黄色文明"，工业文明是"黑色文明"，那生态文明就是"绿色文明"。

生态文明建设要在社会发展过程中调整人与自然的关系，建立起生态环境和谐有序的运行机制。生态文明建设是一个由多元构成、多维指向的有机整体，涵盖着经济、政治、文化、社会四个层面的全方位建设，并与之融为一体，形成"五位一体"。它主要包括以下三个方面的建设内容：①生态意识文明建设。它是人们正确对待生态问题的一种进步的观念形态，包括进步的生态意识、进步的生态心理、进步的生态道德，以及体现人与自然友好、和谐的价值取向。②生态法制文明建设。它是人们正确对待生态问题的一种进步的制度形态，包括生态法律、制度和规范，其中特别强调完善和健全与生态文明建设地位和标准相关的法制体系，并重点突出强制性生态技术法制的作用。③生态行为文明建设。它是指在一定的生态文明观和生态文明意识指导下，人们在生产生活实践中推动生态文明向前发展的活动，包括清洁生产、循环经济、环境保护、城乡绿化等生态型产业建设，以及一切具有生态文明意义的参与和管理活动，同时还包括人们的生态意识和行为能力的培育。

四、农业生态文明

农业是国民经济的重要产业部门，是人类社会文明发展的重要推动力。在中国这片古老的土地上，悠久的农业历史孕育了中华民族灿烂的社会文明。"天人一体"的人与自然环境关系学说，"以时禁发"的自然资源利用原则等，体现了古代农业朴素的可持续发展理念。然而近几个世纪以来，人类步入工业文明，在把自然资源转化为人类所需产品的过程中，对自然资源无节制地消耗，造成了水资源污染、水土流失、土壤酸化、土地沙漠化、大气污染等生态环境恶化、环境承载能力下降、生态脆弱及系统失衡等一系列问题。这种掠夺式的开发，严重地影响了农业的可持续发展，加剧了农业发展的困扰，不符合科学发展观的要求，制约着人类文明发展的进程，其发展模式是不可持续的。然而值得欣慰的是，中国政府把"生态文明建设"与"经济建设、政治建设、文化建设、社会建设"并举，作为"五位一体"之一，这充分体现了中国政府十分重视"生态文明建设"。这是政府执政的理念创新，是从国家层面立足于中国基本国情、关系人民福祉的正确决策。农业发展与生态文明建设息息相关，在农业发展进程中进行生态文明建设，绝不能对资源进行掠夺式开发，应该加大农业设施投入力度，保护生态环境，节约自然资源，进行农业产业结构优化，合理利用现代农业科学技术，加强农村文化建设和政策制度建设等。只有这样，才能实现资源的可持续利用，处理好人与自然的关系，从而实现农业产业的可持续发展，书写农业生态文明发展新的篇章。

农业生态文明就是协调生态环境建设与现代农业发展的关系，维护良好的城乡生态环境以促进农业的发展，在现代农业生产中着力形成和谐、良性和可持续发展的运行体系和机制。改革开放以来，中国政府一直把农业、农村、农民（简称"三农"）问题作为头等大事来抓，把"三农"问题看作制约中国现代化的主要因素。也就是说，没有农业的现代化，也就没有中国的现代化。只有建设高度的农业生态文明，农业现代化才能得以实现。进行农业生态文明建设，政府要作为主体加大农业设施投入力度，改变农业基础薄弱环节；要提高农民的环境保护意识，加强农业生态环境保护措施；调整农业粗放型产业向生态型产业的转化，进行农业产业结构优化调整；通过生态科技创新抢占未来农业科技竞争制高点，通过生态科技进步促进农民增收致富；加强农村生态文化建设，引领广大农民走生态良好的文明发展之路；加强农业法制建设，建立强有力的生态文明建设保障体系。通过以上举措，大力减少农业化学品的投入，防控农业面源污染，生产绿色安全农产品，同时促进农业增效和农民增收，实现中国现代农业"高产、高效、优质、生态、安全"的发展目标。中国共产党第十八次全国代表大会的报告中指出，要大力推进生态文明建设，并把农业、农村、农民问题放在生态文明建设的突出位置，这彰显了农业发展对生态文明建设举足轻重的作用。构建生态文明的首要任务就是建设农业生态文明，没有农业生态文明，也就没有农村生态文明可言。中国是一个农业大国，农业生态文明建设进程关系到整个国家生态文明建设的进程。

五、农村生态文明

当前，中国农村经济社会取得了长足发展，但农村生态环境却面临严峻挑战，农村经济发展与生态文明建设的不同步性正阻碍着农村经济的发展，加强农村生态文明建设已刻不容缓。2006年，中国政府对社会主义新农村的目标要求进行界定，"生产发展、生活富裕、乡风文明、村容整洁、管理民主"这一目标不仅对中国未来农村发展描绘了蓝图，还为农村生态文明建设提供了主要依据。农村是中国社会主义建设的重要组成部分，必须将生态文明建设作为新农村建设与发展的纲领，建设生态文明的"美丽乡村"，使之成为"美丽中国"建设的有机组成部分。总之，中国农村生态文明建设是"美丽中国"建设的有机组成部分，新农村建设必须进一步提升生态文明建设的思想，实现农村经济与社会的可持续发展，积极推动美丽乡村建设，加快"美丽中国"建设步伐，助推中国梦。

农村生态文明就是在农村生产发展过程中加快农村生产方式和生活方式的转变，建立农村经济社会与自然的有机统一，实现农村人与自然、人与人之间的和谐相处，最终建成"生产发展、生活富裕、生态良好"的社会主义新农村。农村生态文明建设是生态文明建设的重要组成部分，具有重要意义。首先，农村生态文明建设是构建社会主义和谐社会的必然要求。农村生态文明的建设强调了人与自然的和谐统一，通过农村生态文明建设，实现农村经济的发展、农民生活水平的提高和农村环境的改善，真正为社会主义和谐社会的构建增添活力。其次，农村生态文明建设是社会主义新农村建设的重要支撑。通过农村生态文明建设，能够为农村政治、经济、文化、社区的发展提供良好的基础，进而为社会主义新农村建设提供重要支撑。最后，农村生态文明建设是实现"两个一百年"梦想的重要举措，必将描绘出丰衣足食、经济繁荣、文化昌盛、山清水秀、环境优美、人与自然和谐相处的美丽画卷，谱写中国生态文明建设新的历史篇章。

中国农村生态文明建设今后的工作重点：一是以生态宣传教育为抓手，牢固树立农村生态文明观念。加强对农民的宣传教育；加强对农业企业主的宣传教育；加强对农村基层领导干部的教育培训；加强对青少年的宣传教育。二是以发展现代生态农业为契机，加快转变农业发展方式。创新农业生产经营模式；优化传统耕作方式和耕作制度；提高农业废弃物资源化利用率；大力发展现代生态农业技术。三是以完善政策法规为前提，不断提高农村环保监管和执法能力。完善农村生态法规体系；完善监管体制，加强监管力度；完善民主监督渠道，加强社会监督。四是以健全体制机制为支撑，为农村生态文明建设提供有力保障。统筹城乡发展，构建多元化投资机制；加快科技创新，构建农村环保科技支撑体系；制定鼓励农村生态文明建设的财税政策；建立有利于保护农村资源的价格机制；实行环保一票否决制，把农村生态文明建设作为干部晋升的重要环节。

六、农业生态文明与农村生态文明的关系

（一）农业生态文明是农村生态文明的基础

农业生态文明是农村生态文明的基础，农业生态文明的主要特征如下。

一是强调农业产业特色，突出农业生产要素各方面的生态文明。如果现代农业生产中的环境问题不能得到控制，农村生态文明的建设是难以想象的。由于化肥、农药过量使用而引起的水体污染具有普遍性，建设农村生态文明首先要解决这些难题，发展可持续农业、精准农业等现代生态农业发展模式，为实现农村生态文明建设打下坚实基础。

二是强调人与自然的关系，通过采用生态文明的生产方式发展现代生态农业。农业生态文明就在于重点强调人与自然之间的关系，而不止是农业内部不同生物和自然资源之间的生态关系。它要求农业生产者的生产方式必须是生态的和文明的，从而使发展现代生态农业变成农业生产者的自觉行为。在农业生态文明中，人的生态文明程度至关重要。只有农业生态文明得到大力发展，才能以农业促农村，以农业富农民，并实现现代生态农业的持续、高效发展。

（二）农村生态文明是农业生态文明的保障

农村生态文明是农业生态文明的保障，农村生态文明的主要特征如下。

一是强调农村区域特色，突出农村生活要素各方面的生态文明。一个国家或地区的生态文明建设，按照实施的区域不同，可以划分为城市生态文明建设和农村生态文明建设等。农村生态文明建设即以一个村落或区域为一个系统，协调人与自然、人与人之间的和谐关系，美化农村生活环境，改善农民生活水平，在农村生态环境不断改善的基础上实现经济与社会的长期持续发展。

二是不仅强调人与自然的关系，更强调人与人之间的关系，通过采用生态文明的生活方式建设农村社区和美丽乡村。农村生态文明建设是农村社会与经济发展的必然要求，当农民收入达到一定水平时，他们的生活便面临新的选择，传统的农村生活方式已经落伍，照搬城市居民的生活方式，不符合农业生产的要求。建设农村生态文明，应结合农村的实际，调整和优化农业生产结构，通过全面科学的规划，选择适当的标准和模式发展现代生态农业。同时，建设农村生态文明既能满足农民追求的现代与田园相结合的生活环境，又能协调农村产业与自然环境之间的关系，实现农业和农村经济的可持续发展。

第二节 现代农业发展与生态文明建设的关系

生态文明是人们对人与自然关系审视的产物，是一种后工业文明。目前对于生态环境的恶化，全球性传统工业化发展模式是根本原因。高速的工业经济以消耗巨大的资源为代价，

从而伴随着以能源为主体的资源耗竭,导致严重的环境污染。同时,现代工业化农业对化石能源的过分依赖,使农村环境问题突出。因此,现代工业化农业给生态文明建设带来的负面效应将导致历史合理性与道德合理性的冲突,这一冲突只有在现代农业的高度发展中才能得以最终消解,而不是以遏制现代农业的快速发展或以放弃发展的持续性为代价。同时,要把握现代生态农业带来的对生态文明建设的正面效应,将现代农业做大做强,并促进生态文明的建设。

一、现代工业化农业对生态文明建设的负面效应

(一)农业生产过程中对化学投入品的过分依赖

为了满足人类的粮食需求,现代工业化农业必须追求粮食作物高产,这样势必会对化学投入品的依赖程度越来越高。现代工业化农业生产上主要存在以下两方面的问题。

一方面,化肥使用量过大。自1978年以来,中国化肥使用量一直处于上升态势,使用化肥的强度平均达 $400kg/hm^2$。中国长三角地区农业集约化程度高,个别地区化肥使用量高达 $600kg/hm^2$ 以上,远远超过发达国家为防止水体污染而设置的 $225kg/hm^2$ 的安全标准。2014年,中国化肥使用量达5995.9万吨,按耕地18.27亿亩[①]和园地1.954亿亩计算,平均每亩29.6kg,按播种面积计算(农作物面积22.99亿亩,园地1.954亿亩),平均每亩24.0kg。根据联合国粮食及农业组织(FAO)统计,近年来世界平均每亩耕地化肥用量约8kg,而中国属全球偏上。目前,中国肥料的平均利用率只有30%左右。其中,氮肥与钾肥的利用率为30%~50%,磷肥利用率更低,仅为10%~20%。世界平均每增加1kg单位面积的化肥施用量,可使粮食单产增加34kg,而在中国仅增加20kg左右,大多数养分随径流、渗漏和挥发等途径损失掉了,这不仅增加了农业生产成本,浪费了资源,更重要的是造成了环境污染,尤其是中国南方水网地区的富营养化问题。中国科学院的研究显示,每年中国有123.5万吨氮通过地表水径流到江河湖泊,长江、黄河和珠江每年输出的溶解态无机氮达97.5万吨,其中90%来自农业,而氮肥占了50%。由于化肥用量大,加之降雨的不均匀分布,农田的径流损失已经成为农业面源污染的主要来源,农田径流直接排入水体,导致受纳水体富营养化,使藻类植物迅速增长,这些植物死亡以后腐烂分解,耗去水中的溶解氧,引起水中生物的大量死亡,从而导致水质变差,不但影响了农田灌溉,而且降低了水的饮用价值。同时,化肥中的氧化亚氮可以与臭氧作用生成一氧化氮,使臭氧层遭到破坏,污染大气。

另一方面,化学农药污染严重。化学农药的使用,能够防治病虫害,但也会对人类赖以生存的环境造成污染。过多地使用化学农药使害虫的抗药性不断增强并伤害了天敌,因而必须更多次地喷洒化学农药,这严重威胁了农产品的安全。在施药过程中,一些农民将过量的化学农药喷洒在农作物的表面,造成农产品的直接污染,被污染的农产品中的农药残留会通过各种途径进入人的身体,危害人的身体健康。目前,中国单位面积化学农药使用量达世界平均水平的2.5倍。由于常规集约化农业的惯性发展,化学农药过量和不合理施用在中国普遍存在,其中用于水稻和蔬菜生产的达40%,这是导致农田污染的最重要原因之一。控制与降低化学农药用量是解决农田农药污染的重要途径,发展新型生物源农药和开发环保高效的

---

① 1亩≈666.67m²

农药制剂新品种以提高农药利用率,以及利用生物降解作用将农药分解、转化成分子质量较小的无毒或毒性较小的化合物是解决目前农田污染的主要手段。在开发替代产品方面,化学信息素引诱剂及诱芯的使用成为发展主流,它能够取代高毒、高残留、高污染的化学农药,对害虫防治选择性高、无抗药性,且经济环保,可将重要害虫的种群数量控制在经济损失允许的范围内,并长远维持农田内不同生态种群之间的平衡,从源头上控制或阻断农田污染中人工化学品杀虫剂的污染。在农药减量化施用方面,针对环境风险较强的化学杀虫剂,主要采用病虫害综合防控技术,由单纯化学防治逐渐转向生物、物理防治或低污染化学防治,以及提高农药利用率。在生物降解方面,国内外在这一方面进行了很多研究,包括细菌、真菌、放线菌等各种降解农药的微生物菌株相继被分离和鉴定,用以降解有机磷、有机氯和三嗪类除草剂、氨基甲酸酯类、拟除虫菊酯类等多种农药。近年来伴随着基因工程和分子生物学的发展,构建高效工程菌是当前研究的热点。将高效降解农药酶的基因构建到载体上,经转化获得工程菌,以期提高降解作用的特定蛋白质或酶的表达水平,从而提高降解活性。另外,利用菌根菌降解农药的研究与应用在国际上也日益受到重视。此外,农药的离子液体以其理化性质可设计性、对环境的安全性等优点必将成为化学农药健康、稳定发展中不可缺少的一部分。

(二)农业生物多样性受到严重威胁

生物多样性是所有生物种类、种内遗传变异和它们生存环境的总称,可分为遗传多样性、物种多样性和生态系统多样性三个层次。其价值首先是对于生物物种的意义,其次是对于人类生存的意义。从根本上说,生物多样性是自然生态系统由简单向复杂不断演化的结果,它在基因、物种、生态系统内部所形成的多元互补关系,有助于物种的优化和系统的稳定。生物多样性又可分为自然生物多样性和农业生物多样性。由于农业生态系统在功能和所处地理位置上的某些特殊性,其中农业生物多样性问题也就具有了特殊意义。农业生态系统中生物多样性是指各种生命形式的资源,包括栽培植物和野生植物,与之共生的植物、动物、微生物,各个物种所拥有的基因和由各种生物与环境相互作用所形成的生态系统,以及与此相伴随的各种生态过程。自然生态系统主要通过自我调控机制,维持生物多样性及其生态系统较高的稳定性。相对而言,农业生态系统是一类较为脆弱的生态系统。农业生态系统的物种结构简单,自我调节机制较差,代之以更多的人工调控,以人工调控取代自然的调控可使农业生态系统稳定。因此,农业生态系统的生物多样性被削弱,其稳定性也较低。现代工业化农业生物多样性受到严重威胁的主要原因如下。

一是单一化驯化和栽培。长期的人工驯化和栽培,人为地选择具有较高生产力但物种数量极其有限的农作物和家畜家禽品种,许多与之有亲缘关系的野生动植物则被人类淘汰或破坏,这造成了遗传基因与种质资源的消失,农业物种单一化程度增加。农作物物种单一化栽培与驯养将会导致某些农业物种的专化性增强,对病虫害的防御能力和对环境变化的适应能力减弱,这些变异对农业生态系统的生产力、稳定性、持续性及抗逆性等都会产生重要影响。

二是农业环境污染。农用化学制剂的大量使用,造成土壤、水体与大气等环境产生污染问题,会给整个农业生态系统的物种多样性及各种生理学过程和生态学过程带来严重威胁。农业环境污染分布广,且多为复合污染,这种全方位的污染可导致农作物的生理与生长过程受阻,发育迟缓,生产力下降乃至死亡。一些化学农药的施用,在杀死靶标生物的同时,对其天敌生物和许多有益昆虫也会产生致命影响,而且一旦农药致死残留量消失后,则有可能导致新的、具有抗药能力的物种或种群暴发。

三是农业过度开发。由于经济利益的驱使,人们对某些具有食用与商业价值的物种进行过度捕杀和开发,导致这些物种种群数量急剧下降,乃至灭绝。过度开发对某些物种来说是比生境丧失更具有选择性的威胁。在农业生产上,过度开发表现在对林地的过伐、对草地的过牧、对农田野生鸟类的过猎、对一些农业昆虫(如蝴蝶)的过采、对经济鱼类的过捕等,这些活动不但可直接造成物种的减少和消失,而且会对整个农业生态系统的平衡和稳定带来较大威胁。

四是外来物种的引进或入侵。外来物种或有害病菌的引进或入侵可以直接通过捕食、竞争、疯长、化感作用或传播疾病等方式改变农田生态系统的组成和种群结构,扰乱原有的生态学过程与生态联系。许多外来物种通常具有较强的生存与繁殖能力,而农作物和家养动物则由于长期的栽培与驯化,许多原有天然的野生特性消失,抗病和竞争力等抗逆能力下降,不适宜在恶劣环境下生存。因此,当它们与外来物种共生时,势必在光、温、水、肥等资源生态位上产生激烈竞争,结果大多数农业物种往往因竞争力差,导致其所需的资源和空间减少而逐步萎缩或被淘汰,一些外来物种(如农田杂草)则可能会疯长而过度繁殖,占据整个农田生态系统。

(三)农业生产的人造环境与人类生命的功能结构发生冲突

人类生命对人造环境的承受能力是有限度的。人类生命的功能结构自形成至今,其变化不超过两万分之一,而人造环境却大为改观。进化论认为,当一个物种的功能结构不适应外部环境的巨大变化又来不及做出基因调整时,就可能引起这一物种的灭亡。可以说,现代工业化农业技术赖以成立的前提是农业生态系统的平衡越来越多地依赖于人为塑造,技术的开发进一步强化了人的需要,从而形成一个难以自拔的文明陷阱和文化怪圈。一切都是有代价的,在把一切活动技术化、秩序化的同时,也加快了能量的转化和熵增大的过程。随着环境熵值的提高,维持与创造新的秩序所花费的代价也就加大。现代工业化农业在使我们越来越少地消耗体力的同时,却越来越多地消耗资源,导致人类生命结构与新的生活方式的冲突,伴随而来的是各种文明病的发生,而这些不能完全归咎于新陈代谢的紊乱,更多的当归因于现代人造环境迥异于当初人类进化所要适应的环境。

池田大作(1988)对人类的命运表示了关切:"如果我们继续同自然的挑战及室外的苦难相隔绝,我们很可能会失去机敏,作为生物的资质和耐久力就会衰退。如果我们由于某种原因,被迫从明天起就恢复更自然的生活,那就会感到非常困难,因为现代人当中恐怕不会有人适应这样的生活。"中国古人主张"天人合一""土木合一",将"地气"视为人的养生之源,老子曾以返璞归真为美。可忧的是,我们正在步入沥青之海、水泥之林、钢铁之间、网络之中,我们的朴素尚有几何?数字化的存在使人与人之间面对面的交谈、心与心的碰撞转化为人机对话,加之人类迁徙、人种混杂等促使人类进化因素的减少,从而使传统意义上的社会面临退化危机,因为社会属性才是人的本质属性。另外,就潜能而言,人类的智力资源也许是无限的,但人毕竟是复杂的有限之物,对智力资源的无限开发有可能导致非健全人类的产生。因此,人类生命的功能结构与人造环境的冲突,会造成人类退化和生存危机。

二、现代生态农业对生态文明建设的正面效应

(一) 现代生态农业为人与自然关系的和谐建立了新机制

人与自然之间的相互联系、相互作用构成一个生态系统，系统内各要素之间通过能量流动、物质循环和信息传递达到高度适应，使系统的结构和功能处于相对稳定状态，这就是生态平衡。在人与自然的相互作用中，既有自然对人的制约，也有人对自然的影响，而这些影响势必导致原有平衡状态的改变，在自然失衡的同时也会危及人类的生存与发展。

农业生态系统的调控目标是为了满足人类日益增长的需要，是以人类的需求为中心的。农业是一种综合产业，即在整个农业生态系统有限的资源条件下，运用生产性投入和依靠现代科学技术，生产出足够的农产品。与此同时，合理调控农业资源与环境，确保农业生态系统的良性循环。因此，农业生态系统既要服从自然生态规律，又要服从社会经济规律。农业生态系统比自然生态系统更加复杂，这是因为农业是人们利用自然和社会经济资源进行的综合生产活动，农业也是由生物和非生物环境相互作用而组成的复杂系统。人们要发展农业生产必须调控、管理农业生态系统，也必须服从生态、经济的客观规律。

现代生态农业不是单一的高科技农业，而应是通过科学技术、管理科学、人文科学三轮齐驱的农业系统工程，实现第一、二、三产业的有机整合和融合发展的一种新型农业。现代生态农业在带来经济增长模式、发展方式和产业结构的根本性变化的同时，将对人们的思维方式和生活方式产生深刻的影响。现代生态农业的功能将不断拓展，使原先局限于食物保障型的传统农业，加速转型为融食物保障、生态保育、休闲旅游、文化教育、出口创汇等于一体的现代生态农业。现代生态农业的多功能性将成为农业经济的重要因素引发价值观革命，使人们从对物质财富的过分追求转向对更高层次的精神财富的追求，由此带动整个社会人文环境的改善，为人与自然关系的和谐建立新机制。

在现代生态农业时代，人们在深刻把握自然规律和正确体认人类活动对自然的双重影响的基础上，提供适应自然规律的、有科学预见的、可调控的人类行为，促使人类活动对生态平衡的正面影响得以极大发挥。可以借助高新技术建立高效的信息反馈与控制系统，对环境进行有效监测，最大限度地减少现代生态农业对生态系统影响的不良后果。在帮助农业生态系统在进化过程中建立更合理结构的同时，建立各种半自然生态系统以重建与优化农业生态系统，使之有利于人类社会的可持续发展。

(二) 现代生态农业为农村生态文明建设奠定了基础

从农业发展阶段来看，传统农业对农村生态环境破坏小但生产效率低，现代工业化农业生产效率高但对农村生态环境造成了严重破坏，而现代生态农业追求农业的可持续发展，实现经济效益、生态效益和社会效益的有机统一，可以体现资源节约和环境友好的生态文明理念，促进农业增效和农民增收，推动美丽乡村建设，改善农村生态环境，为农村生态文明建设奠定了良好基础。

从农业废弃物再利用技术与模式来看，现代生态农业生产过程会产生大量废弃物，如农作物秸秆、养殖业的畜禽粪便、农产品加工业残渣等。这些废弃物如果直接丢弃，会对河流、土地、空气产生严重污染，甚至会引起传染病、导致物种消失。但是，如果根据废弃物特性

对其再利用，则会转化为新的农业生产资源：①废弃物直接利用模式。很多废弃物可以直接用于农业生产，如畜禽粪可用作农作物有机肥，豆腐加工产生的豆腐渣可作为牛、羊的饲料。废弃物直接利用几乎不需要任何加工，操作成本比较低，适合一般农户和小型农业企业。农户可依据废弃物直接利用原理实行小范围的循环生产，如鱼鸭混养模式，在同一水塘养鸭和鱼，鸭子吃剩下的饲料碎渣和排泄物可以作为鱼的饲料，既消化了养鸭的废弃物，又为鱼提供了养分。②废弃物加工再利用模式。通过工业技术对废弃物加工改造，可以生产出新的生产资源。例如，动物粪便、酒糟、秸秆等经过加工发酵变为沼气，这些沼气可用来做饭、照明，沼液可以作为鱼、禽类的饲料及农作物的肥料。废弃物再加工利用有很多模式，如"牛—沼气—蔬菜"模式，把牛粪放入沼气池发酵出沼气，沼气产生的能量用于饲养场的照明和取暖，沼渣作为蔬菜的有机肥料。因此，在现代生态农业生产过程中积极开展农业废弃物的资源化利用，有利于减少化肥农药的使用量、降低农业面源污染和保护农村生态环境。

从发展休闲农业与乡村旅游来看，现代生态农业有利于推动美丽乡村建设，休闲农业与乡村旅游是以自然资源、田园景观、农业生产内容为基础，为人们提供观光、体验、休养的旅游活动形式，也是近年来发展起来的旅游项目。因其具有独特的视觉体验而得到旅游爱好者的推崇，成为人们休闲娱乐的重要选择之一。发展休闲农业与乡村旅游不但增加了农民收入，而且美化了农村生态环境，具体如下：①发展休闲农业与乡村旅游是生态文明建设的重要内容。优美、健康的农村生态环境和运行良好的农业生态系统是休闲农业与乡村旅游的必然要求。因此，各地常见的生态园、采摘园、花木观赏、水上嬉戏等旅游项目，都在生态环境建设上投入大量的人力、物力，客观上优化了农村生态环境。②休闲农业与乡村旅游为不适宜种植、养殖的地方提供了新的创收渠道，保护了自然资源不被肆意开发，如山水资源丰富的农村可开发观光旅游项目，让游客领略大自然的风采。③休闲农业与乡村旅游具有重要教育引导作用。通过悬挂标语、导游讲解、播放宣传片等途径，在旅游中大力宣传生态环境对人类的重要意义、推广低碳生活和绿色生产方式，提高游客保护生态环境的自觉性。人们在休闲农业与乡村旅游中能够感受大自然和绿色生产的魅力，体会到良好生态环境带来的社会效益，从而增强保护农村生态环境的意识。

（三）现代生态农业为生态可持续发展提供了技术支撑

以现代科学技术改造农业体现了第一生产力的基本属性。历史证明，有什么样的科技文明，就有什么样的时代。在现代生物技术和信息技术迅猛发展的时代，建设农业生态文明也必须借助于科技文明。任何一种经济形态的发展都要消耗一定的资源，现代生态农业的崛起标志着作为社会发展所依赖的资源发生了一次历史性变迁，这种变迁为缓解人与自然的矛盾、维系和改善生态环境提供了机遇。发展现代生态农业，必须确立新资源观，以科技进步为核心，实现现代生态农业与生态文明的有机结合。一方面，注重现代科技的生态化发展趋势，按照生态系统的物质循环和能量流动规律来进行农业生物技术的研究、开发和应用，促进生态循环农业的发展。另一方面，注重现代科技的信息化发展方向，在生态学原理和农业系统工程方法基础上开展农业信息技术研究、集成和示范，加快精准农业的发展。可以认为，生态循环农业、精准农业等现代生态农业新模式的发展，能有效解决环境污染和资源短缺问题，为生态可持续发展提供强有力的科技支撑。

生态循环农业就是运用生态学原理和系统科学方法，把现代科学成果与传统农业技术精华相结合而建立起来的具有生态合理性、功能良性循环的一种现代生态农业体系。生态循环农业的基本目标有两个：一是促进社会经济长期稳定和协调发展，满足人类日益增长的物质和精神需要；二是实现物质循环和自然资源的永续利用，保护人类赖以生存的生态环境。生态循环农业要求把发展粮食作物与经济作物、饲料作物生产相结合，发展种植业与林业、牧业、副业、渔业相结合，发展大农业与第二、三产业相结合，形成农业生态系统的良性循环体系。目前，国内外都在注重发展资金投入相对少、产品成本低、技术简便实用、易于推广的生态循环农业新技术。这些新技术不但充分体现了生态循环农业的主要内涵，而且已具可操作性。因此，生态循环农业就是一种环境友好型的现代生态农业发展模式。

而现代工业化农业采取粗放型生产方式，农民更多地依靠平时经验或主观判断进行灌溉、施肥、喷洒等作业，资源要素投放量和范围十分模糊，往往会造成过量使用，不仅浪费资源，还污染了水、土壤和空气。目前，国际上利用先进的信息技术在农业生态系统中应用的典型模式就是精准农业。精准农业就是因地制宜定量决策、精准定位变量实施的现代农业操作系统。精准农业生产模式将农业生产过程精确化、标准化，避免过量投入资源要素，是资源节约理念的具体运用。精准农业主要是研究精细施肥技术、精细播种和大田管理技术、精细选种、耕作和估产技术及精细大田产量统计和病虫害动态监测等，其生产过程包括精细选地→精细耕作与选种→精细播种与施肥→精细喷药→精细观测长势与产量→精细统计农作物数据→制订技术优化处理和选择最优田间管理方案。因此，精准农业就是一种资源节约型的现代生态农业发展模式。

第三节 农业生态文明建设的目标和思路

中国政府提出"建设生态文明，基本形成节约能源资源和保护生态环境的产业结构、增长方式、消费模式"。生态文明首次被纳入原有的三大文明的理论体系，生态环境建设被提到了国家总体发展战略的重要高度，同时也对各行业的发展提出了更高的要求。农业是经济发展的基础和保障，如何建设农业生态文明，实现农业又好又快发展，直接关系着中国未来农业发展和生态文明全面建设的进程。

一、农业生态文明建设的目标

农业跟自然生态有着天然的联系，可以说是一种生态产业，是人类文明进步的重要物质基础。原始农业和传统农业是一种完全的生态化农业，但是其效率低下。现代工业革命以来，科技进步的成果使农业逐渐摆脱了对自然的极度依赖，却一度走向了"控制自然"的另一极端。现代工业革命使农业摆脱了传统靠天吃饭、效率低下的问题，迎来农业发展的机械化、化学化、商品化、工业化。现代工业化农业开始于20世纪中叶，以美国为典型，其农业发展模式是高投入、高产出，以机械化和化学化为基本特征，需要大量使用以石油产品为动力的农业机械和以石油制品为原料的化肥、农药等农用化学品。现代工业化农业的出现改变了全球粮食供应的紧张状况，在消灭饥饿方面起到了重要作用，但是也带来了严重的生态环境问题，如造成土壤肥力下降，农业面源污染问题突出，生物多样性下降，高能耗和高成本。

随着生态危机的出现，农业的发展与生态环境的联系越来越紧密，现代工业化农业发展对生态环境的变动、生态资源丰富程度的依赖越来越强。同时，农业的经济效益在生态环境恶化中相对降低，自然灾害对农业的影响日益明显，且严重阻碍了农业的快速发展。

农业生态文明建设就是在农业生产过程中协调自然生态系统和人类社会生态系统，实现最优化和良性运行，实现农业生态、经济和社会的可持续发展。农业生态文明建设的核心内容就是在提高人们的生态意识和文明素质的基础上，农业生产自觉遵循自然生态系统和社会生态系统原理，运用现代生态农业高新科技，积极改善和优化人与自然的关系、人与社会的关系、人与人的关系。其中改善和优化人与自然的关系是基础，即把工业文明时代的农业生产对大自然的"征服""挑战"变为农业生产与自然和谐相处、共生共荣、共同发展。农业生态文明是遵循生态经济规律，将环境与生态目标融入现代生态农业中，在市场经济和全球经济一体化背景下，发展节约资源型和环境友好型的现代生态农业，有利于实现中国农业的又好又快发展。此外，现代生态农业还承载着传承中国传统文化的特殊功能，建设农业生态文明对于中华文明的世代继承和农耕文化的发扬光大都具有重要的意义。

二、农业生态文明建设的思路

建设农业生态文明，是转变经济发展方式、保障国家粮食安全的必然选择，是保护资源环境、确保农产品质量安全的客观要求，也是建设美丽乡村、促进城乡发展一体化的有效途径。建设农业生态文明，必须跳出单一的环境治理思路，应立足"三农"全局，进行系统科学的机制设计，出台切实可行的政策措施。农业生态文明最主要的任务就是转变农业生产方式，构建现代生态农业发展模式。因此，对于今后农业生态文明的建设，就观念层面、实践层面、技术层面和制度层面等方面，提出以下思路。

（一）树立生态意识

现代生态农业是以知识为基础的，而知识来源于对客观世界的反映和对自然奥秘的揭示。人类知识的全面性与丰富性只能建立在自然界事物本身的全面性、多样性和丰富性基础上，任何对生物物种及其平衡系统的破坏，就是对人类可能具有的知识资源的破坏，因而保护物种多样性对现代农业的发展具有本源性意义。所谓生态意识，主要是指生态价值意识、生态忧患意识和人与自然的和谐意识，它包含着一种更加合理的生活方式和生产方式的价值定位或理论预设，昭示的是整体观、系统观和可持续发展观。同时，要提倡道德的约束并使之成为人们选择生活方式和生产方式的重要驱动因素。可持续发展是立足于现实、着眼于未来的，这个识度的提出是人类发展观的革命，要使之变为实践还需价值观革命。只有树立科学的生态意识，才能产生正确的价值观，使走可持续发展道路成为自觉行动。生态意识的价值导向就是深化人们的环境意识，它不是从纯粹的功利角度阐发人对自然的依赖性，不是人类应对特殊生存境遇的权宜之计，而是更加强调从人之为人的本质内涵上诠释人与自然和谐的根据，强调知行合一。功利型思维是一种以最大限度地谋取物质利益为目的的思维方式，这种思维方式往往忽视生态平衡。所以，建设农业生态文明必须转变这种思维方式，引导农业企业和新型农民树立农业生态文明意识，改变农业生产方式。一是利用各种文化载体，如农村活动中心、文化馆、学校、宣传栏、广播等，广泛开展农业生态文明教育，提高农民的文化素质和道德素质，树立"保护环境，人人有责"的环保意识。二是开展农业废弃物资源化利用技术推广与应用示范，大力宣传畜禽粪便资源化无害化利用技术和秸秆还田技术的好处，增强农民变废为宝的意识。三是对农业龙头企业、家庭农场、专业大户、农民专业合作社进行农业标准化培训，重点传授农产品质量安全法律知识、农药和化肥的安全施用知识等。

（二）发展现代生态农业

生态文明是人类理性地审视人与自然的关系进而反思文明进程的产物，如果文明的结果是对人类自身存在的否定，那么这种文明的价值就值得怀疑。在生态文明视野内，自然对人而言不仅是一种手段性的存在，还是一种始源性和本然性的规定。人与自然的分离和对峙，只是理性视野的偏执造成的假象。这种批判性的理解为伦理价值视野投向整个生态系统提供了合法性。建设生态文明，意味着人对自我本根性的自觉追寻，是向本源的复归，从而自然界及其规定对人来说不再是异化的超伦理视野的领域，而是通过"天人一体"与人的伦理价值内在相关的东西。生态文明不是对人类发展的完全否定，而是在顺应自然规律基础上合理地开发、利用自然，这就在天人共同构成的有机系统中把理性与价值的尺度内在地统一起来，从而为人与自然关系的持续发展提供保障。价值视野在生态领域的确立，使人们不再囿于理性视野所给出的可能性，而是给予是否"应当"的价值限制。生态文明为人类在可持续发展中实现理性与价值的有机整合，提供了一种操作上的可能模式，它表征着人与自然关系的进步状态。

农业生态文明建设必须探索现代农业发展的新模式，可以说，现代生态农业就是生态文明理念在农业上实践的产物，也是代表未来全球现代农业发展的一种新途径。从现代生态学角度来看，农业生产是一种人类控制下的自然再生产过程，也就是人类利用农业生物将环境中的物质、能量、信息转化为各种农业产品的过程，在这个过程中人类与生物和环境构成运转系统。在它们的相互关系中存在着许多相互依存、相互制约的生态学规律，现代生态农业就是要研究、认识和遵循这些客观规律，使农业生产实现高效、稳定、持久的发展。在农业发展中坚持因地制宜原则，调控农业系统的整体运行原则，农业系统的结构、功能、产出与环境、资源相协调的原则；并利用生态学中种群相生相克关系、生物与环境关系的若干基本规律来安排与组织生产等，这些都是以生态学原理为指导的现代生态农业的基本特点。现代生态农业是运用生态系统中的生物共生和物质循环再生原理，采用系统工程方法，吸收现代科学成就，因地制宜，合理组织农、林、牧、副、渔生产，以实现生态效益、经济效益和社会效益协调发展的农业生产体系。现代生态农业的概念是广义的，它是一个复杂的综合系统，并不是某些农业技术措施的集合。现代生态农业就是利用生态学原理和经济学规律来经营农业，要求合理利用自然资源、强调人和自然的和谐；且充分利用生物能，强调生物技术，旨在保护生态环境，满足社会的物质需要。因此，今后应重点发展生态循环农业、精准农业、休闲农业、创意农业等现代生态农业产业发展模式。

（三）加强生态科技支撑

科学技术是一柄"双刃剑"，一方面，人类借助科学技术这一先进工具创造了高度的现代文明。农业科技进步促进农民增收致富、推进社会主义新农村建设，为建设生态文明、构建社会主义和谐社会、推动经济社会又好又快发展发挥了重要作用。另一方面，由于人们不合理地利用科学技术造成了生态危机，这严重威胁着人类的生存与发展。生态环境问题的产生使人们更多地看到了科技的局限性，看到它像一柄高悬在人类头顶上的达摩克利斯之剑，时刻都会给人类造成伤害。转基因产品的潜在威胁、现代技术造成的能源过度开采、工业废气的排放造成的"温室效应"等，都给农业发展带来深刻的危害。如果不进行彻底的技术变革，人类的生存和发展将会受到严重的威胁，更谈不上生态文明的建设。

农业生态文明是对工业文明的辩证否定，农业生态文明的基础是农业生态科技。一是坚持科教兴农战略。把农业生态科技摆在更加突出的位置，下决心突破体制机制障碍，大幅度增加农业生态科技投入，推动农业生态科技跨越发展，为农业增产、农民增收、农村繁荣注入强劲动力，通过农业生态科技创新来抢占未来农业科技竞争制高点，支撑和引领中国现代农业快速发展，创造现代农业生态文明。二是整合优势科技力量，突破现代生态农业发展的技术瓶颈。按照《全国农业可持续发展规划（2015—2030）》的要求，在种业创新、耕地地力提升、化学肥料农药减施、高效节水、农田生态、农业废弃物资源化利用、环境治理等方面推动协同攻关，集中开展现代生态农业发展与环境污染防治关键技术研发，充分利用市场机制，吸引社会资本、资源参与农业可持续发展科技创新；积极探索现代生态农业技术集成与示范转化模式；依托农业科研、推广项目和人才培训工程，加强资源环境保护领域农业科技人才队伍的建设。三是着眼实际问题，集成关键技术，实施区域示范。科技创新是建设农业生态文明的重要支撑，大力研发农业面源污染防治、农业废弃物资源化利用和农产品产地污染治理修复等实用技术及其应用示范，重点开展秸秆收储及产业化技术研发、地膜残膜资源化利用等科技攻关与示范。加强耕地质量保护和建设，发展节水、节地、节肥、节药技术，建设旱涝保收高标准基本农田。针对生态脆弱区等重点生态资源保护区域部署科学研究和技术开发与应用，提升生态环境及农业资源保护能力和水平。

（四）健全制度保证

生态是文明的载体，生态安全涉及国家安全。建设农业生态文明，是关系人民福祉、关系民族未来的长远大计。然而，一方面，对自然资源的掠夺式开发，造成了环境的恶化；另一方面，一些不法企业违法生产三聚氰胺奶粉、地沟油、瘦肉精猪肉、人造鸡蛋、假羊肉等，这些做法与农业生态文明建设的精神背道而驰，严重影响到农业发展格局、生态安全格局。建设农业生态文明除了进行宣传教育外，还要加强农业法制建设，建立强有力的保障体系，只有这样才能使农业生态文明走上健康发展的道路。

建设农业生态文明，除了靠自律的道德约束之外，还需要靠他律的制度保证。一是完善农业相关法律法规。改革开放以来，我国已制定了9部环境保护法律，10多部与环境有关的资源保护法律、30多项法规、466项环境标准。但总体来看，法律体系还不够完善，应在《中华人民共和国农业法》的基本原则指导下，健全法律法规，完善农业相关环境法律。修订并完善已颁布的《中华人民共和国水污染防治法》《中华人民共和国循环经济促进法》《中华人民共和国野生动物保护法》《中华人民共和国农产品质量安全法》《中华人民共和国动物防疫法》《中华人民共和国草原法》等相关法律，以及2016年12月18日发布的《安全国家标准 食品中农药最大残留限量》（GB 2763—2016）等107项食品安全国家标准，为农业生态文明建设、保障人体健康提供了法律依据。二是加强农业生态文明法制建设。建议尽快启动《农业环境保护条例》《农业清洁生产条例》《农业废弃物资源化利用管理条例》等法律法规的起草工作，从法律法规的角度加大对农业环境的保护力度，既要防止外源工业废水、废气、固体废弃物（简称"三废"）对农业生产环境的污染，也要从源头上防范农业自身造成的污染。完善农药经营准入备案制、限用高毒农药定点经营及购买实名制等一整套与农业生态文明建设相适应的法律制度。转变立法观念，加大执法力度，对破坏环境、危害生态的行为进行严酷惩罚，切实做到执法必严、违法必究。同时，按照发展循环经济的理念，从法律上确立支持、鼓励农业企业和农民更多地促进废弃物的资源化利用，采用更多的资源节约型、环境友好型技术。三是探索建立生态补偿机制。目前中国对化肥在生产、销售等方面有许多优惠政策，而对畜禽粪便、作物秸秆和有机生活垃圾的资源化在政策方面缺少鼓励扶持。有机肥的生产、销售主要依靠市场拉动，有机肥价格偏高，农民使用的积极性还不高。重塑行政单元内营养物质循环链条，是一项系统工程，单靠畜禽养殖企业和农民是无法完成的，需要国家对有关企业的废弃物资源化利用、生产有机肥给予政策支持和资金投入。国家应尽快出台有机肥加工企业生产、销售等优惠政策，降低有机肥生产成本。另外，要对农民使用有机肥提供适当补贴。当前，从政策层面，主要以现金补贴的方式鼓励农民使用农田节水技术、秸秆粉碎还田等生态方式进行农业生产。只有把各项制度和政策落实到一村一户，才能真正为推动农业生态文明建设提供坚实的基础和可靠的保障。

第四节 农业生态文明建设的展望

一、制约中国农业生态文明发展的瓶颈问题

（一）农业面临农产品需求与资源短缺的双重压力

1. 农产品需求面临着数量保障与质量安全问题

中国人口总数由 1978 年的 9.63 亿增长到 2013 年的 13.61 亿，据预测人口总数仍将保持增长趋势，在 2030 年左右达到峰值 14.5 亿。据预测，中国未来年粮食需求的峰值约为 6.5 亿吨。虽然 2010 年以来中国粮食年产量连续达到 5.4 亿吨以上，2013 年更是达到 6.0 亿吨，但是与未来粮食需求的峰值相比仍相差约 5000 万吨。伴随着消费水平的提高，必然促进消费结构的改变，直接的粮食消费会不断减少，肉蛋奶消费会增加，进一步增加了农产品的需求量。近年来，城乡居民对于食品安全的关注度逐步加强，关注的重点除了频发的食品安全事件外，还集中在农产品的种质创新和品质提升等多个方面。

2. 农业资源短缺和抗灾能力较低

随着中国城镇化的深入推进，农业与工业、农村与城市争夺资源和要素的竞争加剧，中国耕地数量日益减少，质量总体偏低，根据第二次全国土地调查结果显示，2013 年底中国耕地总面积为 $1.22×10^8 hm^2$，全国人均耕地 $0.09 hm^2$，仅占世界人均水平的 45%。中国人均水资源占有量仅为世界人均占有量的 1/4。由于农业灌溉方式落后，加之基础设施不健全，农业用水的有效利用率仅为 40% 左右，远低于欧洲发达国家 70%～80% 的水平。水资源短缺已从

北方蔓延到南方,西南地区特大干旱、冬麦区冬春连旱等自然灾害,都对粮食产量造成了严重冲击。同时,在全球气候变化背景下,自然灾害风险进一步加大,旱涝灾害、病虫鼠害、低温冻害等自然灾害呈高发态势。各类灾害的突发性、异常性、难以预见性日显突出,抗灾能力依然较低,农业主要"靠天吃饭"的局面尚未得到扭转。

(二)农业发展过程中面源污染问题日益突出

近年来,中国农业发展过程中面源污染问题比较严重。一方面,农业化学投入品边际效益的下降,导致耕地等污染严重。化肥农药过度使用虽保证了粮食产量,但其利用效率呈现边际递减,导致部分耕地和水体等污染严重,对农产品质量安全和食品安全埋下了隐患。另一方面,农业废弃物没有得到资源化有效利用,成为农村的重要污染源。

1. 农作物秸秆利用率不高,造成资源浪费和污染

1978 年以来,中国农业生产方式与农民生活方式发生了较大变化,这种转变降低了秸秆的资源化利用率。由于化肥对农作物的增产效果及农民施用的便捷性,秸秆作为肥料、饲料、燃料及食用菌栽培基料的功能在退化,秸秆还田量减少,农田系统的秸秆循环链条中断,大量堆积在田间地头的秸秆已经成为农村环境污染的源头之一。2013 年,中国秸秆总产量为 8.3 亿吨,其中未利用量约为 2 亿吨,约占秸秆总产量的 24%。近年来,全国各地虽然开展了农作物秸秆肥料化、饲料化、燃料化和基料化的技术研发和示范应用,但是目前仍然有近 1/4 的秸秆被焚烧或者丢弃。在农业生产季节,大量秸秆焚烧不但会降低农田土壤质量、减少土壤微生物数量,而且影响到机场及高速公路的交通安全,也在瞬时增加了局部地区大气中 PM2.5 等悬浮颗粒物的浓度,不仅造成资源浪费,还污染大气环境。

2. 畜禽粪便等废弃物随意堆放,农村环境不断恶化

在广大农村地区,畜禽粪便、生活垃圾等废弃物随意堆放,随河水漂流和污水渗漏,导致地下水源及河道的严重污染。随着中国畜禽养殖总量的不断增加,畜禽粪便的产生量随之增加,部分地区畜禽粪便排出有机氮承载量已经大幅度超出许多国家规定的最大负荷($150kg/hm^2$)。根据第一次全国污染源普查结果,畜禽养殖业源的化学需氧量、总氮和总磷等主要污染物排放量分别占农业源的 96%、38% 和 56%。据测算,中国农村生活垃圾每年产生量大约为 2.8 亿吨,生活污水产生量超过 90 亿吨,这些污染物都没有得到有效处理和资源化利用。

(三)农业生产的普遍兼业化

目前,中国大部分地区的农业生产仍然呈现普遍兼业化的现象,这显然不能适应现代生态农业集约化生产的要求。

1. 农业劳动力数量不断减少,呈现老龄化趋势

随着工业化和城镇化的快速推进,大量农村劳动力向城镇和非农产业转移,造成农村劳动力减少和农业劳动力供给结构发生变化。主要表现在,农村青壮年劳动力,尤其是受教育程度相对较高的男劳动力在农村劳动力的比例大幅度下降,劳动力呈现老龄化、女性化特征。中国第一产业就业人员在 1991 年达到峰值 3.91 亿人,此后出现下降趋势,2013 年为 2.42 亿人,除去外出农民工数量,真正从事第一产业的劳动力将更少。2010年农村劳动力中51岁以上的占到33%。依据现有劳动力总量和年龄推算,到2020年50岁以上的劳动力比例将达到50%。

2. 农民组织化程度较低,农户经营规模偏小

在联产承包责任制初期,农户承包小块土地经营,确实摆脱了高度集中的计划经济下的经营方式,提高了农民积极性,使得农民能自主经营,同时也促进了农业生产的发展。但是,由于农户承包土地面积太少,产量有限,相当数量农户的生产首先是为了自给,出现剩余再考虑经营,带有明显的小农生产性质,农户自主经营存在明显的短期行为,在当前农产品价格偏低的情况下,农户靠种承包田所得收入也不高。这样的状况如果不改变,就不能保证现代农业生产的长期稳定发展。因此,为了加快现代农业产业化建设的步伐,可采取多种措施和途径,大力提升农民组织化程度,改变传统农业经营模式,着力解决"千变万化大市场"与"千家万户小生产"的矛盾,提高农业应对市场竞争的能力。

二、中国农业生态文明建设的展望

只有建设高度的农业生态文明,农业现代化才能得以实现。进行农业生态文明建设,政府要作为主体加强推进,全社会都要积极参与。目前农业生态文明建设还存在诸多现实问题,如农业基础依然薄弱、农业环境污染严重、农业产业结构不合理、农村文化落后、农业法律政策还不完善等。农业发展还面临很多困难,不解决好这些农业根本问题,也就谈不上农业的现代化,更谈不上农业生态文明建设。所以从农业基础设施与生态文明、农业资源环境与生态文明、农业生态产业与生态文明、农村生态文化与生态文明等四个重要方面来探讨现代农业与生态文明建设的关系,提出相应的对策措施,以实现人与自然的可持续发展,从而开拓农业生态文明建设新的发展道路。

(一)农业基础设施与生态文明

农业基础设施建设一般包括农田水利建设,农产品流通重点设施建设,商品粮棉生产基地、用材林生产基础和防护林建设,农业教育、科研、技术推广和气象基础设施等。改革开放以来,中国农业基础设施建设取得了长足进展,农业生产条件得到不断改善。但是欠发达地区尤其是西部省份的农村,农业基础设施较为落后。目前,中国水资源总量($2.8\times10^{12}m^3$)位居世界第6位,人均占有量($2700m^3$)仅为世界人均占有量的1/4;据2012年统计年鉴数据表明,2011年农作物总播种面积为$1.62\times10^8hm^2$,而早在改革开放之初的1978年,农作物总播种面积已达$1.50\times10^8hm^2$,33年来只增长了8.11%;2011年受灾面积达$0.32\times10^8hm^2$;农业生产总值为47 486.2亿元,国内生产总值为472 881.6亿元,农业生产总值只占国内生产总值的10.04%;全国水库只有88 605座,有的还处于年久失修状态;农业机械总动力为9.77×10^8kW,整体农业机械化程度不高;再者农村发展远远落后于城市的发展,乡村公共设施建设相对落后,这些因素严重地制约了农业的可持续发展,影响到农业现代化的进程,也给农业生态文明建设带来了压力。

强化农业基础设施建设,是推动农村经济发展、促进农业现代化和农村生态文明的重要措施之一。农田水利建设滞后是影响农业稳定发展和国家粮食安全的最大硬伤,水利设施薄弱仍然是中国农业基础设施的明显短板。为此,中国应建立水利投入稳定增长机制,加大对农田水利等基础设施的建设力度。中国政府坚持把国家基础设施建设和社会事业发展重点放在农村,深入推进新农村建设和扶贫开发,全面改善农村生产和生活条件。第一,大规模推进农田水利建设。把农田水利作为农业基础设施建设的重点,加快重大水利工程建设,积极推进江河湖库水系连通工程建设,优化水资源空间格局,增加水环境容量。大力开展区域规模化高效节水灌溉行动,积极推广先进适用节水灌溉技术。第二,大规模推进高标准农田建设。到2020年确保建成8亿亩、力争建成10亿亩集中连片、旱涝保收、稳产高产、生态友好的高标准农田。优化建设布局,优先在粮食主产区建设确保口粮安全的高标准农田。将高标准农田划为永久基本农田,实行特殊保护。第三,要充分利用中国政府对农业投入的宏观政策,积极申报相关的国家、省、市级农业基础设施建设项目,争取立项以获取国家政策支持。第四,要进行多元化投资模式探讨,政府制定优惠政策吸纳社会资金和外资进行农业基础设施的投入等,整合建设资金,创新投融资机制。第五,要形成以工哺农、以工促农、以工带农的农业基础设施投入促进农业发展的思路。通过改善农业基础设施,以改变农村面貌,增强农业发展的动力,实现农业农村发展的历史性跨越,为农业生态文明建设奠定良好的基础。

(二)农业资源环境与生态文明

长期以来,随着工农业的迅猛发展,工业企业的大量有害污水排泄物,农业上除草剂、杀虫剂等大量农药污染物质进入自然循环系统,改变了生态系统的环境因素;农产品的废弃物加剧了资源和能源的浪费,影响了生态系统的平衡;大量盲目地施用化肥,破坏了土壤的内在结构,造成土壤板结、地力下降,严重地影响生态系统的物质循环。森林的砍伐、草场牧地的荒芜、农林种植面积的减少等,造成了生态系统的失衡,使生态系统进入恶性循环状态。由此可见,农业生产本身最容易破坏自然环境,一味掠夺自然资源以求得短期利益,就将使农业生态系统遭到破坏,使农业生产无法继续下去,这是一种愚蠢的慢性自杀行为。

农业资源环境与生态系统问题主要表现在两个方面:一是耕地和水源等重要农业资源总量的减少,限制了农业发展的空间;二是农业与农村生态环境总体状况堪忧,降低了农业发展的质量。解决这两方面的问题不能只从农业部门内部寻找出路,而应以我国总体资源环境与生态系统为对象开展综合恢复与保护行动,夯实现代农业发展所依赖的基础,必须加快资源环境与生态系统的持续改善步伐。因此,建议采用流域或区域综合治理的模式,而不再是由农业、林业、水利、环保等部门分头开展、各自为战。各地区在开展资源环境与生态系统的恢复与保护项目时,可将多部门的人财物集中起来,科学制定项目实施方案,共同组织执行。

因此,大力开展农业生态文明建设,改善农业生态环境,刻不容缓。第一,要对工业文明进行反思,不能为了经济效益而牺牲生态效益,要注重国民生态意识的培养,树立农业资源与环境保护意识;第二,要做好防治化工企业有害的废气、废水、固体废弃物等的排放工作,实现清洁生产;第三,要大力发展生态农业,推广生物农药、生物有机肥等生物技术产品的应用;第四,要建立农村生活环境净化工程,重点做好化粪池、改厨、改水、改栏及农户生活污水处理和净化工程建设;第五,要做好植树造林、退耕还林、村庄绿化等工作,大力发展经济林、生态林、庭院果林等，努力打造山美水美的农业田园风光，谱写农村生态文明和美丽乡村的新篇章。

（三）农业生态产业与生态文明

农业是中国传统产业之一，在实现工业化进程中具有举足轻重的作用。但是由于长期粗放生产，农业生产消耗了大量的能源和资源，严重破坏了中国的生态环境，并制约了传统产业的可持续发展。传统的"高投入、高消耗、高污染、低效益"的农业发展方式与资源环境之间的矛盾日益尖锐，片面强调经济增长而忽视了生态环境保护。生态文明建设目标的提出，既为我国现代生态农业发展指明了方向，也对我国现代生态农业发展提出了更高要求。同时，现代生态农业发展对于生态文明建设成效也有着直接影响，因此现代生态农业必须选择有利于促进生态文明建设的发展模式。

按照能源高效利用、资源循环利用、环境绿色生态、产品优质安全的要求，促进农业生产方式的转变，从而达到农业生态文明建设的理念要求。农业产业要从粗放型的生产转向生态型的产业，这就是要大力发展新型农业生态产业。新型农业生态产业不同于传统农业，需要现代化的科学技术体系武装、规模化的组织运营模式承载、科学化的政策扶持体系引导。发展新型农业生态产业不仅是实现现代农业可持续发展的必由之路，也是在现代农业领域和广大农村地区加强生态文明建设的必然选择。今后，中国各地区应积极试点和示范生态循环农业、休闲农业等新型农业生态产业。

生态循环农业与传统农业不同的是，它倡导的是一种与环境和谐的农业发展模式，它要求把农业生产活动组织成"农业资源—农产品—再生资源"的反馈式流程，其特征是低投入、高利用、低排放。中国政府一直致力于推动循环经济模式来进行生态文明建设。发展循环经济是中国经济社会发展的重大战略任务，是推进生态文明建设、实现可持续发展的重要途径和基本方式。大力发展生态循环农业，能有效节约农业资源，节能增收，提高农业资源利用效率。休闲农业就是利用农业生态环境及农村自然景观结合农业生产经营活动、农村生活与文化，提供人们旅游、休闲、科普教育与体验的农业生产与生态旅游相结合的产业形式。休闲农业的兴旺，要得益于宁静优美的生态环境、天然的自然景观及淳朴的乡村生活方式、民族文化等。因此，在开发建设休闲农业产业过程中，尽可能不破坏原来的自然生态环境，减少人工作用，促进农业生态系统良性循环。探索休闲农业发展的新模式，做深农业观光、做靓农家体验、做精乡村旅游，实现农业资源的深度开发利用及农耕文化与农业生态文明的融合辉映，形成现代农业和现代旅游业特色化和生态化结合的发展道路。

（四）农村生态文化与生态文明

农村文化是中国农民在几千年的生产生活实践过程中，不断积累沉淀形成的文化资源，是宝贵的非物质文化遗产。农村文化是中国农业的宝贵财富，是中华文化的重要组成部分，不仅不能丢弃，还要不断发扬光大。农村文化主要是指农民在农业生产实践过程中形成的有关物质文化和精神文化的总和，包括农事节日、民居建筑、饮食文化等多种内容，并通过农民生产、生活及民间娱乐等多种形式表现出来。生态文明建设的目标就是提升全社会的文明理念和素质，使人类活动限制在自然环境可承受的范围内，走生产发展、生活富裕、生态良好的文明发展之路。生态文明的核心是人与自然的和谐相处。农业生态文明建设就是要通过发展农村生态文化,大力弘扬人与自然和谐相处的核心价值观,在农村地区树立生态文化道德观、价值观、消费观,形成尊重自然、热爱自然、善待自然的良好氛围。农村生态文化直接影响到农业生态文明的建设成效,没有广大农村的生态文化建设,农业生态文明建设就成了无水之源、无木之本,所以加强农村生态文化建设显得尤为必要。

第一,重视新型职业农民的培养,因为占全国人口绝大多数的农民素质的高低直接影响到生态文明建设的进程。应加强生态教育宣传,营造良好的生态氛围,充分调动农民参加生态建设的积极性、主动性和创造性。第二,开展农民生态知识培训、农业生态科技服务等活动,鼓励农民采用先进的农业生态技术,发展农村技能教育,实施农业生态技术的培训、农民绿色证书培训等,提升农民综合素质和能力,这是农业生态文明建设的重要条件。第三,要丰富农民的精神文化生活,通过广大农民喜闻乐见的乡村文化活动,树立讲卫生、讲文明、保护环境的良好社会风气,让生态文明理念占领农村生态文化广大阵地。第四,在农业生态文明建设中,注重引导群众积极参与、民主管理。通过召开村民代表大会,征求群众意见和建议,使村民生态文化意识得到提高,使村民自我教育、自我管理能力得到增强。

第二章 农耕文化与生态文明建设

第一节 传统农业的生态智慧

一、传统农业的生态思想

传统农业中的生态思想是农业历史实践中人与自然矛盾关系的产物，融入了整个农业文明发展的进程。由于传统农业生产自身的特点，先人必须了解自然环境，从而促进了对自然生态环境的认识及探索。农业生产对自然环境的依赖性极大，因此生产者必须尊重自然，并想方设法来保护自然、顺应自然、效法自然，以促进生产的发展，否则后果将是灾难性的，因此生态思想与智慧得以在长期实践中逐步形成与积累。

世界文明的发展变化是反映人与自然矛盾过程的一个缩影，体现了人类与农业文明、农业生态环境变化的内在联系，成为生态思想初成的枢纽。文明中心的形成和人口的迅速增长，迫使人们加大对农业自然资源开发的力度。然而过度的开发带来了一系列生态环境问题，如森林破坏、旱涝频发、水土流失和土地盐渍等，使得生态系统的稳定性迅速下降。生态环境变化可能会带来灾难性的后果：灿烂绚丽的巴比伦文明归功于灌溉农业的发达，然而灌溉引发的盐渍化又使其走向消亡；曾经拥有丰饶土地的希腊现只剩下裸露的骨架，荒山代替了可耕作的土地，沼泽覆盖了肥沃的平原。

从农业文明的历史发展过程不难看出，所有农业文明的兴盛及衰败都与农业生态环境的改变有着密不可分的关系。优良的农业生态环境、富饶的土地及足够的水源都为农业文明的产生和发展提供了温床。另外，文明的兴盛和人们对资源的渴求引起的对自然的过度索取，导致农业生态环境的变化，反过来对文明的发展又产生了阻碍。生态环境变化造成的频繁灾害，迫使人类不断反省自身与自然的关系，以及加深了对农业生态系统的认识，从而逐渐形成特有的生态思想智慧，而其中中国传统农业文明的生态思想智慧有着更为持续的历史特点，其所倡导的"天人合一"的主旨更是体现了生态文明建设的文化渊源。"天人合一"的思想早在千万年前就扎根于古人脑海中，强调人类应是融入大自然的一部分，不是去征服或者主宰自然，而是与自然和谐共生、共处。

（一）传统思想流派中的生态思想

儒家基于"天人协调、天人合一"为伦理观的出发点，珍惜生命、仁爱万物是儒家生态伦理观的核心内容，尊重自然规律、合理保护利用自然资源是儒家生态伦理观的根本要求。孔子主张"知天命"，即认识和把握事物变化发展的客观规律；又强调"畏天命"，对大自然存有敬畏之心，而不是任意妄为、暴殄天物、破坏自然界秩序，这是君子之为；反之，是小人。孔子不但有"知天畏天"的生态伦理意识，还具有"乐山乐水"的生态伦理情怀，对大自然应怀有敬畏之心、仁爱之心，要爱护一草一木、一山一水。荀子指出"天行有常"，表明自然的运行变化有其特定的客观规律。他还指出自然与人类的职责不同、分工各异，人类不能肆意妄为，凭自我的意愿改变自然的规律。此外，儒家提倡"节用"，主张对大自然的索取要有节制并且适时，这样才能确保自然界的可持续性。

"道法自然""万物平等"体现了**道家**的生态伦理思想。老子认为道、天、地、人都是平等的，无高低贵贱之分，无谁对谁的主宰，都是融入自然的一部分。"知常""知和""知止""知足"表达需要懂得和把握万物运动变化的永恒规律，违背了这个恒常规律，任意破坏生态环境，就会招致大自然对人类的无情报复，造成毁灭性的后果。庄子认为万物虽然均属各个不同种类，然而只是以不同的形态流传后世，其中的生命本质始终未变，而且其中物物相关，与今天生态学中的"生物圈"特征不谋而合。庄子对生态安全伦理学的贡献，在于他不但肯定"万物相关"，而且强调"万物相因"，互为循环。《庄子·齐物论》所说的"圣人和之以是非，而休乎天钧"，即圣人能够认清万物之间彼此相因，而不去伤害万物、残害生命，从而达到周全的和谐。这正是顾及万物、融合自然的精神修养，同时也是现代生态农业经营者需要借鉴的生态智慧。

墨家认为利于人之行为，皆是爱，爱的前提是有"利"。墨家的"交相利"原则是当今在保护自然界，保护生物、植物、动物多样性和保护自然环境生态平衡过程中可以发扬光大的原则。墨子的节用、节葬、非乐、非攻等生态思想，具有反对奢侈浪费和攻杀破坏的意义，为保护自然、保护生态提供了现实的行为规则。

佛家所追求的是众生平等。其伦理意义就在于说明人与人之间是平等的，人与自然界中的所有生命都是平等无二的，人不能肆意妄为地践踏自然。佛教追求整体的和谐，即万事万物都是相互依存、相互渗透的，都有其存在的尊严。所以，作为人类，并不能任意伤害自然。佛家表明人类不是宇宙的中心，自然也不是宇宙的中心，人不能与自然疏离，而应当是与自然和谐相处又不失却其个性。

（二）古代典籍中的生态思想

古代典籍中的生态思想，其核心主要表现为生态环境安全保护的理念。先民从实践活动及农业生产中人与自然的密切关系总结出了生态智慧。在文献古籍中，记载了大量关于如何正确处理人与自然关系的生态智慧典范。首先，在古代典籍中发现了大量的环境保护思想和言论。例如，春秋时期的思想家管仲的《管子》就记载了他许多有价值的环境保护思想和主张。管仲提出了"以时禁发"的原则，主张靠法令保护生物资源。此外，在《左传》《国语》《礼记》等古代文献中，也提出了大量的生态保护思想。其次，在古代典籍中还有保护生态资源的实际案例。司马迁在《史记·殷本纪》提到的商汤阻止猎人将鸟兽全部捕获的事件，说明早在3000年前，古人就懂得保护生态资源了。另外，"里革断罟""竭泽而渔"等保护生态环境的典故也都是世人所熟知的。

中国古老的经典著作、被誉为六经之首的《易经》曰："天地之大德曰生"，意思是"天地之间伟大的道德是爱护生命"，天地哺育了万物，使之生生不息、繁衍下去，所以人类应该牢记天地的造化之功。它"曲成万物而不遗""含弘光大，品物咸亨"。正因为天地养育了万物，所以人也要遵守天地之间的基本法则。《周易》通过论述有咎、无咎来推行节俭的消费观，强调节俭就会"无咎"，否则就会遭天的处罚，这与现代中国倡导"建设节约型社会"有异曲同工之妙。《易经》中阐发的"天人合一"的生态伦理思想，是解决当今环境危机的重要法宝。

（三）生态思想的核心理念

"天人合一"是中国古代哲学处理人与自然关系的基本思路，也是古代生态农业的核心思想。儒家、道家、墨家、杂家等思想流派中都提出过"天人合一"观念，并且都有一个核心，即天和人是和谐统一的，人是自然中的一个要素。因此人类需要尊重自然，并强调"天道"与"人力"的合一。其中，"天道"是指自然规律与法则，"天人合一"即指人应该把握、遵循自然规律，按自然规律办事。"天人合一"的观念造就了中国传统农业生态智慧思想中追求与天同源、同象，达到和谐统一的整体特征。中国传统农业文明中蕴含着深厚的生态伦理智慧，对于这种思想的阐述，儒家、道家、墨家、佛家最为明确。

（四）生态思想的表现层次

中国古代生态思想主要表现在三个层次上，即经济思想层次、伦理层次和世界观层次。

中国古代以农业为主的自然经济，基本上是一种生态经济。与这种经济形态相适应，人们很早就对自然界与人类生产、生活的关系有所认识，并逐渐形成了原始的生态经济思想。早在先秦时期，人们就已经初步懂得了人类与大自然的依赖关系。《吕氏春秋》说："夫稼，为之者人也，生之者地也，养之者天也。"春秋时期，人们就有了顺从自然规律的认识。孟子曾说："不违农时，谷不可胜食也；数罟不入洿池，鱼鳖不可胜食也；斧斤以时入山林，材木不可胜用也。"这体现了生态效益与经济效益相统一、自然资源的利用与保护相适应的思想。

中国传统思想的主流——儒道两家都认为人与自然存在着伦理关系。儒家以仁为核心的思想体系和道家以道为核心的思想体系中都包含着生态伦理的内容，从道德的从善性原则（热爱自然、热爱生命）和弃恶性原则（反对破坏环境、虐待生物的行为）两个方面规范了人与自然的关系。

中国传统哲学主张"天人合一"的世界观，即人与自然在本体上是统一、和谐的。由于历史的局限，"天人合一"的思想中不免有自然崇拜的痕迹，其合理的内核是将所谓的"三才"——天、地、人，即包括人类的整个自然界视为一个系统，人是系统中具有主观能动性的成分。人类必须通过自身的主观能动作用，使整个系统保持和谐健康的发展，也就是荀子说的，使"天之所覆，地之所载，莫不尽其美、致其用"。

（五）生态思想与农业可持续发展

和谐发展的朴素生态思想是中国传统农业得以持续发展的重要保障。遵循人与自然的和谐统一，遵从天时、地利、人和的思想，特别是和谐发展的农学思想是中华文化珍贵的历史遗产，正是在这一文化理念和价值观的指导下，形成了以精耕细作为特征的传统农业，孕育了灿烂的中华农业文明。尽管这种农业文明缺乏实证分析和理论体系的指导，只是朴素的农业生态保护思想,却包含了朴素唯物主义和辩证主义的元素在里面,对于现代生态农业发展来说,具有鲜明的中国特色和借鉴意义。

二、传统农业的生态措施

古人十分注重维持农业安全的生态技术措施,这种维持农业生态安全措施可概括为以下几个方面。

(一)发展多种经营,维持生态平衡

中国传统农业生产采用轮作、间作、套作、农户庭园、混交林等经营方式创造了多样的生态环境。多样的经营是促进农业生态安全建设的有效途径,在众多文献古籍中都能看到古人有这样的观点。《管子·牧民》中指出"务五谷则食足,养桑麻育六畜则民富",表明农业的发展应囊括多方面的内容,国家和百姓的富裕依赖于农业的多种经营。此外,维持生态平衡也是古人所倡导的。

(二)保护再生能力,维护生态安全

自古以来,人们对保护自然资源的再生能力就十分重视,提倡利用生物资源时要根据时节进行,禁止在野生动植物幼年期、繁殖期和生长旺盛期狩猎和采伐,使资源得以可持续利用。例如,《孟子·梁惠王上》载"数罟不入洿池,鱼鳖不可胜食也;斧斤以时入山,材木不可胜用也",这种保护生态再生能力,反对竭泽而渔、焚薮而田的辩证思想和对合理利用生物资源、维护农业生态安全的科学主张,表达了古人对合理利用和保护生物资源的重视,并对维护生态安全有着深刻见解。

(三)发挥生态功能,防御自然灾害

农业生产需要克服恶劣的自然带来的不好影响,提高农业防御自然灾害的能力。在丰富的实践活动中,古人积累和总结了大量的农业自然灾害防御措施。

1. 精耕细作

精耕细作是现代人对中国传统农业精华的一种概括,它是指中国传统农业的一个综合技术体系,是现代农学家、农史学家对传统农业"技术密集型"和"集约经营"的全面总结。《中国农业百科全书·农业历史卷》将精耕细作定义为"用以概括历史悠久的中国农业在耕作栽培方面的优良传统,如轮耕、轮作、轮施肥、复种、间作、套种、三宜耕作、耕耨结合,加强管理等"。这个概念强调了精细管理和用地养地相结合,为中华文明持续而不间断的发展奠定了重要基础。

2. 晒田技术

种稻宜"薅讫,决去水,曝根令坚"。中国早在 17 世纪的《沈氏农书》中就有"惟此一干,则根脉深远"的论述。近代研究表明:晒田的主要作用是通过排水和曝晒田块,增加土壤的含氧量,提高土壤氧化还原电位,抑制无效分蘖和基部节间伸长,促使茎秆粗壮、根系发达,从而调整稻苗长势、长相,达到增强抗倒伏能力及提高结实率和粒重的目的。

3. 兴修水利

战国治田"亩欲广以平，田川欲小以深"，着眼点是排水保墒。因此，明代徐光启认为"治田治水，可以尽地力，可以救旱防旱，可以救潦防潦"。

4. 生物多样性与农业病虫害防治

古人利用天然生态系统中多种生物之间形成的相互制约和依存关系防治病虫害。唐代刘恂的《岭表录异》记载了利用鱼儿去除水田杂草的方法，清代《潮阳县志》记载"烟草杆及纸叶插稻根，可杀害苗诸虫"。

三、传统农业的生态法制

中国古代的农业法制中不乏尊重生态规律的思想及对生态环境保护的重视，这些都是先人智慧的结晶，为后人所重视与借鉴。

只有建立科学的生态资源管理机构和制度，才能管理好生态资源、维护好生态平衡。从古人的记载中，能够发现有特定的职务承担这方面工作，如在先秦时期的《通典》中记载的虞人；在《周礼地官司徒第二·大司徒》中的大司徒；在战国时期，虞师是统管保护自然资源的职官。历代王朝都设置了一些近似管理自然资源的机构，随着管理机构的设立，一些相应的法令、法规也随之出现，以下列出几条具有代表性的法令。

（一）顺应四时，安排农事

早期由于工商业和其他农村手工业相对落后，特别是先秦至汉时期，生活资料的来源依赖于自然环境的供给，人们在生产和生活中，认识到只有发展农业才能保障衣食，减少对天然产物的需求。这种对自然的实践理性，体现为一种行为规范——时禁。顺四时而行农事的农业生态思想在传统农业法制中都有不少体现，《太公六韬》认为应当禁止违反季节用地，顺应自然时节利用土地；《孟子·梁惠王上》也有记载"不违农时，谷不可胜食也；数罟不入洿池，鱼鳖不可胜食也"；《礼记·月令》系统地要求人们按四季节气安排生产和社会活动；秦代法律中对耕种、渔猎、取火烧炭等都有明确的时令限制，这些规定为此后的历代王朝所传承发展，对中国古代顺应自然时令安排农事、维护农业生态系统平衡起到了重要作用。

（二）遵循礼制，中和有度

礼制是儒家最重要的文化主张和政治主张，它规定饮食、舆服、宫室、车旗等都应该有度有制，不得逾越。它在个人平等、个人自由的发展方面有局限之处，但对资源保护却有很大帮助。

遵循礼制分配资源，限制了对资源的过度消耗和无限浪费，用一定的社会规范限制了人们的私欲膨胀；另外，"礼尚质"，以少为尊、以素为贵的原则，客观上引导人们崇俭去奢。一般而言，礼制规定以高大华美、丰厚多文为尊，但是礼也常常以少小简素为尊，即地位愈高，其物质配给愈是质朴简略。例如，《礼记·礼器》里写道："礼有以素为贵者……大圭不琢，大羹不和，大路素而越席，牺尊疏布鼏，樿杓，此以素为贵也。"

这种崇俭去奢的观念，在中国历代得到了继承和发扬。《朱子治家格言》中的"一粥一饭，当思来之不易；半丝半缕，恒念物力维艰"，成为中国民间妇孺皆知的生活信条。这样的生活习惯，客观上减少了物质资源的浪费性消耗，保护了生态平衡。

（三）因地制宜，开发资源

中国历代都将因地制宜、合理利用农业土地和水资源纳入法律规制之中。古人对土地极为重视，《周礼·地官》认为"地者，载养万物"，并规定"凡宅不毛者，有里布；凡田不耕者，出屋粟"。为了保障充分利用田土资源，《唐律·户婚律》规定如果田主荒芜田土要受笞刑，而地方官员懈怠所造成地方田土荒芜，则要承担更严厉的惩罚。古代法律对水资源的保护常常结合兴修水利所体现，《吕氏春秋·十二世》记载："季春三月，时雨将降，下水上腾，循行国邑，周视原野，修利堤防，导达沟渎，开通道路，无有障塞。"即告诫人们在三月应该修理堤防、疏通水道以利雨季排灌。

（四）重视保护，敬畏自然

在古代中国，农业与林业是相融合的，对农业动植物资源的利用和保护与对野生林木、百草、鸟兽的保护和利用常常出现在同一规定之中。《礼记·月令》中明确规定："毋伐大树。"如果违反封山禁令，动辄断足，甚至"罪死不赦"，这表明那时人们对让山林休养生息、保障农业社会所依恃的自然生态环境的高度重视。同时反映出在那个时代，与其说人们因征服自然能力有限而畏惧自然，不如说人们已经意识到人类疯狂开发自然的可怕，以致要动用酷刑来保障自然的生息。汉代保护农业动植物资源的规定非常丰富，如《四时月令五十条》。

综上所述，早在汉唐以前，国家法令已经非常重视农业生态环境资源的合理开发利用与保护。其"农顺四时，谨修地利"的农业生态系统观为中国各封建王朝法制所传承，也值得当今中国环境法治加以研究和借鉴。

第二节 传统农业与文明进步

一、传统农业的起源与发展

在原始社会初期，人类的祖先大多通过采集和渔猎的方式为生。人类在采集植物的过程中慢慢地发现了植物的生长规律，于是通过收集植物的种子自行开始种植。同样，人类在渔猎的过程中，发现了动物可以被驯化。随着人类渐渐学会栽种作物、驯化动物，也就渐渐摆脱了完全依赖采集和打猎为生的阶段，开始了农业生产。在以后漫长的年代里，农业随着生产工具和土地利用方式的改进而不断发展。从世界范围来看，农业生产大体上经历了原始农业、传统农业和现代农业（包括现代工业化农业和现代生态农业）3个阶段，但不同地区的发展由于历史、地理等条件的不同而有差异，如欧美发达国家和亚洲的一些发展中国家，传统农业和现代工业化农业的交接时间有很大的差别。以下简述原始农业阶段和传统农业阶段。

（一）原始农业阶段

新石器时代的原始农业是以磨制石器工具为主、采用撂荒耕作的方法、通过简单协作的集体劳动方式来进行生产的农业。人类首先是在南纬10°到北纬50°的一些地方，开始了从采集、狩猎的方式向原始农业的过渡。中国、印度、西亚、美洲等地古老文明的出现，最初都与农业的发展有着密切的关系。人类早期使用的生产工具主要是一些缚在木棍上经过磨制的石器，用来开荒种植。后来有些地区出现了犁和青铜农具，并用驯化后的牲畜来牵引，如牛、马。

从生产的构成看，当时的农业大多是种植业和畜牧业兼有的混合农业，但在不同地区和不同民族之间二者的比例有一定的差别。种植业刚开始出现于母系社会，主要的劳动力是妇女。人类在长期的采集过程中，发现并学习了一些植物的生活习性，增加了掘土和埋土程序，这才把其中适合人类需要的植物培养成为农作物。而畜牧业同样也是人类漫长狩猎活动后发现、了解了一些动物的习性，并对一些有经济价值的动物驯化后的结果。最初被人类驯化的多是小型动物，数量也少，发展到后来才慢慢开始饲养大牲畜。原始农业发展经历了6000多年，分刀耕和锄耕两个时期。在这段时期，人们完成了对现今存在的绝大多数野生动植物的驯化。原始农业由于耕作简单，不施加肥料，因此产量水平较低，且开垦第一年产量最高，以后逐年下降，受自然条件影响大。

（二）传统农业阶段

传统农业是继原始农业之后的农业阶段，是从石器时代与铁器时代交替时期到20世纪前后的农业，传统农业的结束时期，各个国家和地区有较大的差别，有些发展中国家到目前为止，尚处于传统农业与现代工业化农业的交叉阶段。

传统农业是使用铁、木农具，利用人力、畜力、水力、风力和自然肥料，凭借或主要凭借直接经验从事生产活动的农业。在这个时期，人们发现并掌握了自然规律，懂得了农时的重要性。农时是农业生产成功的前提，不按农时，任何良种、良法都无法发挥作用。由于传统农业开始使用铁犁牛耕，便于深耕细作，农业生产出现了一次飞跃。在土地利用方式上，欧洲国家为了利于农牧结合和恢复地力，实行休闲、轮作中包括放牧地的二圃制和三圃制；在中国则是在废除撂荒制以后走上了土地连种制的道路，实行精耕细作，主要表现为利用耕、耙、耖的技术提高种植效率，种植业和畜牧业进一步分离。

（三）传统农业在不同区域的发展情况

1. 希腊前陶新石器文化

希腊前陶新石器文化最初阶段在公元前7000年左右。当时，希腊的土著居民已经建造了不少农村的雏形，其遗址中发现有石骨器农具、炭化谷物和羊骨等，说明希腊早已进入农业、畜牧阶段。在公元前3500～前3000年，希腊克里特岛已经形成了自己的克里特和迈锡尼文化，开始使用铜和青铜农业用具。到公元前1130年，多利亚人开始使用铁器。最早的铁制农具是镰刀，接着其他铁制农具也迅速发展起来。在城邦国家建立的早期，木犁就已装上了铁制的犁铧。农业发展的同时也推动了工商业和文化的发展，在此基础上形成了雅典、斯巴达等奴隶制国家。在公元前5世纪中叶，希腊全境除人口稀少的南方山地外，可利用的木材已经被砍伐殆尽，实行了几百年的二圃制也宣告结束，希腊人开始在土壤肥沃的地方实行谷物与蔬菜轮作的一熟制，在较为贫瘠的地方则采用三圃制，交替种植大麦、稷并安排休闲；还在有条件的地方开始灌溉，修筑梯田。以后又在地理较差、不适于栽种作物的地方建立果园，种植葡萄和橄榄，并把产品加工成葡萄酒和橄榄油，出口换取粮食。希腊的大部分城邦国家就这样从农业国家逐步向工商业国家转变。

2. 西欧各民族的农业发展史

欧洲的一些地区如希腊马其顿地区及中巴尔干地区等在公元前6000～前3000年就开始了原始农业，这对西欧传统农业的发展起到了一定的促进作用。公元5世纪前后，随着西罗马帝国的灭亡，日耳曼人先后在欧洲各地建立起许多封建国家。日耳曼人经济相对落后，到了原始社会的结束时期，除了畜牧业比较先进，农业和手工业都很简单，土地还没有成为私有财产。后来在封建制度的发展过程中逐步形成领主阶级和依附农民，政治上实行严格的等级制。农业生产用庄园方式经营，通常庄园的用地分为两部分，最好的农田是领主的直领地，由农民携带自己的农具无偿地为其耕种；农奴分得的份地以条田的形式错落相间，可世代相继使用，但须承担繁重的封建义务。在过去，公共土地，包括森林、牧场、荒地等，都是领主的财产，而农民不得不支付一定的费用来使用它。庄园中的所有财产都是为了提供领主和生产者本身的消费，手工业和农业密切结合，这是一种封闭的自然经济。土地利用方式是典型的三圃制，即将全部农田划分为3个耕区，依次种植冬小麦、春小麦和进行休闲，如此循环。三圃制最初在德国南部、法国北部等一些属于王室和寺院所有的组织得较好的庄园内实行，后逐步推广；到11～13世纪，除了原始的耕地，还在新垦土地上推行，以促使西欧一些国家的耕地面积成倍增加，个别地方增加了3～4倍。在这以前，即便在农业较为发达的英国，其耕地面积也不超过全部土地面积的20%；德国和法国北部在15%以下；人口稠密的法国南部和西班牙也只达到20%～25%。但在一些地力瘠薄的地方，如英格兰的西南部，直到16世纪时也还是二圃制占优势；法国南特地方的农村，直到18世纪时仍是二圃制、三圃制并存。

在中世纪实行三圃制的欧洲，农业生产管理较为粗放，一般用撒播的方式播种，几乎不进行田间管理，产量极低。从罗马帝国灭亡到18世纪末法国大革命前，欧洲各地谷物的单位面积产量也未得到改善，在生产技术上也无多大进步。

3. 罗马帝国的崛起

最早在罗马地区的遗迹可以追溯到公元前1500年，在公元前1000～前500年时已形成农业村落。罗马继希腊之后在意大利中部崛起，罗马人建国后展开了统一意大利的行动，并不断通过武力扩张其版图，这必然导致罗马人对于粮食等后勤补给的重视。罗马人的奴隶制大庄园适应地中海沿岸冬季多雨、夏季干燥的气候条件，实行二圃制的经营方式，从春到秋的休闲期中实行3～5次休闲耕，在秋雨来到之后播种冬麦。冬季，为了方便排水，田间多做畦掘沟。地中海东部在每年5月中旬、意大利在6～7月初为收获期。收获时多采用手镰摘穗，余下的茎秆作为饲料喂养家畜或翻入地里。在一些农庄里也有种葡萄、橄榄和蔬菜的。阿尔卑斯山以北的地方，由于气候和土质与南方有较大差异，因此耕作的方式也不同。耕犁不是在南部那样用轻便的弯辕犁，而是用有轮的、较为笨重但适于深耕的反转犁，实行的是较为粗放的二圃制。罗马从共和转向帝制，小农相继破产，有的沦为农村雇工，大多数则流入城市变为无业游民，依靠国家从其他地方通过掠夺和贸易运来的粮食为生，这就加剧了社会危机，成为后来罗马帝国灭亡的一个原因。

4. 精耕细作的中国传统农业

从春秋战国（公元前770～前221年）实行铁犁牛耕进入传统农业阶段后，中国传统农业基本上结束了撂荒制，但没有实行二圃制和三圃制，而是以提高单位面积产量、充分利用土地的精耕细作为主，走上了土地连种制的道路。铁犁和役牛的推广是这一时期农业生产工具和动力的主要特点，农具从材质到形态都比之前有了很大的进步，农业动力则由人力发展到畜力乃至水力和风力，而封建地主制下的小农经济为农业生产提供了有利条件。这一时期除扩大耕地面积以外，更重要的是开始实行深耕易耨、多粪肥田措施，而各地先后兴修的芍陂（安徽）、都江堰（四川）、郑国渠（陕西）等大型水利工程，以及在西汉末年开始出现的龙骨水车（翻车），又为精耕细作提供了灌溉条件。从秦汉到魏晋南北朝，北方旱农地区逐渐形成耕—耙—耱的作业体系，建立了一整套保墒抗旱的耕作措施。在江南，经过六朝时代的开发，唐宋时适应水田地区的整地耕作要求，则形成了耕—耙—耖的水田耕作技术体系。为了便于耕翻起垄，到了汉代已有铁制犁壁。汉代还发明了耧犁，提高了开沟播种的效率。唐代水田用的江东犁，形制已相当完备。唐宋以后，江南地区修筑圩田，形成水网，再用筒车、翻车提灌，做到了水旱无虞；在东南、西南的丘陵山区，则修建梯田，有利于生产及水土保持。为了有效地恢复并增进地力，除倒茬轮作外，对肥料的施用也更加注重。

明清以来，中国的商品经济有了一定的发展，如太湖周围等粮食产区，因种植桑、棉等经济作物，需从外地调进粮食，促进了粮食生产的商品化。在花生、烟草乃至甘蔗等其他经济作物逐步形成较为集中的产区之后，也都出现了类似的情况。这时，由于在一些人口稠密的地方和贫瘠山区推广玉米、甘薯等高产作物，以补救粮食的不足，全国作物生产的布局有了变化。在土地利用上，除通过北部和西北部的垦殖开发扩大了全国耕地之外，更重要的是由于复种和间、混、套种等多熟制的推广，提高了复种指数，传统的精耕细作技术也有了进一步的发展，从而使这个时期主要作物的单产和总产都有所增长。

二、传统农业文明的基本特征

小农经济是中国社会数千年的主导经济形态，是以家庭或家族为组成单位，在小土地分散式经营中，通过男耕女织的生产方式形成的一种自给自足的经济形态和特定的生产与生活格局。上自夏商周时代，下至清末巨变之前，在这几千年的时间里，小农经济一直是中国社会里物质资料生产的主要进行方式（图2-1）。在中国的历史中，大规模的奴隶制农业生产或大规模的雇佣劳动制的农场经营都没有长时间地存在过。

小农经济发展的主要特点有三个，分别是个体分散式经营、封闭性强和自给自足。

个体分散式经营主要是以家庭为单位在社会生产力的提高、铁器和牛耕的使用逐渐普及的条件下，农民个人在其他家属的帮助下，独立完成主要产品的全部生产过程，一般没有外部协作者。

封闭性强主要体现在农业和家庭手工业的结合上。农民的生产通常是农业和家庭手工业相结合，即所谓的"男耕女织"，以满足自己衣食的基本生活需要。

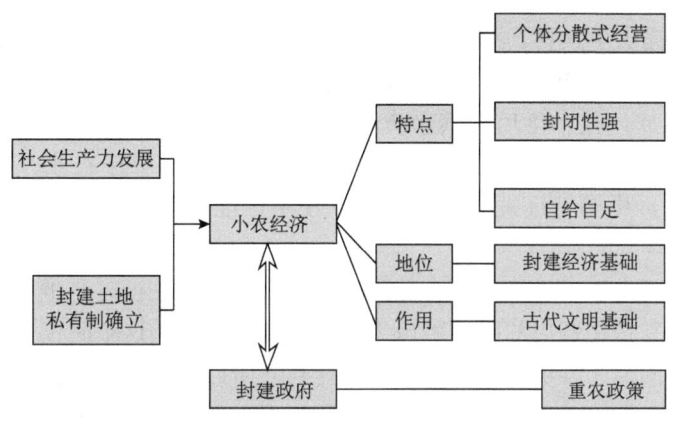

图 2-1 小农经济示意图

自给自足的主要特点是农民生产的主要目的是满足自家生活需要和纳税。随着社会生产力和商品经济的发展，农民的生产品日益卷入交换之中，他们通常也生产一部分商品，用以交换其他生产和生活必需品，他们的生产也就逐步发展为自给性生产和商品性生产相结合。

三、传统农业与文明进步的发展关系

众所周知，农业的起源远远早于文明的起源，而且农业的发生和发展直接孕育着文明的进步与发展，农业是在特定条件下、特定地域内产生的，因此农业在其产生后就有一个扩张的过程。农业的发展和传播要受一些自然因素的限制，其中主要是气候因素，气候的干湿冷暖决定农业传播的命运，西亚和黄河流域的农业在产生后不久就分别向周围传播，由于各自辐射区的自然条件不同，传播的结局和特征也就各自不同。

（一）传统农业为文明进步提供了物质基础

从人类的文明史来看，需要先有稳定的农业生产，供给人们物质生活，然后作为上层建筑的文明，才有进步和发展的依据。具体到中国来说，中国是一个历史悠久的文明古国，有着丰厚的文化底蕴，形成了灿烂的古代文明。中国古代文明是建立在农业经济基础上的文明。从本质上说，中国古代文明就是农业文明。人类的祖先，用辛勤的农业生产劳动，为百姓幸福的生活创造了丰富的物质基础。石声汉先生在他的《中国农学遗产要略》《中国古代农书评介》这两本书里对中国农学遗产做了全面、概括而有深度的总结，他从三个方面进行了理解和阐述：一是提供生活保证；二是为文化活动提供了物质材料；三是为文化创作提供了素材。农业为文明提供生活保证是显而易见的，人首先要维持起码的生活才谈得上文明进步。中国自春秋战国以后就强调"农为国本""食为民天"，历代的统治者都不敢在粮食生产上轻举妄动，以免招致灭亡，这就是重农思想产生的基础。

（二）先进的农业与文明的进步

文化是文明的基础，文明是文化的升华。农业不仅为文明的进步提供生活保证、物质材料,还为文化创作提供了素材。古代东方两河流域农业发展较早,曾创造了古巴比伦文明,后来因为土地开垦以后的盐碱化,农业开始衰退,古巴比伦文明也早早地消失了。中世纪的欧洲农业比较粗放,技术落后,其历史和文化处于停滞状态。中国的封建社会农业比较集约,技术比较先进而且持续不断地向前发展,汉代北方的旱作农业、唐代南方稻作农业都达到很高的水平。中国持续发展的传统农业使中国能成为古代文化持续发展并保持到近代的唯一国家。

中国在明清之际出现了经济和社会的高度繁荣,可以说在当时是世界上独一无二的,这种表面看似的繁华其实在背后却隐藏着巨大的社会危机。因为这个时候人类正处于转型时期,即由一种文明状态向另一种更高级的文明状态转移,所以这种情况的出现既有机遇也存在着危机。因此,应对危机,要学会化危机为发展的机遇。农业文明在人类发展的历程上占据了较长时间,中国的封建社会持续了近2000年,发展高度达到了世界领先,从四大发明、元朝中国的疆域等可以看出,中国古代有先进的农业,因而创造了发达的传统文化。春秋战国、汉代、唐代及元明时期都是农业的大发展时期,也是中国文化的大发展时期。中国传统农业文明的持续发展导致中国古代文化的经久不衰。

(三)中国传统农业与古代文明

农业不仅为文化发展提供了物质基础,还构筑了原始科技和哲学产生的舞台。《中国大百科全书》说:"黄河流域和长江中、下游是新石器时代农业相当发达的两个地区,至少从公元前五、六千年起,这里便分布着繁荣的农耕文化。"农耕文明的深厚土壤直接培育造就了包容、和谐、内敛、"天人合一"的儒家文化,是本源文化发育成长的摇篮。中国的哲学无论是自然哲学还是带有伦理特征的社会哲学都和农业生产、农业社会有着密切的关系,特别是自然哲学和农业生产的关系尤为密切。可以说,中国农业生产知识,很早就形成了一个哲学体系。而且,根据农书中所表明的事实,这个思想体系正是中国普遍共有的朴素唯物主义的思想核心。在这个思想体系的2000年中,曾有过发展壮大。我们经常听见、也看见的大众爱读的书中写着"天时、地利、人和""因时制宜""因地制宜"等话。这些观念与知识,在先秦已经孕育形成,后来在各时代的农书中,都可以看出这个内蕴所照射的光芒,并且光芒不断扩大、变强。

从农业生产到哲学的抽象,一般经历两个过程,首先是从农业生产中概括、指导农业生产的一般原则;再从指导农业生产的一般原则上升到更一般的哲学思想。从农业生产、农业社会研究中国哲学的发生发展,也是研究中国哲学的路子之一。先秦时期的思想家绝大多数还保持着理论研究与农业生产的联系,先秦诸子对农业生产绝对无知的大概极少。不过绝大多数人只停留在常识这个水平,认识了季节性和地区性对植物特别是农作物中禾谷类的限制作用,知道应当及时耕种、收获,然后"天有其时,地有其财,人有其治",大家才能有吃的。因此,"春生、夏长、秋收、冬藏"的规律,"日、月、雨、露"之所长,"山、林、川、泽"之所育的利用,是"民之所仰也,君之所以为养也",这就是先秦诸子在根本上彼此都同意的天、地、人的结合与"民为邦本""食为民天"的农本观念。因为他们具有农业的基本常识,所以他们能从不同的角度做出哲学的概括。诸子百家各执一词,但都是在中国这块农业土壤上发育起来的思想派别。中国古代智慧之宗,传统哲学也来自于农业生产过程,是其抽象的结晶。中国的哲学无论是自然哲学还是带伦理特征的社会哲学,均来源于农业生产活动,特别是自然哲学与农业生产的关系更为密切。

(四)不同阶段农业与文明的不同发展关系

人类及人类社会的发展分为四个大的阶段。

1. 第一阶段:食物采集者社会阶段(原始社会,初级阶段)

开始标志:火的使用。虽然这个阶段农业逐渐开始出现,但主要的食物来源仍是食物采集和狩猎。人们能够制造简单的工具,人群形态为部落形式。人们总体上处于蒙昧状态,虽然物资的分配是平均分配,但这仅仅是由于氏族和部落存在的必然需要,个体之间服从丛林法则,人口数量少。

2. 第二阶段:农业社会阶段(低级阶段)

开始标志:农具的大范围使用和家畜的大规模出现。在这个阶段人类正式走入文明,国家出现,主要食物来源为农业(种植业和养殖业),社会主要财富为农业创造。手工业和商业正式出现,但从属于农业,人口急剧增多,个体之间丛林法则弱化。

这个阶段分为两个亚阶段:①封建社会阶段。这个阶段有两种生产方式,即奴隶生产和农奴生产,政府形式为分封制或其变种。②中央集权社会阶段。这个阶段有两种生产方式,即佃农生产和自由农生产。

3. 第三阶段:工业社会阶段(中级阶段)

开始标志:瓦特蒸汽机的发明。在这个阶段,工业出现和不断发展,社会财富主要由工业创造,工业的发展也同时促进农业发展,人口进一步增多,个体之间丛林法则进一步弱化。

这个阶段分为两个亚阶段:①资本主义社会阶段。这个阶段有两个方式,即自由竞争和垄断。这个阶段开始的标志是英国工业革命。②多种社会形态共存阶段。这个阶段有两个方式,即社会资本主义和国家资本主义。这个阶段开始的标志是联合国的建立和关税及贸易总协定的签订,国家的主导权逐渐让位于大区域性和全球性组织,国家主权逐步弱化。这个阶段的成熟标志是垄断国家的逐步退出和多极世界的建立。在这个阶段,社会财富的一次分配逐渐让位于二次分配。

4. 第四阶段:后工业社会阶段(高级阶段)

开始标志:市场、资本、国家消亡。在这个阶段,生产有计划指导并由自动化设备完成,人类从体力劳动中解脱出来,人口减少。财富分配方式为按需分配,人类进入自动化社会阶段,实现共产主义。

这四大阶段就是一部完整的人类史,虽然表现的是人类的经济和政治行为,但实际上是人类的个人成长和人类社会成长两个脉络。从个体上来看,人的成长就是人类自身力量的不断强大,这种强大从争取生存开始,到保证生存,一直到超越生存,逐渐追求精神生存。

中国自古以来就是农业大国,农业对中华文明的形成、发展和延续具有至关重要的作用。中华文明是唯一不曾中断的古老文明,创造了上下 5000 年的辉煌历史。中国作为农业大国,更是拥有着上万年的农业文明史。农业生产不仅为中华民族的生存繁衍提供了丰富的物质基础,也为中华文明的形成与发展提供了色彩缤纷的精神资源,奠定了中华文明的物质基础和文化基础。从刀耕火种到男耕女织，从精耕细作到现代工业化农业、现代生态农业，在漫长的历史进程中，先人在这片土地上从未停止过对文明的探索，将世代传承与发展下去，孕育留存了灿烂纷呈的文化遗产。文化高度是文明程度的反映，文明程度是文化维度的坐标。作为中华文明的本源文化，农业文明在广大人民群众的生产生活实践中不断创造演绎、积累进步，成为中国博大精深的中华文明的重要组成部分。

在人类文明进程中，农业文明持续不断地在国际及地区之间传播、交融及演化，因此农业文明也是世界各民族共同创造、共同享有的财富。文明是历史沉淀下来的财富，可以增强人类对客观世界的适应和认知，文明也是符合人类的精神追求、能被绝大多数人认可和接受的人文精神。

农业文明与传统农业既是历史发展的根基，又是未来发展的基础，是现代社会发展取之不尽的宝藏。可以说，农业文化对人类文明进步所起的作用，永远是激发人们发明、创造和创新的动力与源泉，也是任何一个领域所无法取代的。例如，稻作文明起源地之一的河姆渡、粟作文明起源地半坡、商代耕作方式（协田）、汉代耕作发明（二牛抬杠）、魏晋旱地耕作模式（耕—耙—耱）、唐宋水田耕作典范（耕—耙—耖）和明清的生态农业（农、桑、牧、渔）等，这些农业活动历程不但揭示出中华民族在作物育种和耕作方面为人类做出的特殊贡献，而且为文化事业的繁荣发展奠定了基石。

农业是人类社会进步的阶梯，农业生产的不断演化促进了整个社会进步，农业与文明之间存在天然紧密的联系。没有农业，文明就是无源之水、无本之木。因此有哲人指出，农业是中国文明的根基之所在。农业发展过程中孕育和产生了文明，文明的进步反过来又推动了农业的发展。农业与文明从来都是密不可分的，两者相辅相成、相互促进、相得益彰。

第三节　传统农业与现代工业化农业

一、现代工业化农业的特征

（一）生产工具的机械化

现代工业化农业的一个重要标志是生产工具的机械化。农业机械化有一个相当长的发展过程，它经历了畜力牵引的半机械化、基本机械化和全面机械化的不同发展阶段。在19世纪四五十年代，欧洲和北美大陆出现了各种改良农具、马拉农具。这时生产动力虽没有多大变化，但作业机具却变化很大，马拉的收割机、绳索捆扎机、播种机、打谷机、割草机、耙草机等，与强壮的快速马匹结合起来，工效大为提高。这种畜力牵引的半机械化农具时代，历时约60年，它使农业生产效率在这几十年的时间里几乎提高了6倍。

19世纪末有了内燃机，于是开始了以内燃机为动力的拖拉机的研制。具有辽阔农用土地的美国对现代农机具在农业中的应用更为迫切。1889年装有内燃机的拖拉机在美国问世，但因为动力小，不能耕地。1892年出现了第一台可以用汽油带动收割小麦的收割机。1905年，哈特和帕尔建立了第一家拖拉机制造公司，大规模生产拖拉机。第一次世界大战后，拖拉机有了动力输出装置，可做多种作业，有了通用性。1932年拖拉机有了橡胶轮胎，作业更加灵活，使用范围更广。到了第二次世界大战前后，拖拉机得到了普遍的应用。1918~1945年，美国用了近30年的时间实现了农业机械化。20世纪50年代以后，工业化国家的农业机械化有了更进一步的发展，拖拉机的动力增大，工作效率提高。

现代工业化农业在劳动工具上取得巨大变革的同时，也带来了劳动条件的革命性变革。设施农业的出现，是这种变革的集中表现。人们开始利用现代工业提供的可能，建立由人工控制空气中的湿度、温度、风量及土壤水分、养分的温室，在温室中栽培蔬菜、瓜果、苗木。在温室栽培的基础上，又出现了在基质中栽培蔬菜等的新方法，实现了无土栽培。农业终于可以像工业一样在厂房里进行生产，出现了工厂化农业。

与此同时，农业电气化也有了很大的发展。电力被用于排灌、脱粒、干燥、贮运、加工、挤奶、剪羊毛、饲料调制等多种作业。

目前，农业机械已经进入计算机和自动化时代，农业信息化和精准农业已经成为一种潮流。在联合收割机和播种机上装有电子监视仪和自动控制设备，监视籽粒散失或脱净率及播种情况；在间苗机和收割机上安装自动选择装置，能准确可靠地进行田间作业；利用计算机与全球定位系统的结合可以准确完成施肥、喷药锄草等精准作业；农业上利用飞机进行播种、施肥、喷药（包括除草剂）等精准作业，可争取农时，提高资源利用效率和劳动生产率。

（二）生产技术的科学化

传统农业的特征是以经验为主，而现代工业化农业则是以农业科学理论为指导，建立在实验研究基础之上的农业。随着农业生产和自然科学的发展，到19世纪，农业科学由经验总结和直观描述，发展到应用近代科学技术进行科学试验的阶段。农业生产技术现代化的过程，实际上是基础科学不断向农业渗透的过程，也是农业形成自己完整科学体系的过程。自然科学的发展为现代工业化农业的发展奠定了基础，如细胞学说、李比希的植物矿质营养学、达尔文的物种起源说等理论体系的逐步提出，为日后的农业技术发展提供了大量坚实可靠的依据。育种学家在理论基础之上又进行了大量的科学试验，这些试验随后就被应用到实际的生产实践中，并取得了辉煌的成就。例如，杂交玉米的培育成功是20世纪上半叶育种工作的重大贡献，杂交玉米的理论和投入的准备经历了很长的时间。达尔文就曾进行了玉米的杂交试验，并认为"异花受精一般对后代是有益的，而自花授粉时常对后代是有害的"。美国的比尔在达尔文的影响和热情支持下，进行了玉米育种试验，并取得了成功，杂交种子在第二年种植后，产量增加20%。1910年孟德尔定律再次受到肯定后，沙尔、伊斯特和琼斯也开始了玉米育种工作并获得了成功。玉米单交种的培育成功，完全改变了玉米生产的面貌。在玉米杂交成功之后，高粱、水稻、小麦的杂交育种工作也先后取得了成功。2016年10月10日，由中国杂交水稻育种专家，被称为中国的"杂交水稻之父"的中国工程院院士袁隆平指导的超级杂交稻"百千万"工程百亩片攻关基地在山东省临沂市莒南县大店镇收割。该基地的水稻试验品种为湖南杂交水稻研究中心选育的'超优1000'，实测亩产达到1013.8kg，创造了新的杂交水稻高纬度亩产世界纪录。

（三）组织方式的社会化

一是生产集约化程度急剧提高。工业现代化的过程就是工业资本急剧集聚的过程。现代工业是一个资本密集型的产业，庞大的固定资产投资，使工业的物化劳动增加速度远远超过活劳动的增加速度，生产的集聚程度提高。日新月异的农业机械系统和迅速增加的化肥、农药、优良品种、基础设施的投放，生物技术和信息技术的发展，使现代工业化农业也和工业一样转向资源密集和技术密集型产业，大大提高了农业生产的集约化程度。

二是专业化程度日益加深。生产的专业化是社会劳动分工、分业深化到一定阶段的产物。专业化生产能够有效地节约资源，提高劳动生产效率。农业的专业化与工业相比具有一些自身的特点，因为一个地区往往拥有不止一种可利用的农业资源，单一专业化不利于资源的合理利用；农业生产具有季节性，也决定了单一专业化生产不利于劳动力、农机具和资金的合理利用；农业生产部门间的物质循环利用、废物利用和相互创造良好生态环境的特点，也不宜于片面的专业化生产。此外，在农业不能摆脱自然灾害所造成的损失的情况下，为了减轻风险，适当实行多部门经营也是必要的。现代工业化农业的专业化具有以下两种形式：第一，地域专业化。根据每个地域的农业资源优势，选择支柱产业作为专业化方向。这些支柱产业由于发挥了资源优势，必然能获得比较优势，它所提供的产品比起其他地区的产品生产成本低，劳动生产率高。第二，行业专业化。各个和农业有关的企业只从事一种行业的生产活动。例如，在肉鸡生产中一些企业专门从事鸡饲料加工，或者雏鸡孵化，或者肉鸡饲养，或者疾病防治，或者屠宰加工、贮藏和销售。

三是产业结构的根本性变化。随着生产的不断发展、科学技术的进步，农业生产的产业链不断延长，农业的产业和产品结构都发生了根本性的变化，农业劳动力和农业产值在社会经济总体中的比例都不断降低，但农业生产支撑国民经济发展的能力却在不断增强。

四是经营管理现代化。农业生产部门的多样化、投入品种和数量的大幅度增加及市场的激烈竞争，推动着农业经营管理走向科学化。现代工业化农业经营管理具有两方面的功能：第一，把复杂的诸农业生产要素按最优化的原则组合起来，投入生产，获得最优的经济效果；第二，调整农业生产中各个不同集团的利益，最大限度地协调彼此之间的关系，调动各方面积极因素，推动农业发展。

二、中国现代工业化农业的发展

1949年10月中华人民共和国成立，中国进入了一个新的发展阶段，中国农村经济得到了迅速的恢复和发展，1952年农业生产已恢复到历史最高水平。1952～1965年，中国完成农业合作化和人民公社化，建立了与计划经济体制相适应的统派购制度。这期间，虽然经历了"大跃进"等超越现实条件和客观规律的冒进运动，但总的来说，社会是稳定的，经济也有一定的增长。1965年全国农业总产值达589.6亿元，按1957年不变的价格计算，超出1957年（536.7亿元）9.9%。在农业内部，农作物业、林业、畜牧业、渔业和副业都有一定的发展。这一时期，中国的农业教育、科学研究与技术推广体系已普遍建立，并且分别形成了相当的规模。

1978年改革开放以来，中国农业生产获得全面快速发展，人民生活水平稳步提高，取得了举世瞩目的成就。农产品供给实现了由长期短缺到供求基本平衡、丰年有余的历史性转变，为国家自立、社会稳定、经济发展奠定了坚实的基础。农民收入不断增长，长期贫困落后的农村面貌发生了实质性的变化，农村社会总体上由温饱阶段向小康阶段迈进。农业和农村经济结构不断优化，种植业结构由粮食为主转变为粮食作物与经济作物、饲料作物全面发展，农业内部结构由以种植业为主转变为种植业和林、牧、渔业共同发展，农村经济结构由以农业为主转变为农业与非农业协调发展，农业的区域比较优势和规模优势逐步得到发挥。表 2-1 列出了中国主要农产品产量。

表 2-1　中国主要农产品产量（2015 年中国统计年鉴）　　　　（单位：万吨）

年份	粮食	棉花	肉类	奶类	禽蛋	水产品
1978	30 476.5	216.7	856.3	97.1	199.1	465.3
1983	38 728.0	463.7	1 402.1	221.9	334.9	545.8
1988	39 408.0	414.9	2 479.5	418.9	695.5	1 060.9
1993	45 648.8	373.9	3 841.5	563.7	1 179.8	1 823.0
1998	51 229.5	450.1	5 723.8	745.4	2 021.3	3 906.5
2003	43 069.5	486.0	6 932.9	1 848.6	2 606.7	4 704.6
2008	52 870.9	749.2	7 278.7	3 781.5	2 702.2	4 895.6
2013	60 193.8	629.9	8 535.0	3 649.5	2 876.1	6 172.0
2014	60 702.6	617.8	8 706.7	3 841.2	2 893.9	6 461.5

改革开放以来，稳定和完善了以家庭承包经营为基础、统分结合的双层经营体制，进一步确立了农户的市场经济主体地位。鼓励发展多种所有制经济，使农村合作制、股份合作制、个体私营经济从无到有、从小到大，迅速发展。农业科技取得了历史性进步，包括种子种苗工程、先进的种养技术、信息化技术、设施栽培技术、农产品加工技术、农业机械化，以及化肥和农药等化学投入品的广泛使用，这些为推动中国的现代工业化农业发展做出了贡献，但同时也带来了不少弊端。

三、传统农业与现代工业化农业的区别与联系

（一）传统农业与现代工业化农业的区别

作为农业发展的两个重要阶段，传统农业与现代工业化农业间有着不可分割的联系，同样也存在着鲜明的区别。

关于这部分内容的讨论与学说非常丰富，比较典型的有美国农业经济学家舒尔茨的观点，他认为传统农业与现代工业化农业的区别主要在于生产要素："传统农业是一种完全以农民世代使用的各种生产要素为基础的农业""现代工业化农业显然是农民获得并学会使用优良的新生产要素的结果"。

蒋和平教授则从生产力的角度来区别二者，他认为传统农业与现代工业化农业是两种不同生产力系统对应的农业经济状态。在《高新技术改造传统农业论》中，他指出两者的本质区别在于不同生产要素组成的不同水平的生产力系统：传统农业是一种封闭式、自给式、落后型的低水平农业生产力系统，而现代工业化农业则是一种开放式、交换性、先进型的高水平农业生产力系统。

而"梅勒农业发展阶段论"（梅勒，1966）则指出，农业发展的第二阶段，即传统农业向现代工业化农业的过渡阶段，由于农业劳动力的较大比例和工业扩展对资本的占用，劳动节约型的农业机械的使用受到限制，农业发展主要依赖提高土地产出率为重点的劳动实用型的生物化学技术创新。到农业发展的第三阶段，即农业现代化阶段，农业部门在整个经济中所占的比例显著下降，人地比例下降使农场规模趋于扩大，资本供给越来越充裕而劳动成本越来越高昂。因此，用机器替代劳动不仅具有经济合理性，还具有现实可行性。劳动节约型的大型机械和其他资本密集性技术被发明出来，并被运用到农业生产中。

综合以上观点，结合前文内容，传统农业与现代工业化农业的区别主要表现在以下几个方面。

1. 传统农业与现代工业化农业的经营目标不同

传统农业是典型"靠天吃饭"的经济模式，由于生产技术落后，生产效率低下，农民抵御自然灾害的能力不足，极易受到自然环境条件的影响。因此，农民只能尽可能多地生产和储备粮食，以保证在自然灾害来临时能满足最低的生存需求。可见传统农业的生产目标是在保证耕地可持续利用的前提下实现产量的最大化，然而由于科技水平落后，实现这一目标的主要手段只能是加大劳动的投入。在没有其他出路的情况下，家庭成员劳动的机会成本为零，且无需为其支付劳动报酬，导致劳动生产、土地经营成了农民的"生活保险"和"就业保险"的一种主要手段。只要有条件且劳动投入能带来产出，农民就会不断投入劳动，这在人口密集型社会尤其明显。正如舒尔茨所说，"传统农业贫穷而有效"。可这样的资源配置是低效率的，它虽然可以解决过剩农业人口的就业和生存问题，但从另一个角度来看也是对劳动力资源的浪费，对社会的经济发展起不到太大贡献，在保障不足的情况下甚至是给社会经济的发展埋下了隐患。

与传统农业不同，现代工业化农业的经营目标是追求利润的最大化。现代工业化农业大多存在雇佣关系，类似于现代企业的形式，雇主要向被雇佣者支付工资，只有劳动的边际收益大于雇主所要支付的工资时，才会增加劳动投入。

综上所述，从传统农业过渡到现代工业化农业，目标由满足自给性消费的产量最大化转变为商品性生产的利润最大化。同时，在整个社会的人口结构中，表现出农业劳动力比例下降，农业人口压力缓解。

2. 传统农业与现代工业化农业技术含量不同

传统农业的农业要素是从农业部门内部和大自然中获取的，按照自然规律经营农业，虽然产量不高，但这种农业生产方式显示出很好的可持续性，国家对农业的投入少，主要靠投入大量的劳动力来经营农业生产。简单来说，传统农业表现出"人多地少"的状态，在这种人地矛盾十分突出的状态下，新型农业要素的使用会进一步加剧这种矛盾，因而在传统农业社会中，农业机械的应用和推广会受到抑制。

但恰恰相反，现代工业化农业的发展伴随着先进技术的不断进步和要素的不断投入。甚至可以说现代工业化农业是用现代科学技术武装起来的农业，其要素大都是由农业部门外的现代化工业部门和服务部门提供的。现代科学技术含量越高，现代工业化农业要素投入越多，农业生产所需的劳动力就越少。因此，现代工业化农业的发展往往伴随着农业人口的战略转移，过剩的农业人口会阻碍农业技术的推广和应用，影响现代工业化农业的发展。

3. 传统农业与现代工业化农业的经营规模不同

传统农业主要利用人力和畜力，而现代工业化农业则充分利用现代生物技术、现代信息技术和现代工程技术。现代工业化农业的明显标志就是它的规模效益。

现代工业化农业的经营者追求利润最大化，在小规模或者超小规模的传统农业中难以实现，农民需要摆脱生存压力，才能进一步追求利润最大化。

现代工业化农业是高收入的农业，纵观世界发达国家，农民都是比较富裕的阶层，在北欧，农民是富裕的象征，这与以传统农业为主或传统农业占据较大规模的国家与地区有明显的差异，也反映出了传统农业和现代工业化农业的差异。

现代工业化农业是农产品商品率高的农业。农产品商品率的高低是衡量一个国家农业发展水平的关键，高的农产品商品率必定伴随着较大的农业经营规模。

（二）传统农业与现代工业化农业的联系

1. 传统农业的优势

传统农业在漫长的历史发展过程中一直延续、生生不息。相比现代工业化农业，传统农业虽然有诸多不足，却也不是一无是处。经历了数千年的演化，传统农业仍然能够产出充足的食物，满足需求，这是因为传统农业有其独特的优势。

其一，传统农业遵从"天人合一"，遵循自然规律，重视人与自然的和谐共生，强调因时、因地、因物制宜的耕作原则。能够根据不同的自然情况采取相应的耕作方法，有着人与自然和谐共处的生态观和资源永续利用的可持续发展观。其二，先民早已意识到生物间相生相克的道理，三国时期杨泉所著的《物理论》就提到："芝麻之于草木，犹铅锡之于五金也，性可制耳"。传统农业利用这一原理，在生产实践中通过减少对自然环境的人为干扰，保护和利用生物多样性，与农业灾害做斗争。其三，中国的传统农业善于精耕细作及集约利用土地，具体如有机肥料的使用、轮作、复种及间作套种等方式。其四，传统农业以谷物种植为主，因地制宜，能够产生较好的综合经济效益和生态效益。

正是这样一条可持续发展的生态农业之路，强调天、地、人、物这个农业生态系统的整体平衡和协调，才能够以有限的土地和资源养育数量庞大的人口。

2. 现代工业化农业的局限性

伴随着现代工业化农业的高利润，其局限性也不可忽视。现代工业化农业是"以工哺农"的农业，其所有环节都与石油工业高度关联：化肥农药的原料是石油或其生产过程要消耗石油，农业机械的运行消耗的是石油，农产品的深加工靠的还是石油。甚至有人将现代工业化农业称为石油农业，其高产出的背后是高投入，而石油的大量消耗及高度机械化和化学化的生产模式带来了一系列问题，如环境问题、食品安全、生物多样性减少、资源衰竭等。

从联合国粮食及农业组织提供的资料可以看出，现代工业化农业使水稻单产提高了4倍，而所投入的能量却增加了约375倍。西德小麦单产从1955年的2.7t/hm^{2}到1980年的4.7t/hm^2，约增加了1.74倍，但施氮量却从26kg/hm^{2}增加到了420kg/hm^2，增长了16倍左右；美国的粮食产量实现翻番，机械能投入却增加了10倍左右，氮肥施用量增加了20倍左右。

在现代工业化农业的生产过程中，劳动力减少的背后是大量资源的消耗，化肥农药的滥用、农业机械的过度使用、单一品种的大面积种植及无节制的连续耕作使得生态环境变得脆弱不堪。

3. 传统农业对现代生态农业发展的启示

现代工业化农业并不是无源之水、无本之木，它也是从传统农业发展而来的。传统是现代之源，传统与现代并不是互不相容、排斥的两端，因此在发展现代工业化农业的过程中，不能将传统农业彻底否定，将两者彻底割裂、对立。现代生态农业应当是传统农业的继承和创新，现代生态农业中许多问题的解决可以在传统农业中寻找答案。

首先，现代生态农业应具有生态观的内涵。传统农业是以"天人合一"的哲学思想为核心的生态观，强调人对自然的利用和改造要遵循自然规律，顺应自然，在此基础上发挥人的主观能动性。在发展现代生态农业的过程中，要注重对资源环境的保护，对自然环境进行合理的开发利用，使农业生产与生态环境相互适应和促进，实现农业的可持续发展。

其次，现代生态农业要继承传统农业中应用生物多样性的原理。传统农业中间混套作、轮作、免耕少耕等做法都是人工创造农田小生境多样性的生态化生产实践，现代生态农业的发展应重视这一点，利用生物多样性理论来解决其发展过程中农药化肥过度使用导致的环境污染、资源过度开发等问题，走可持续发展的农业生产模式。

现代生态农业不是对现代工业化农业的彻底否定，而是要将传统农业的生态观及其利用生物多样性原理的具体实践落实到高效率、高产出的农业生产过程中，将两者有机结合，发展一条高效优质安全的农业可持续发展道路。

第四节　农耕文化与生态文明

一、农耕文化的概念和内涵

（一）农耕文化的基本概念

农耕文化就是建立在传统自给自足的自然经济基础上的文化形态，即传统农业基础上的生产关系、社会关系、典章制度及与之相适应的道德、风俗、文化、习惯等意识的总和，它所反映的思想意识、思维方式和价值观念是其本质内容。中国是传统的农业大国，农业生产是先民生活中极为重要的组成部分。农耕文化从物质和精神上滋养着华夏儿女，不仅为中华民族的延续提供源源不断的动力，保障着人民的衣食供给，还在中国传统文化的传承中留下浓墨重彩的一笔，赠予人们极其珍贵的精神财富。

（二）农耕文化的深层内涵

从刀耕火种到男耕女织，中国的农耕文化经历了从新石器时代的简陋到封建社会的自给自足。先民从混沌的远古蛮荒时期进入新石器时代后，驯化野生植物和动物，农业的兴起使农耕文化应运而生。地域的差异性丰富了农耕文化的形式，各地形成了迥然不同的民俗习惯，在上下 5000 年的中国历史发展长卷上各放其彩。作为中国现存最广泛的文化类型，农耕文化对社会历史的发展影响巨大。

作为中国文化的重要组成部分，农耕文化门类众多，包括古代农学思想、精耕细作传统、农业技术文化、农业生产民俗、治水文化、物候与节气文化、节庆文化、农业生态文化、农产品加工文化、茶文化、渔文化、蚕桑文化、畜牧文化、饮食文化、酿酒文化、服饰文化、民间艺术、农民艺术、农业文化遗产、涉农诗词歌赋等。农耕文化不仅是一种生产方式，其所承载的文化形态，还是五千年来不同地域的中华儿女以各种不同方法继承下来，并发展成更为多元的文化形态的总和，具有强烈的历史传承性、地域多样性、文化多元性，是中华民族传统文化核心价值所在。从狭义上来看，农耕文化具有小农文化的一些特质，所以通常也被称为小农意识，主要包括农业社会人们的思想意识、文化传统、风俗习惯和价值观念等。古人认为，自然界的变异可以预示人事的变化，人事的变化也可以影响自然界的变异，要顺应自然界的变化，不可违反自然法则。

因此，农耕文化又可以概括为"应时、取宜、守则、和谐"。应时即顺天应时，在农业生产生活中，应该根据物候、节气等条件来进行准确的劳作，"得时之稼兴，失时之稼约"，选择合适的时机是农业生产中重要的先决条件；取宜即因地制宜，根据植物的自然属性和土地的实际情况，确定播种的植物种类，选择最宜植物生长的环境，促其丰收，体现了古人对于自然规则的顺应；守则即遵守规则，中国素来是礼仪之邦，守则也是人们道德观的体现；和谐是对前三个概念的总结，中华民族向来倡导以和为贵，和谐是中国传统文化的核心，是人安身立命的准则，人的生活不能悖逆于自然规律，保持人与自然的和谐关系而非对立，同时也体现了"天人合一"的理念。以渔樵耕读为代表的农耕文化尊重自然法则的理念，是对千百年来先民的实践经验最全面的总结，其所代表的内敛的自给自足的小农经济，与今天提倡的生态文明理念殊途同归，农耕文化所体现的哲学思想也是中国最具代表性的价值观念的精髓。例如，原生态农耕文化典型代表——加榜梯田（图2-2）。

（扫码见彩图）

图2-2 加榜梯田——原生态农耕文化的活化石
（引自：http://dp.pconline.com.cn/photo/list_2911982.html）

中国传统农耕文化源远流长，曾经覆盖社会生活的各个方面，与我们的现代生活也息息相关。现代社会经济高速发展，传统农业面临转型，探究农耕文化的概念与内涵，能够带给我们更多关于现代生态农业如何发展的思考，具有深厚的历史意义与现实价值。

二、农耕文化的起源与发展

中国农业文化发展的前两个时期,即原始农业文化和传统农业文化时期,可统称为农耕文化时期。原始农业文化是中华民族的文化之根,对于人类进入农耕时代具有决定性意义。农耕文化引领人类进化的足迹,对于原始农业文化的追溯,对研究人类历史和农业发展具有现实意义。

在人类社会的原始时期,先民主要采用简陋的石器作为生产工具,从事狩猎和采集来获取简单的生活资料,先民对于大自然的探索处于混沌中,生产力低下。由于不了解自然而对其怀有敬畏和畏惧之心,把自然界的现象和事物都当作神灵的化身,因此产生了原始宗教的自然崇拜。尊重自然的观念对人性有所潜移默化,积淀成为民族的普遍价值观,这些价值观对于各地风俗的形成有重要的约束和引导作用。由于环境的不稳定性,资源日益枯竭,人口增长迅速,人们了解到需要对食物进行储备,因此无意识地采用各种技术对一些可利用的动植物进行集中采集,著名的"神农尝百草"的传说反映出了这个过程的艰险,这一过程为园圃的产生打下了基础。在集中采集的过程中,一些植物的基本生长规律和习性为人们所掌握,进而在采集时留下部分植物的幼小植株,有意识地选择符合要求的种子,进行模拟农业栽培。经过数代的人工选择,植物的基因库发生了改变。人类逐渐开始摆脱被自然全面支配的局面,有意识地掌握和顺应一小部分自然规律,农耕文化应运而生。

随着粮食的贮存和剩余,人们开始过上了定居生活,在房前屋后建造园圃种植植物,至此人类社会不可逆转地进入了农耕时代。华夏族人首先利用黄河、长江中下游的冲积平原,进行耕作形成广大农耕带。这一带经过漫长的衍发融合,到战国初期凝结为齐鲁文化带,呈现了经济繁荣、文化昌盛、百家争鸣的黄金时代,这是华夏文化的第一高峰。在这一时期,战事频繁,农耕文化主要表现为将农耕生产与战争的粮食需求相结合,诸侯积粮备战,鼓励垦草种粮,突出了华夏农业以谷物为中心的发展特色,同时建立起了以谷物生产为中心的农业生产模式。小农经济作为封建社会不可动摇的基础,其所等同的农耕文化受到了封建统治者的高度重视,汉代以来,重农抑商成为社会主流思想,"耕"与"战"相结合的发展思路得到进一步加强,农耕文化进一步巩固了其社会地位,涵盖了人民生活的各个方面,从意识形态及价值观等各个方面渗透入人们的思想形成和生活方式。同时,不同地域文化的相互碰撞使得农耕文化的继承与发展更加多元化,营造了更为精致完善的农业社会,稳定发展了长达 2000 年之久。

农耕文化基于传统的农业生产方式,借助于不同的地域环境、历史文化等人文因素,以不同的形式来展现传统文化的历史与发展,是罕有的连续传承的文化形态,对农耕文化的起源与发展的探究不仅具有科研价值,对于其择优传承也具有现实意义。

三、农耕文化的特点

中国农耕文化是以种植为主的农业社会文明,为中华民族提供了繁衍延续的物质基础,作为中国传统文化的重要根基,贯穿了中国传统农业产生与发展的始终。经过几千年形成的中国所特有的农耕文化,从一开始解决人民的温饱问题,到丰富人民的精神生活,伴随着人民生活质量的不断提高,铸就了中华民族的核心价值观念。例如,崇尚以和为贵,强调和谐的价值观;孕育了"天人合一"的思想,强调要对自然保持敬畏之心,尊重自然法则,合理利用自然、改造自然，使得可持续发展的观念深入人心，现阶段提倡的生态文明理念也是对于"天人合一"思想的延伸解读。

（一）中国农耕文化强调和谐

基于对自然的敬畏产生的"天人合一"思想，是追求和谐的价值观的重要体现。农耕文化在无形中塑造和约束着先民的价值取向和行为规范，从而形成了中国传统伦理和道德规范。从一开始即选择了尊重自然和顺应自然的发展之路，使得中国农耕文化在世界上独树一帜，同时也影响着社会发展的各个方面，渗透到人民的衣食住行，形成了独特的中国传统文化，包括艺术、建筑、法律、音乐、价值取向等多个方面。与西方崇尚改造自然的风气不同，中国农耕文化蕴含的可持续发展理念具有理念上的前瞻性，这必将在社会经济发展中发挥更加重要的作用。

（二）中国农耕文化渊源深厚

与游牧文化不同，在中国农耕文化的起源与发展过程中，种植业始终处于重要地位，这与农耕文化的渊源是分不开的。内敛的农业文明经过了上万年的可持续发展，创造和发扬了灿若星河和长盛不衰的传统文化。农耕文化历经天灾考验，凭借着中华民族自强不息的民族精神，仍然兴旺发达，蓬勃发展。反过来，传统文化滋养着农耕文化，不断强化农业在先民生活中的地位，丰富了农耕文化的内涵，传统文化的价值观念对于农耕文化有着深远影响。两者相互影响，共同发展。

（三）中国农耕文化影响巨大

农耕文化以渔樵耕读为代表，始于先民开拓的原始农业，日积月累形成中国封建社会核心的价值观念。在此过程中，其发展趋于多元化，产生了多种形态的表现形式，在社会的历史进程中产生了巨大的影响。聚族而居、自给自足的农业生产形式孕育了内敛的精耕细作的生活方式，影响了中国传统文化的形成，赋予了其内敛精细的特点。农耕文化在继承和发扬过程中，具有地域差异性及民族多元性，因此其覆盖面积广、表现形式多样，同时这也是农耕文化能够兴旺发达、长盛不衰的重要原因。中国农耕文化将中国传统的"天人合一"思想转化成可以具体实现的形式，将千年来凝聚的中国传统意识形态浸润到社会生活的方方面面，是中华民族优秀传统文化的积淀。

（四）中国农耕文化理念优质

传统的"应时、取宜、守则、和谐"理念深入人心，充分体现了"天人合一"思想在农业文化中的传承。农耕文化所蕴含的哲学思想代表着前人对于规则的总结，具有较强的借鉴意义。自强不息精神是中华民族魂，邻里互助、勤俭节约、独立自主、吃苦耐劳等中国文化传统也是中国传统理念的优秀组成部分。农耕文化以渔樵耕读为代表，向来要求人们热爱自然。在中国社会进程中，历代文人雅士以追求自然雅致为目标，他们寄情山水，领略山水之美，并将之内化成为"雅"的品格，与农耕文化追求自然的理念不谋而合。中国农耕文化的发展中诞生了许许多多优秀的理念，值得学习和借鉴。

中国农耕文化不仅影响着历代的华夏儿女，也是世界农业的重要组成部分，对世界文明的发展做出了突出贡献。中国农耕文化不仅保障了人民的物质需求，同时铸就了中华民族自强不息的精神和灿烂多样的民俗文化，极大地丰富了人民的精神生活。农耕文化奠定了生态文明理念的理论基础，对农耕文化的择优传承与发展的探究，有利于对生态文明理念的深入解读和贯彻执行，从而推动全球未来农业的可持续发展。

四、农耕文化与生态文明建设的关系

生态文明建设的理念起源于西方兴起的环境保护运动思潮，其理念是构筑人与自然和谐发展的状态。虽然环境保护运动是从西方兴起的，但是中国对于自身生态环境发展的反思，使得中国传统的生态智慧——农耕文化在当代的绿色思潮中绽放出别样的光彩。

（一）农耕文化是生态文明的发展源泉

随着人口的增长和劳动工具的改善，科学技术进步和人类生活水平的提高，消费者对农产品的需求量增大，农业生产使用的化学农资量增加，传统农耕文化也逐渐发展到工业文明，并演化到现代生态文明。在农耕文化的前提下和新的历史条件下，催生了生态文明的建设要求。

农耕文化作为生态文明建设的重要基础，其"敬畏自然、善待自然"的思考和实践，正是生态文明建设的起点。传统农耕文化一方面表现为由于历史上生产力水平低下，人们对来自自然力量的敬畏和顺从；另一方面表现为人们认识自然、适应自然和巧用自然的丰富知识和方法，更重要的是表现为各民族把这些知识和方法上升为一种价值判断和精神追求，形成了人与自然的和谐共生关系。生态文明也强调在尊重自然、关爱自然的前提下，重构人与自然的关系，实现人与自然的良性互动，丰富人类文化的内涵，建立人与自然的和谐关系，也将农耕文化的精髓"天人合一"作为一种理想。在生态文明中，人类是自由的、自主的，将自身的命运与自然的命运联系在一起，更深刻地延续了农耕文化中人类对自然的认识、对自然规律的尊重与遵循、同自然和谐平等生存发展的美好愿景。

（二）生态文明是农耕文化的发展新阶段

纵观中国农业发展的历史，由传统农耕文化发展转向为现代生态文明是农业生产发展的必然选择。

千百年来，传统农耕文化具有很强的可持续性，但是随着社会经济的不断发展和生态环境演替速度的空前加快，传统农耕文化也在逐步呈现淡化和消失的现象。同时，有利于生态平衡和环境保护的农耕文化内涵和内容也在随之改变，加之其本身所具有的局限性，在现代工业化农业发展面前显得苍白而疲惫。因此，在社会主义市场经济条件下，挖掘、完善和发扬传统农耕文化的潜在精髓，建立和形成新型的、科学的、协调的、深刻的生态文明理论体系，实现社会经济和生态环境的可持续发展战略迫在眉睫。

当代生态文明建设，不仅要解决农业的环境问题，还要系统解决农业活动过程中人、自然和社会和谐与最优化运行问题，实现农业生态、经济、社会的可持续发展。生态文明是人们对文明社会伦理学的高度认识，其体现了经济发展、社会进步和生态建设的有机统一，是实现科学发展、和谐发展的内在要求。生态文明是新时代的新理念，但并没有脱离传统的农耕文化的影响,而是对农耕文化的进一步提升和深化,是农耕文化发展中的一个新阶段。

再次发扬农耕文化,并不是纯粹地回到古人的原始生活中去"返璞归真",而是对传统文化的再次继承与创新。可以说,中华民族的一切文化源自农耕文化,现代生态农业发展已不只是经济,而是一种高度的农业文化和生态文明的展示,如生态循环农业、精准农业、休闲农业与乡村旅游等,是农业现代化的具体形态,也是农耕文化的新发展。生态文明建设的开展,将为休闲农业和农业创意产业开拓广阔空间,把中国传统农耕文化推向新的高度。

五、农耕文化在生态文明建设中的价值

早在2007年,有关农耕文化传承功能的认识已写进了中央一号文件:"农业不仅具有食品保障功能,而且具有原料供给、就业增收、生态保护、观光旅游、文化传承功能。"中国古代先贤的"天人模式"与现今绿色发展追求的人和自然的和谐有着异曲同工之妙。生态文明的建设进程中,面临着如国家粮食安全、生态循环农业发展、生物多样性保护、增加农民收入、乡村文化事业发展等诸多问题,而这些问题的解决可以利用农耕文化中的生态保护理念和实践经验,从中汲取营养来加以解决。因此,充分发掘农业农村优秀文化资源,保护和传承好传统农业文化的人文精神与和谐理念,对于现今的生态文明建设诉求,有着重要的借鉴意义和现实价值。

(一)农耕文化为生态文明建设提供精神内核

农耕文化是中国历史长河中从未间断的一种文化,是中国劳动人民几千年生产生活的实践并以不同形式延续下来的精华,反映了传统农业的思想理念、生产技术、耕作制度和中华文明的内涵。长期以来,人们为了适应生存和发展的需求,创造的多样性农业生产和丰富的农耕文化,是劳动人民数千年生产生活经验积淀的结晶。在它形成发展的过程中,浸透着历代先贤的血汗,凝聚着我们民族的智慧,集中升华了亿万民众的经验、教训,反映了中华民族对人与自然之间关系、规律的认识和把握。

在现代化进程中,传承农耕文化,汲取传统文化的精华和有益成分,对建设社会主义生态文明社会是重要的精神资源和必不可少的精神滋养。农耕文化与生态文明建设有着密切关系:保障中国的国家粮食安全,不断秉承精耕细作的集约化耕作制度,必须传承和弘扬农耕文化;促进生态循环农业发展,改善农村生态环境,推进农村节能减排,必须传承和弘扬农耕文化;生物多样性保护,民俗传统和地方特色文化保护,维系生产、生态、生活的和谐,必须传承和弘扬农耕文化;增加农民收入,拓展农业功能,发展休闲旅游农业和农村服务业,更离不开传承和弘扬农耕文化。因此,农耕文化所形成的理念、思想逐渐成为中国当代生态文明建设的精神内核。

(二)农耕文化为生态文明建设推进技术创新

在社会经济迅猛发展、科技创新日新月异的今天,先进的农耕文化是农业科技发展的思想保障。建立和弘扬生态伦理科学、自主创新活跃、开放合作广泛、法制体制健全的农耕文

化，能为中国全面协调可持续发展提供创新动力。

农耕文化运用本土的、独特的、独创的耕作技术和实践经验，传承下来的生态平衡系统，是可持续发展的智慧和理念。借鉴和吸纳传统农业生产中遵循自然规律、重视生态环境、注重增长速度与质量安全协调等原理，将助推现代生态农业的发展进程，如农耕文化中的许多理念、思想和对自然规律的认知（农谚、二十四节气、药食同源、相生相克原理等）在农业生产中仍具有直接的指导意义；而农耕文化中精耕细作的科学技术体系，集约经营、主攻单产、用地养地、以粮为主多种经营等做法，对实现农业现代化也具有一定的应用价值；农耕文化顺应天时、地力常新、精耕细作、农牧结合等传统技术创新为发展现代生态农业提供了宝贵经验，从而不断推进现代生态农业科技进步。

（三）农耕文化为生态文明建设增强信心和热情

在中国人多地少的国情条件下，发展现代生态农业、保障国家粮食安全、增加农民收入、促进循环农业发展、构建和谐社会、建设新农村都需要传承和弘扬农耕文化。传承农耕优秀文化，可在古为今用中增添带动力，增强生态文明不断发展的信心和热情。虽然中国的生态文明建设刚刚起步，水平依旧较低，但利用当代先进的科学技术、现代的物质设备、科学的管理方法和成功的经验，依靠传统农耕文化中的发展理念，创造性地将农耕文化转化为生态文明建设的发展要素，可形成推进现代生态环境不断改善、生态经济不断发展的良好氛围。

因此，重新认识中国传统农耕文化"天人合一"的思想内核和本质，有助于建立新的生态伦理观，协调人地关系，为实现农业可持续发展提供哲学思考。只有在遵循自然规律的基础上，在把人类看作生态系统一个子系统的基础上，才能构建合理的农业生态伦理观，实现农业生态系统的秩序平衡，才能保证科学和技术才能为人类谋取更多的物质财富，才能实现真正的"天人合一"。

六、农耕文化在生态文明建设中的传承路径

随着工业化、城镇化和现代化进程的加快，在重温灿烂辉煌农业文化的同时，我们不能不对现今的生态发展模式进行审视和反思。在时代演进中，如何适应时代的发展与变化，顺应广大人民群众的发展要求，走出一条具有中国特色的生态之路呢？应该重新审视中国的传统农耕文化，充分挖掘农耕文化的精髓，保护、传承和利用好传统农耕文化中的人文精神与和谐共生理念，将这些优秀成分植入生态文明建设的方方面面，使其在维系生物多样性、改善和保护生态环境、保障食品安全、促进资源持续利用、传承民族文明、保护独特景观、发展休闲农业、推动乡村旅游等方面发挥更大作用。这也使数千年传承下来的农耕文明得以延续和发扬光大，为人类的文明与进步继续发挥其有益的作用。

（一）确立开放的观念意识

农耕社会是一个小农思想形势下的自给自足的社会形态，在此基础上形成的传统农耕文化强调生产行为的封闭性和对自然条件的依赖性，这与现代生态农业全方位、多层次、宽领域的对外开放格局不相适应。所以，需要冲破传承农耕文化封闭保守的落后观念，摒弃传统农耕文化中闭关自守的落后意识，确立开放探索的精神理念，与时俱进，确立适应当今经济发展、生态发展趋势的开放意识。

一方面要将农业生产活动纳入整个社会经济自然循环的范畴之内,树立将农业和其他行业紧密结合、农业生产和整个社会生产牢固结合、农田生态系统和整个自然生态系统协调共存的理念;另一方面,要积极学习和吸收先进的成果技术,将传统技术和先进技术相融合,将自主创新和集成创新相融合,因地制宜地推动科技革命,为实现生态文明的繁荣发展奠定思想基础。

(二)弘扬开创进取的精神

开创进取的首要任务是创新,包括科技创新、文化创新和体制创新,所以弘扬开创进取的精神状态是实现生态文明繁荣的根本条件,也是科学农耕文化的精神实质之一。传统农耕文化小富即安、安于现状的思维惰性,是一种顺应自然普遍的、消极的社会心理,人们常常处于自我满足状况,缺乏开拓精神与竞争意识。所以,弘扬开创进取的社会精神是建立科学农耕文化的首要条件,必须与裹足不前的颓废精神决裂,牢固树立强烈的进取意识,通过文化与体制的创新,激励和活跃科技创新,推动农业科技革命的持续发展。

(三)突出保护利用的理念

乡村独特的建筑布局、生活方式、节庆习俗和农事活动都是农耕文化几千年的积淀,建筑物是最真实的历史记录和有序的文化传承,具有深厚的文化底蕴。人们心中最美好的乡村形象是炊烟袅袅、小桥流水、青山瓦舍这些散发着浓厚乡土气息和农耕文化韵味的画面,如安徽的宏村、江苏的周庄、浙江的乌镇、江西的婺源、上海的枫泾古镇、山西盂县大汖村(图2-3)等。来到乡村,就是为了欣赏山乡没有受任何污染的自然景色,感悟宁静淡泊、淳朴平和的心境。然而部分乡村旅游建设者没有珍惜、保护和利用原先遗迹的自然资源和传统乡村特色,反而大兴土木、大拆大建,既破坏了乡村原有的自然风貌,浪费了农耕文化资源,也扭曲了发展乡村旅游、建设生态文明社会的本质和目的。人类的发展是影响和控制生态系统平衡的重要因素,生态环境系统是农耕文化的组成因子。在科学规划和管理策略的前提下保护传统村落,寻求发展与保护的平衡点。

(扫码见彩图)

图 2-3 山西盂县大汖村的传统民居

(引自:http://news.hexun.com/2015-08-18/178392743.html)

第三章 现代农业的特征和发展趋势

第一节 世界农业发展现状和存在问题

农业是一个世界性问题。一个多世纪以来,世界农业发生了翻天覆地的变化。欧美等发达国家在 20 世纪 70 年代初就基本完成了农业机械化、化学化和良种化,率先实现了农业现代化。许多发展中国家也不甘落后,加快了农业现代化的进程。这其中,有值得我们借鉴的经验,也有我们可以吸取的教训。了解以美国、加拿大、荷兰和日本为代表的发达国家及以以色列、巴西和印度为代表的发展中国家的农业现状与存在问题,将有助于我们借鉴经验,避免教训,并探究中国特色农业现代化道路的实现途径。

一、发达国家农业的现状和问题

(一)美国

1. 现状

就全世界范围来看,美国农业是典型的人均耕地多、劳动生产率高的现代农业发展模式。由于美国的土地价格和生产设备相对便宜,但人少地多,其可耕地面积为 $1.5 \times 10^8 \ hm^2$,平均每个农场的规模达到 $176 hm^2$。同时,劳动力价格很高,因此美国的农业耕作制度常使用大型机械作业,农田几乎全部是由农业企业在种植。美国的农业企业是从种子研发、科技创新、种植、精深加工到终端产品市场营销的全产业链经营,几乎不存在农民个人种地问题。此外,美国还大量使用以石油制品为原料的化肥、农药等农用化学品。机械化和化学化是美国现代农业的特点,因此也被称为"现代工业化农业"。同时,美国形成了烟叶、棉花、玉米、畜牧业等四大专业生产区。全美农业呈西南部种植蔬菜,中西部种植小麦,东北部种植玉米,北部主产奶制品,东部和东南部盛产棉花、烟草和蔬菜等的农业种植结构,布局合理。同时,国家对农业的补贴力度也非常大。美国农业企业种植价值 100 美元的粮食,政府就补贴 100 美元来支持农业企业的发展,加上美国农业的高科技推动,高产、高附加值农作物的研发和农产品的精深加工,使得农产品的价值数倍增加。与此相适应,农业企业利润水平的提高也吸引了资本的介入。在资本的推动下,美国的农业又得到了更快速的发展。

2. 问题

目前,美国农业的主要问题表现在生产过程中能源利用率低、农业利润下降、农业资源与环境遭受破坏等三个方面。

首先,美国能源的利用率非常低,能源消耗巨大。美国现代农业中利用 $0.2 \sim 0.5 cal$[①]的热

[①] $1cal \approx 4.1858J$

量才能生产1cal热量的玉米、大豆和花生等,而中国、印尼、缅甸等亚洲国家的传统农业方式,0.05~0.1cal的热量就可以生产1cal热量的食物。

其次,美国曾实行的农业保护政策虽然增加了国内农产品产量和农民收入,但是由于政府干预经济手段超越和扭曲了市场调节作用,因此产生了各种效率损失和浪费。这不仅加重了政府财政支出和纳税人的负担,同时对于资源配置效率的负面影响也很大。高价格对于消费者和农民来说都产生了诸多不利影响。

最后,美国现代工业化农业大面积的连年单作,大量使用化肥、除草剂并长期机械化耕作,不仅破坏了土壤,使地力降低,更造成了严重的土壤流失现象。美国每年流失的土壤,高达31亿吨。同时,大量使用化肥和农药,以及美国肉牛的饲养不仅使美国31个州的地下水被污染,更直接伤害了农民的身体健康。美国农业工人的伤亡率已使农业成为仅次于建筑业和采矿业的第三大危险行业。此外,单一的作物种植方式也极大地降低了生物的遗传多样性,一旦病虫害暴发,这种单一的品种可能全军覆没。

(二)加拿大

1. 现状

加拿大资源丰富,气候条件适宜,土地、草原和森林资源拥有量居世界前列,发展农业具有得天独厚的自然条件。家庭农场是加拿大实现现代农业的主体,农场经营规模大,农业机械化程度高,全部实行机械标准化作业,生产效率高,种植专业化,农业现代化水平高。

加拿大虽然地域辽阔,但各省充分结合当地实际情况,重点培育并发挥各自在农业生产上的特殊优势和重要特点,如濒临海洋的省份以渔业为主,森林资源丰富的重点打造林业经济,并向花卉、园艺产品等方面辐射,成为林业经济的有益补充与价值延伸。从区域布局层面来看,该国主要农产品生产已实现了区域定位并形成了强大的区域交互经济优势,同时形成了畜牧业农场、谷物农场、农牧业混合农场和特种作物农场四类特色农场。在这四类家庭农场中,以经营粮食、油料(双低油菜籽)和牛畜为主的家庭农场最多,约占全国农场总数的60%。其中,谷物生产主要集中在阿尔伯塔、萨斯喀彻温和曼尼托巴"草原三省",是加拿大小麦、玉米等主粮的最大产区,也是对外出口粮食的主产区,堪称世界"粮仓"。奶制品和禽蛋类农场约占10%,养猪农场占3%,混合农场比例很小。这不仅充分利用了加拿大各省农业的独特资源优势,并在整体上实现了区域农业联动发展,避免了重复投入及过度竞争,有利于降低成本,提高生产率。

同时,加拿大政府十分重视对农业的保护,在立法、制度、政策等多个层面扶持农业发展,为农业发展提供全方位支持和指导。这些政策和制度规定了农民及为农业生产服务企业的行为,也规定了政府干预经济发展的行为,从根本上保障了土地的占有、使用、收益和处分,提高了农产品质量,推动了农产品出口,保障了粮食安全。

2. 问题

20世纪80年代,加拿大出现了严重的土壤肥力退化问题。这主要是由于机器、燃料、化学药品和农药的费用不断增加,农产品价格既低廉又不稳,农民或农场主为了解决经济收入问题,无法采用良好的农业耕作方法,如让土地得到休耕,以保证肥力,同时,又过度使用化肥和农药,导致土壤逐渐遭到侵蚀。

此外，加拿大的自然条件也使得该国某些省份受水蚀和风蚀的影响较大。例如，弗雷泽河谷的条带作物带地上侵蚀度高达 $30t/hm^2$，远高于长期农业生产危害指数（$5\sim 10t/hm^2$）。在大西洋沿岸地区的一些省份，由于受冻融的影响较大，水蚀现象也十分严重。安大略省是加拿大水蚀最严重的地区，1998年其改良地的侵蚀率达到12%~19%，年总经济损失在650万~2000万加元。除水蚀的影响外，加拿大大约有 $6.4\times 10^5 hm^2$ 的土壤会受风蚀影响，占改良地的14%，主要集中在草原地区，每年损失达2.18亿~2.85亿加元。

（三）荷兰

1. 现状

荷兰农业是欧洲典型的人均耕地少、土地生产率高的现代农业发展模式。荷兰农业以集约化、规模化和专业化为特点，以家庭私有农场生产为主，普遍采用高新技术和现代化管理模式，主要农产品的单产水平都很高。此外，荷兰因地制宜，减少大田作物的生产而大力发展畜牧业和园艺业，大搞农副产品的加工增值。在荷兰农业中，畜牧业的比例超过了55%，园艺业为35%，大田种植业所占比例仅为10%，而谷物种植业还不到1%。设施农业是荷兰最具特色的现代农业产业形态，居世界领先地位。无论是花卉还是蔬菜，均是专业化生产、品牌化经营。2011年荷兰的专业化农场总数有7.3万个，如位于布莱斯韦克市的红掌公司专门研究和种植红掌花卉，品种多达40个以上，从育种研究、种苗生产到种苗出售，全部由公司运作。维斯特兰德朗市的番茄种植公司，从事番茄的专业生产，与其他5家专营企业垄断了荷兰约90%的专业市场。荷兰在农业生产中对农业科研和先进科学技术颇为重视，尤其在环境技术、能源技术、信息技术和生物技术方面都处于国际领先地位，其大力推行的温室农业工厂化生产在世界上首屈一指。荷兰主要采用农民家庭企业的形式，发展温控式设施农业，室内温度、湿度、光照、施肥、用水、病虫害防治等全都是计算机监控，作物产量高。此外，荷兰的家庭农场间并不是竞争关系，而是具有共同利益的集体，他们生产的产品几乎完全相同，在市场销售时也没有自己的标志，具有相同的市场地位。因此，荷兰农民的利益能够得到有效的保护和提高。

荷兰农业的模式主要有三种：①市场与农户连接型。主要表现为"拍卖市场"与农户连接和超级市场与农户连接两种模式。②合作社与农户连接型。荷兰的农业合作社由"全国农业合作局"（NCR）组织管理，存在于农业产、供、销、加、贸易、贷等领域。③企业与农户连接型。一些大的农产品加工企业或贸易企业直接与农户连接，进行农产品生产、加工和销售的一体化经营。在这三种模式的带动下，荷兰的农业总产值虽只占国民生产总值的4%左右，但是农业出口和外汇收入却占出口总额和外汇总额的25%以上。这种面向国际市场、大进大出的农业体制，使荷兰农业成为典型的高效农业，每个劳动力创造的农业增加值和净创汇均是世界第一。

2. 问题

尽管荷兰农业在世界上属于比较发达的国家，但是也存在一些问题。一是政府补贴农业的负担过重。农产品大量过剩，为了保持稳定发展和调节购销，政府给予了大量补贴。二是农业高度资本化。农业部门的净资本系数已经比整个经济部门高7~8倍，给生产者带来了沉重的经济负担。同时，土地私人占有妨碍了农场规模的扩大，农业人口大量外流，加之农业

（四）日本

1. 现状

日本农业是亚洲典型的人均耕地少、土地生产率高的现代农业发展模式。日本农业的特点：人多地少，人均耕地面积约 0.6 亩，农业生产经营规模小，农户户均耕地仅有 $1.84hm^2$。同时，劳动生产率低，不及美国的 1/20。但是，日本却在农业自然资源缺乏、农业规模较小的条件下实现了农业现代化，形成了一套既有欧美发达国家特征，又保留某些亚洲传统的现代农业模式。

日本在迅速实现工业化、城镇化过程中，也出现过由于过分剥夺而导致农业萎缩的情况，但都是在工业化达到一定水平之后。日本于 20 世纪 60 年代中期对农业实行了反哺政策，从而使农业迅速强大起来。日本农业支持政策的特点是政府对农业的反哺分为初级和高级两个阶段。初级阶段以硬件为主，重点提高农业生产基础设施和固定资产装备水平、加速农村公共物品建设等；政策导向是为扩大再生产，改善生产、生活条件打下坚实的基础。高级阶段则采取硬件、软件相结合，以软件为主的方针，政策导向放在进行结构调整、扩大经营规模、提高农业生产经营组织水平和农民素质等方面。可以说，没有政府对农业的全方位支持，日本农业不可能在这么短的时间内达到世界先进水平。

日本的农业合作体系完善，运作规范，对农民和农业生产发挥了巨大的作用。日本用了不到 30 年的时间，从第二次世界大战结束到 20 世纪 70 年代中期就基本实现了农业现代化，其中最主要的原因就是日本在充分吸收西方国家农业发展经验的基础上，独创了一套适合本国国情的日本农业协同工会制度。这一制度最大的特点是半官半民，其范围包括农业生产资料供应、农业技术推广、农产品销售、农村金融、农村保险等各个方面，甚至发展成为代表农民政治利益的准政治团体，并且自上而下形成了独立而完整的体系。农协在日本现代农业建设过程中起到了不可替代的作用，它一方面代表分散的小农的利益与政府进行谈判，使农民的利益得到保障；另一方面可以有效地解决小农户与大市场之间的矛盾，充分满足小农户在生产要素供给和农产品销售等方面的需求。

日本的农业技术推广也由农协和政府的农业改良普及事业共同完成，从中央到地方形成了一套完整的体系。为了加强农业技术推广工作，日本还于 1991 年对《协同农业普及事业指南》进行了全面的修改，把加强推广组织的建设和提高推广人员素质放在首位。政府的"地域农业改良普及中心"拥有数百个经过国家考试的专门技术员及 1 万多名经过地方考试的改良普及员，与农协系统的近 2 万名营农指导员密切配合，构成了第二次世界大战后日本农业技术推广的基本体系，成为日本农业现代化迅速实现的基本保障。

2. 问题

日本的现代农业虽然处于世界领先水平，但由于自身农业资源有限，土地的稀缺性日益明显，粮食自给率不断下降。同时，日本的现代农业依然是建立在小农经营的基础上，机械利用率不高。并且随着农业机械化的发展，农业劳动力大量外流，土地利用率下降，农业经营有粗放化倾向。日本的土地很难集中，农业经营规模狭小，地块分散，均导致日本农业劳动生产率大大下降。此外，日本人多地少，随着工业化的发展，农村劳动力大规模向城市转移，对社会发展造成了严重的威胁。

二、发展中国家农业现状和问题

（一）以色列

1. 现状

以色列是中东地区的国家，农业人口仅占全国人口的3%，而且全国只有北部加利利湖周围的平原和约旦河谷适宜农业。然而就是在这样的外部环境下，以色列仅用一代人的时间就建成了现代农业，创造了令世界惊讶的奇迹，以色列农业是发展中国家典型的以提高土地生产率为主的现代农业发展模式。

针对土地贫瘠、资源匮乏的不足，以色列政府制定了一系列关于森林、土地、水等的法律法规，把水和土地作为最重要的资源严格计划使用，并大力发展和推广节水技术。以色列的农业是世界一流的节水农业，研制了世界上最先进的喷灌和滴灌等灌溉技术和装备，使水资源的利用率高达90%以上，每毫米降水可生产2kg粮食（在中国仅为0.5kg）。同时，以色列还特别注意资源的保护和配置，在农业发展过程中，处处注意维护生态平衡，科学使用农药、化肥，并且通过"三污"的回收和治理来改善空气、环境和海水的质量。

除灌溉技术外，以色列还拥有世界先进的农业机械化技术和生物工程技术。它每年投入的农业科研经费占以色列产值的2.5%以上，农业发展的科技进步贡献率高达96%。以色列重视将农业科技的基础研究、应用研究和创新研究有机结合，协调运作。目前，以色列农业的研究重点是沙漠改造、适合当地自然条件的农畜品种培育及太阳能的利用、农畜产品的高产、高速繁殖和病虫害防治等。

以色列充分利用地域上靠近欧洲的优势，扬长避短，集中力量发展外向型农业，如发展水果、蔬菜、花卉等高价值作物，经过一系列的加工，大量向国外出口，走创汇农业之路。此外，其农业生产组织形式也是独树一帜的，有Kibbutz（基布兹）、Moshav（莫沙夫）、Mos.shitufi（工社莫沙夫）三种形式。这三种形式的农业合作组织为农村居民提供了若干可供选择的生活和生产方式，以色列农业总产值的80%左右是由农业合作组织创造的。

2. 问题

以色列农业自然资源条件不佳，不但耕地少，而且降雨量少，季节性强，区域分布不均，淡水资源缺乏。虽然以色列人创造了沙漠大棚温室、节水滴、渗灌技术、沙漠菜田等奇迹，但这依然是制约以色列农业发展的一个基础条件。此外，由于以色列集中力量发展高价值作物，其粮食播种面积不断缩减，产量低，粮食不能自给，并且主要依靠进口也是以色列现代农业发展中需要注意的问题。

（二）巴西

1. 现状

农业是巴西经济的重要支柱。巴西拥有丰富的土地资源、森林资源和海洋资源，它的气候条件非常有利于农业的发展,尤其是典型热带农业的发展。然而,由于人少地多,农耕形式粗放,巴西的很多农作物都是广种薄收,许多主要农作物,如水稻、小麦、玉米等的单产都低于世界平均水平。为了提高农业生产水平,巴西政府投入大量的物力、财力,农业机械化耕种程度越来越高,在品种培育、土壤改良和虫害控制方面的科研水平越来越强,并且在农村灌溉系统的建设方面也投入了大量的资源,以充分利用巴西丰富的农业资源。同时,为了促进商品农业的发展,巴西除了增加对农业的投资外,还建立了农业和农村经济体系,以吸引和刺激私人对农业的投资。为了稳定农业生产,巴西从20世纪50年代就实行了农产品最低保证价格制度,规定农产品的最低价格不得低于生产成本的166%。

2. 问题

巴西是世界的债务大国,其农业模式一直是以出口农产品为主的单一经济生产模式,而且其粮食生产经营粗放,谷物生产水平低。巴西现代农业的发展一直伴随着生产方式的资本主义化,且以出口农业为主,因此国内农业相对萎缩,农村工业发展也受到限制,致使大量农村人口外流,并导致严重的社会问题。此外,巴西亚马孙河流域的热带雨林中1/4的林区被砍伐辟为牧场,而且农业生产过程中化肥和农药的不合理使用不仅破坏了土壤结构,还引起了新的病虫害,使巴西的生态平衡遭到严重破坏。最后,巴西推行的是重工业抑农业的政策,这使得巴西陷入了"拉美陷阱"。在长期的抑农政策驱动下,投资的倾向性依然明显,这使得广大农民无法获得农业发展带来的实惠。

(三)印度

1. 现状

农业在印度的国民经济中占重要地位,但目前占主导地位的仍然是传统的生产和生活方式。为了改变落后的农业,实现农业现代化,印度推动了所谓"绿色革命",使农业发展取得了令人瞩目的成绩。

首先,为了提高粮食产量,印度自20世纪60年代中期以来,开始推广和使用农业高产品种,在引进国外优质农作物品种的基础上,结合自身环境,培育适合本国条件的优质粮食品种。此外,印度虽降雨量多,但分布不均,且蒸发量大。针对这一情况,印度扩大了农业灌溉区域,且灌溉方式逐渐向电动化、节约化方向发展。同时,印度也重视农业发展的化学化,年化肥施用量从1952年的6.56万吨上升到20世纪80年代的600多万吨。

其次,印度制定了一系列的政策,引进外资和外援,并改革农机经营方式,加强农业机械化的科研工作,从而逐步提高农业机械化水平。

最后,印度不断推进农业产业化经营,将生产、加工、销售等有机联系起来,实现一体化经营,增加农业产业链和附加值。例如,利用大企业的规模优势和品牌优势,以及在农产品生产和销售中的垄断地位,带动小企业的发展,弥补大、小企业的某些不足,整体上达到利益的最大化。同时,建立大企业和农户联营机制,提高农户的产品价格。印度为了提高农民的集体力量,也鼓励建立农民合作组织,更好地实现农业产业化的发展。

2. 问题

由于印度占主导地位的仍然是传统农业,因此对气候和雨水等自然条件的依赖性很大,抵御自然灾害的能力差,经常受到水旱灾害的影响。而且农业先进技术的应用主要在水稻和小麦上，因此其他农作物，如豆类和油料作物的产量低，每年需大量进口。此外，印度农业的产业化程度较低，劳动生产率低，城乡发展不平衡，农业产业化水平低。虽然国家制定了许多政策鼓励印度农业现代化的发展，但是这些政策也导致了城乡二元对立固化，导致农业产业发展缓慢，最终导致农业综合生产能力低下，农产品数量仅能满足农民自身生活必需。因此，印度的农业现代化依然任重道远。

第二节 现代农业的类型和特征

一、现代农业的类型

（一）发达国家现代农业的模式

发达国家的现代农业大致可归纳为两大模式：一是以提高劳动生产率为主的节劳型集约农业，如人均耕地相对较多的美国、加拿大等国的现代农业；二是以提高土地生产率为主的节地型集约农业，如人均耕地相对较少的荷兰、日本等国的现代农业。发达国家现代农业的核心是：农业生产的科学化、集约化和产业化，以及大量辅助能量（特别是化石能源）的投入，使农业生产力和农产品商品率大大提高。

发达国家的现代农业以大量投入商业能量为特征，使农业由粗放到集约，由劳动集约到能量、资金和技术的集约。在经营方式上，由小型自给农业向大规模专业化、市场化农业发展，使农业的工业化程度越来越高。因此，发展国家的现代农业又称为现代工业化农业。现代工业化农业高投入、高产出的生产方式，曾对解决人类食物供应做出了巨大的贡献，但也给人类带来了许多生态问题，如水土流失、环境污染、能源过量消耗、生产成本增加和农业自然资源减少等。

针对现代工业化农业的种种困惑和隐患，西方一些发达国家开始寻找一种新的农业生产体系，以取代高能耗、高投入的现代工业化农业。于是在20世纪70年代西方掀起了一场"替代农业"运动，并逐渐波及东方。替代农业模式有许多种，代表性的有自然农业、有机农业、生物农业、生物动力农业等。这些替代农业尽管思想和做法不尽一致，但有许多共同点，如重视农业自然资源保护、农业生物技术应用和拒绝使用农用化工品等。然而，在发达国家开展的各种替代农业模式一直没有得到大范围的运用，其主要原因是这些模式过分注重农业生态效益，而忽视其经济和社会效益。尤其对那些食物需求压力很大、经济水平落后的发展中国家和地区，更是难以推广。因此，从农业发展思潮上又开始客观地看待替代农业与现代工业化农业的优劣，从实际出发考虑农业发展方向。在这种背景下，对农业的含义及内涵的理解也不断深入和发展。于是，在20世纪80年代初，产生了一种追求生态、经济和社会三效益相统一的农业可持续发展模式——现代生态农业。现代生态农业是对未来农业的一种追求，是全球现代农业发展的一种大趋势，也可以说是替代农业运动进一步发展的一个新阶段。

（二）中国现代农业的类型

众所周知，农业是中国国民经济的基础，但是在不同时期和不同地区，对农业视角的基础地位是不一样的。随着社会经济的不断发展,社会赋予农业承担的功能日益丰富。目前,中国各地正在加速建设各具特色的现代农业,根据地域不同,现代农业可分为农区/牧区农业、城郊农业和都市农业等类型。现就当前中国建设的三种现代农业类型的主要特征分析比较如下(表3-1)。

表3-1 我国三种现代农业类型的主要特征比较

特征	农区/牧区农业	城郊农业	都市农业
城乡关系	联系少	城乡结合	城乡融合
空间地域	农村地区/边疆地区	城市郊区	都市区域范围
城区人口	<20万	20万~100万	>100万
经济结构	第一产业为主	第一、二产业为主	第一产业与第二、三产业融合
农业功能	生产农产品	提供副食品	功能多元化
关注焦点	社会、经济效益	经济、社会效益	生态、经济、社会效益
本质特征	农村自养	服务城市	服务城市,依托城市
投入重点	人力+畜力+物化技术	资金+物化技术	资金+信息+智力
劳动生产率	低	较高	高
土地生产率	低	较高	高

1. 农区/牧区农业

农区农业是指我国"以农为主"的广大农村地区的农业。农区农业以生产粮食、棉花、油料、肉、禽、蛋等大宗农牧产品为主,自给自足的传统农业特征明显,农产品商品率和生产力水平较低。牧区农业是指我国"以牧为主"的广大边疆地区的农业。我国牧区主要分布在东北平原西部,内蒙古高原,黄土高原北部,青藏高原,祁连山以西、黄河以北的广大地区。牧区农业的特点表现为地处陆地边疆,少数民族聚居;牧区资源丰富,自然条件复杂;自然灾害多;生产不稳定;畜牧业历史悠久,商品经济不发达;交通通信不便,农业科技落后。

因此,对广大农区和牧区来说,农村经济大多处于自然经济状态,要建设具有高度市场经济特征的现代农业,任重而道远。

2. 城郊农业

城市郊区的农业概括为城郊农业,城郊农业不同于一般的农区农业,它处于城市与一般农区之间。城郊农业又可分为近郊农业和远郊农业。其中,近郊农业以种植蔬菜、果树,饲养奶牛等为主,提供城市居民生活必需的副食品,并达到基本自给。而远郊农业则在种植业上以生产水稻、小麦等粮食作物,以及棉花、油菜等经济作物为主,并建立适度的商品粮基地;在畜牧业上以养猪、养禽为主。相对于农区农业而言,城郊农业的开放度和商品化程度都较高,而且在为城市服务的同时,也获得了较高的经济效益。

3. 都市农业

都市农业的空间地域划定在都市区域范围,既包括城市化地区的农业,也包括城市郊区的农业及域外基地农业。所以,它既是现代农业的一种地域分工,又是城郊农业的一种高级形式。都市农业直接受到城市及其扩展的影响,它生产市民所需的特色蔬菜、瓜果和奶制品等新鲜高档农副产品;为市民提供优良的生活环境,提高生活质量;在绿化、美化、净化都市生态环境的同时,也为市民提供了能休息、娱乐的休闲农业场所。因此,都市农业除了具有的经济效益外,其提供的旅游休闲、保护环境、文化教育等公益功能还具有很强的生态效益和社会效益。

二、现代农业的特征

(一)农业产业结构的市场化

随着市场经济的发展和我国城乡人民的生活水平不断提高,消费需求发生了很大变化。现代农业将以市场为导向,调整农业产业结构,不断地满足城乡居民的两种基本消费需求:一是有形的物质需求,二是无形的生态需求(或称为精神需求)。通过合理布局生产保障型产业,生产粮食、蔬菜、肉禽蛋奶等常规农副产品和开发名、特、优、新农副产品,调整并优化种植业结构和养殖业结构,来满足人们的物质需求;通过发展以绿化、美化为目标的园林产业,开拓融观光性、游乐性、休养性为一体的休闲农业与乡村旅游等农业旅游产业,即开发生态建设型产业,来满足人们的生态需求。传统农业是一种计划农业,而现代农业是一种市场农业。市场农业就是要农民树立起农产品的质量意识、商品意识、市场意识,以促进农业创名牌。

农业产业结构的市场化就是要根据农产品市场的供求情况并结合中国各地区的农业自然资源条件和社会经济条件,确定适宜开发的主导产业和主导产品,发展"产—加—销"一体化的市场农业和高度开放的外向型农业,开拓国内外市场。现代农业在培育主导产业和建设大规模农产品基地时,要特别注意避免在资源趋同的地区形成雷同的产业和产品,要因地制宜、扬长避短,做到"人无我有,人有我优,人优我特"。同时,要建立政府与市场相结合的调控机制。一靠市场导向;二靠政府部门的宏观调控。其中,宏观调控就是要形成两种约束:一是软约束,是指引导农业行业(企业)形成生产技术规范或标准化,建立行业(企业)标准、地方标准和国家标准;二是硬约束,是指加强农业立法和执法,可以规定哪些是企业可以做的,哪些是企业不能干的,并建立企业和经营者个人的诚信档案,以确保农产品市场的有序竞争。

(二)农业土地经营的规模化

长期以来,由于受"重工轻农、城乡分割"发展格局的影响,中国城镇化水平偏低,2015年我国常住人口城镇化率为56.1%,而发达国家达到80%~90%。所以,我国大量农村劳动力聚集在有限的耕地上,使农户土地经营面积狭小。据报道,美国家庭农场(农户)平均规模为169hm^2,欧洲联盟为30~40hm^2,日本为1.84hm^2,韩国和我国台湾大约为1hm^2。在美国,半个多世纪内以多种形式组成农业合作组织,家庭农场(农户)不断减少,而经营规模扩大近1倍,即家庭农场由1950年的538万个减少到2007年的220万个,场均面积由87hm^{2}扩大到169hm^2。随着我国工业化、城镇化的快速推进,大量的农村劳动力将不断向外转移。目前,我国大约有2.2亿农户,如果到2030年全国总人口控制在15亿、城镇化率达到75%,那么农村常住人口为3.75亿,约有1.0亿农户。如果我国的耕地保持在18亿亩,预计将有15亿亩耕地由1.0亿个家庭农场经营,还有3亿亩耕地由农业企业经营。到那时,我国的家庭农场平均经营耕地约为 1.0hm²，就相当于目前韩国和我国台湾的经营规模。因此，可以这样说，我国将来的农户会越来越少，农户经营的规模会越来越大。2013 年中央一号文件提出，今后要"按照规模化、专业化、标准化发展要求，努力提高农户的集约经营水平"。我国每个农户的这种独立的集约化经营形式，就可以看作一种家庭农场。

目前，农业土地规模经营被看作提高农业劳动生产率和农业比较效益的根本途径。但是，从全国范围来看，农业土地规模经营的进展不快，主要原因是现实条件的限制。实现土地规模经营的最基本的前提是大批农村剩余劳动力稳定转移到非农产业，土地经营不再作为他们的谋生手段。在实践中，各地把 60%~70% 的农村劳动力稳定地转入非农产业，作为实行规模经营的起步条件。就我国经济发达地区总体来看，已具备这个条件。但是，有些地区农村劳动力仍大量集中在第一产业，对于有偿转让土地承包还有种种顾虑。因此，农业土地适度规模经营应该是一个渐进的过程，不能一蹴而就。2013 年中央一号文件指出"坚持依法自愿有偿原则，引导农村土地承包经营权有序流转，鼓励和支持承包土地向专业大户、家庭农场、农民合作社流转，发展多种形式的适度规模经营"。

（三）农业生产要素的集约化

现代农业的集约化生产，就是要改变过去的粗放型、兼业化的生产经营形式，向机械化、良种化、专业化、标准化融为一体的生产经营形式发展。日本农产品贮运配送的集约化程度也很高，很多农户都有冷库、冷藏车及配送设施。和歌山一家农协的配送中心，装运采用机器人，配送时通过电脑测定每一只橘子的大小、糖度和含水量，并根据品质和形状分为近 20 个不同的等级。农业生产的专业化生产就要求生产相对专一和集中，如在种植业上生产单一的农作物，可以是"一村一品"，也可以是"一乡一业"。2011 年农业部公布了全国"一村一品"示范村镇名单，上海市浦东新区大团镇赵桥村（水蜜桃）、上海市奉贤区青村镇解放村（黄桃）、上海市嘉定区马陆镇（葡萄）、上海市青浦区练塘镇（茭白）、上海市崇明区中兴镇（花菜）等 5 个村入选。同时，专业化的发展必须以适度规模的农业标准化生产作基础。

目前，我国大部分地区的农业生产仍然呈现普遍兼业化的现象，同时，农户承包经营规模偏小，这显然不能适应现代农业集约化生产的要求。因此，这样的状况如果不改变，就不能保证现代农业生产的长期稳定发展。上海市松江区 2007 年率先探索发展种粮家庭农场，到 2014 年底，全区家庭农场数量已由最初的 20 多家发展到 1273 家，占水稻种植总面积的 91% 左右。推广家庭农场后，全区水稻亩产 572kg，比之前增加 21kg。规模化经营更易推广用地与养地相结合技术，2012 年粮田土壤有机质比 2007 年增加 23%。在种养结合型的家庭农场，一般农户每年在承包 100 亩左右粮田基础上，再在一年里养殖出栏 1200 多头猪，粮田化肥使用量（折纯氮）可减少 30%。因此，发展家庭农场，既稳定了粮食和生猪生产，促进了农民增收，又保护了耕地并改善了农业生态环境，提高了农业专业化生产水平。

（四）农业经营模式的产业化

农业一直被认为是一种初级产业，是一种与传统的、落后的生产方式和生产条件相联系的产业，农业似乎只是种植业和养殖业的生产，而农产品的加工则被看成第二产业，农产品的流通被看成第三产业。长期以来，生产、加工、销售分割的利润分配不合理，导致农产品价格波动大，农业生产效益不稳定。现代农业的建设一定要解决这一问题，真正实现农业产业化。为了加快现代农业产业化建设的步伐，可采取多种措施和途径，大力提升农业组织化程度，改变原来的传统农业经营模式，着力解决"千变万化大市场"与"千家万户小生产"的矛盾，提高农业应对市场竞争的能力。

现代农业的产业化就是要实行以下两种经营模式：①组建农业龙头企业，架起市场与农户的桥梁，采用"公司+基地（农户）"的组织载体。一是协调龙头企业与基地（农户）的利益关系。重点对龙头企业与基地（农户）全面推行契约化经营、合同化管理，强化对龙头企业和基地（农户）的双向约束，使双方真正结成风险共担、利益共享的经济利益共同体。二是建立农业企业品牌形象。要借鉴现代工商企业在生产与营销等方面的管理方式，建立农业企业形象，开发自己的主导产业和特色产品，在市场竞争中处于优势地位。②组建农民专业合作社，重点发展农业产业化经营新模式，即"农民合作社+家庭农场（农户）"。一是实行政策聚焦，积极培育一批经营规模大、服务能力强、产品质量优、民主管理好、社员得实惠的农民专业合作社。同时，稳步推进家庭农场、专业大户等新型农业组织的发展。二是鼓励农民专业合作社与超市、标准化市场、社区、企业、学校等对接，逐步建成"产—加—销"一体化经营体系。

（五）农业生产技术的生物化

现代农业一定要不断实现农业生产技术的生物化，并发展成为技术先进的高效生态农业。首先，要实现设施农业生产的自控化和生物化。借助现代生物技术，农业生物种质将得到定向改造；依靠现代信息技术和工程技术，农业生产环境、生产过程将得到自动化控制和最优化管理。同时，设施农业往往大量使用农膜、化肥、农药、除草剂等化学投入品，如果不严格控制将对现代农业生态环境造成严重污染。从理论上讲，选择各地区的气候、土壤等自然条件适宜种植的蔬菜等园艺作物来发展露地生产，是最顺应自然的园艺作物种植模式。因此，在我国城市化地区，为了满足城乡居民对蔬菜等园艺作物的消费需求，可以适度规模发展设施农业，千万不要盲目扩大设施农业面积，要大力提倡设施农业技术的生物化。2011年以来，绿亨公司在北京运用营养液膜技术（nutrient film technique，NFT）管道式无土栽培技术生产叶菜类蔬菜，因注重生态环境保护，省肥、省水、省工，清洁、绿色、无公害，高产出、高收益等方面的优势，取得示范成功，这种蔬菜水培系统很有推广价值。

其次，要优先发展现代生态农业，确保农产品的优质和安全。在我国经济的三大产业中，农业与城乡自然环境的关系是最密切的，生态循环的作用直接在农业上表现出来。滥施化肥、农药等农业短期行为造成我国城乡生态平衡的破坏是人所共知的，而大气、水体和土壤的污染也会带来农业的歉收甚至绝收。因此，发展现代生态农业，不仅是实现现代农业"高产、高效、优质、安全、生态"目标的需要，还是美化、净化城乡生态环境的客观要求。目前，我国城乡生态环境问题仍非常突出，建设现代生态农业更具重要意义。在党的十八大报告中，把生态文明建设提到了一个前所未有的高度，而现代生态农业就是生态文明建设中重要的一个环节。2009年起上海自在源农业发展有限公司依托上海交通大学的技术支持，在上海青浦现代农业园区内通过稻田养蛙构建既能节水又能防污的新型稻田生态沟渠系统等，全程采用现代生态农业技术，生产绿色或有机"蛙稻米"，在确保稳产的同时，有效地降低农药、化肥施用量，削减稻田面源污染，增强了现代农业系统的环境保育功能。

（六）农业生产管理的信息化

农业信息化理应成为现代农业优先发展的领域。首先，要用现代信息技术改造传统农业，使农业由定性走向定量、由经验走向科学、由粗放走向精确。20世纪中期以前，第一、二世界国家需要从第三世界国家进口农副产品来满足本国人民的需要，但到了20世纪末，情况发生了逆转，第一、二世界国家反而出口大量粮食和其他农副产品给第三世界国家。其原因主要是发达国家在农业生产中大量导入信息技术等农业高科技。其实，现代农业也是一种战略思想，必将是信息等高新技术在农业中的宏观和微观领域的广泛运用。未来现代农业生产管理的核心是"信息化"，其中基于高新技术的"精准农业"就是农业信息化的一种模式，它的全部概念建筑在"空间差异"的数据采集和处理上。例如，它在技术上可以保证作物在生育期内的管理是最好的，运用精准农业技术生产的最终产品是最优商品。因此，精准农业是高产、高效、低耗、环保型农业的典范。近年来，物联网技术开始引入和应用于农业生产和科研中，物联网技术在农业生产源头追溯、农产品物流管理上将大有可为，物联网可以改变粗放的农业生产管理方式，提高动植物疫情、疫病防控能力，提升农产品安全监管能力，确保农产品质量安全。

其次，要发展农业科技、农资、商贸信息市场，为"三农"提供信息服务，使农业由分散封闭到信息灵通、由微观管理到宏观管理。通过信息、交通、邮电、通信、金融等方面的配套建设，逐步形成融农业信息发布与交流、新产品推销、技术转让与推广、农业物化技术与专家系统软件促销、农业商贸信息服务、远距离教学培训为一体的农业信息中心。一般信息服务可包括天气预报、农资价格、期货市场行情、汇率与利率变化等信息的服务。例如，美国的玉米、大豆、小麦等粮食的储备量一向很少，如果因天气等灾害而歉收，其价格肯定狂升。所以谷物期货市场对天气变化最为敏感，农场主也需要根据天气情况安排种植计划与管理措施（确定播种和收割时间等）。美国国家气象局目前所提供的天气资料无法满足这种需要，于是私营天气预报服务公司应运而生，为农场主或农户做经营决策提供帮助。同时，开拓农业咨询业的新领域，如开展宏观决策、产业规划、产品调整与策划、市场定位、科技抉择、灾情预报等多方面的咨询服务。国家政策上的支持无疑是农业信息化建设最有力的保障，2012年农业部表示，将加大农业监测预警等信息进农家的力度，提升信息化服务"三农"的水平。将在全国开展"12316信息进农家"活动。2014年7月，财政部、商务部印发《关于开展电子商务进农村综合示范的通知》，在全国选择部分地区开展电子商务进农村示范，全面实施"互联网+流通"行动计划，形成农产品电子商务产业链。

第三节 现代农业的发展趋势

现代农业既是一种基础产业，又是一种战略性产业；实现农产品"产—加—销"的一体化，使现代农业发展成为集约、持续、高效的产业。因此，现代农业建设需要开创农业产业化的道路，使农业经济由单一经济转向综合经济，产品输出由初级产品转向深加工产品，从而使现代农业从弱质产业变成具有强大活力的优势产业。因此，中国现代农业的发展不能走过去发达国家走过的现代工业化农业的老路，必须走出一条现代农业可持续发展的新路——现代生态农业。

现代生态农业建设是一项长期而又艰巨的任务，必须从现代生态农业的基本功能出发，结合现代生态农业的产业表现形态，构建新型的现代生态农业产业体系。新型现代生态农业产业体系可归纳为：①产品型现代生态农业，包括生态循环农业、精准农业、设施农业等，这一类农业是生产保障型产业，将满足人民的物质需求；②服务型现代生态农业，包括休闲农业、创意农业、物流农业等，这一类农业是生态建设型产业，将满足人民的精神需求或生态需求。以上两大类型 6 种产业形态的现代生态农业，就是全球未来农业发展的一种大趋势，也是中国现代生态农业发展建设的重点研究领域和实施内容。

一、产品型现代生态农业

产品型现代生态农业的实质就是利用现代先进的科学技术，生产出能满足人们对安全优质农产品消费需求的农业产业形态。

（一）生态循环农业

在国民经济的三大产业中，农业与自然环境的关系是最密切的，生态循环的作用直接在农业上表现出来。滥施化肥、农药等农业短期行为造成农业生态系统平衡的破坏是人所共知的，而大气、水体和土壤的污染也会带来农业的歉收甚至绝收。因此，发展生态循环农业，不但是实现中国现代农业"高产、高效、优质、生态、安全"目标的需要，而且是创建美丽乡村的客观要求。生态循环农业主要着眼于农业生态系统内部的物质循环和能量流动的最适化，以及整个农业生态系统的动态平衡。因此，中国各地区的生态循环农业建设更是任重道远，必须改变思路，加大建设力度，发展高产、高效、生态有序化和资源总量平衡的生态循环农业模式，并建立相应的生态补偿机制。今后在中国生态循环农业的建设中，应根据各地区自然资源分布、农业生产布局和农业自然生态类型，按照生态学的基本原理及生态类型划分的基本原则，合理布局生态循环农业建设的重点区域，积极开展生态循环农业技术和模式的示范推广。根据《关于印发农业综合开发区域生态循环农业项目指引（2017—2020 年）》（农办计〔2016〕93 号）文件，为了推动资源利用高效化、农业投入减量化、废弃物利用资源化、生产过程清洁化，促进农业提质增效和可持续发展，中国农业部和国家农业综合开发办公室研究决定，从 2017 年起集中力量在农业综合开发项目区推进区域生态循环农业项目建设。至 2020 年建设区域生态循环农业项目 300 个左右，积极推动资源节约型、环境友好型和生态保育型农业发展，提升农产品质量安全水平、标准化生产水平和农业可持续发展水平。

（二）精准农业

中国农业目前仍属于高耗、低效型农业，农田灌溉水的有效利用率只有 30%～40%（发达国家已达 50%~70%），化肥当年利用率仅为 30%，农业面临着水资源短缺和用水浪费的双重危机。因此，发展节水、节肥的精准农业是现代农业发展的重要方向，并将农业逐渐转向电脑自控化、数字化方向发展。带有电脑、全球定位系统（GI）、地理信息系统（GIS）及各种检测仪器和计量仪器的农业机械的使用，将指导人们根据各种技术参数实时实地采取相应的精准农事操作，更加经济地利用各种有限资源。在设施农业发展较快的地区，研究、应用和推广适合中国特点的精准设施农业技术，对增加农产品产量，提高农产品品质，节约水、肥资源，保护农业生态环境具有重要作用。同时，运用精细形态的生产方式，可以在过去不能或很难从事农业生产的土地或空间进行生产。例如，对于干旱缺水、山地陡坡、盐渍滩涂乃至沼泽荒漠地区，都可以用水耕栽培将其转变为生产基地。水耕栽培不用土地，而是用营养液，在控制环境的条件下进行生产。这样，不仅延长了生产季节，也扩大了生产空间。此外，如果采用精细形态的农业生产方式，创造出高科技、高收入的精准农业，就一定会吸引青年扎根农村，使农村成为真正大有可为的广阔天地。虽然同农业发达国家相比，中国农业集约化总体水平较低，但一些重点粮棉生产基地，如黑龙江大型国有农场、新疆生产建设兵团农场等，土地经营规模大、农业机械化程度高、农业生产基础较好，且职工素质较高，已具备进行精准农业生产技术推广应用的条件。

（三）设施农业

设施农业是技术密集型和劳动密集型相结合的产品型都市农业。设施农业就是利用温室、大棚、连栋智能温室、连栋大棚、避雨栽培、网室栽培及工厂化生产等生产设施，开展蔬菜、花卉、水果、食用菌、水产等农业种植养殖生产。温室工程是设施农业发展的高级阶段，它是以综合国力的强盛为背景，以农用工业的发展为基础，以生物技术、工程技术和信息技术等高新技术在农业上的应用为依托，逐步形成并发展起来的。温室工程的建设能使种植业生产由室外转移到室内，最大限度地摆脱季节、气候、自然灾害等环境条件的制约，实现高度的集约化生产，使农产品周年均衡供应，从而提高土地生产率和劳动生产率。一些发达国家和地区把温室与无土栽培技术相结合应用于蔬果、花卉的集约化生产，研制了计算机自动控制温度、光照、气体交换、滴灌、营养液循环的现代化温室，即自控温室，加上育苗、移栽、植保、采收、清洗、包装等操作过程也实现了机械化、自动化，从而实现了农业的工厂化生产。随着中国现代农业建设的不断推进，设施农业的现代化是一种必然趋势。因此，今后中国各地要不断推进设施农业布局区域化、种植技术规范化、产品质量标准化、生产经营产业化，促生一批设施农业龙头企业。实现"集中、提升、拓展、提高"的四大目标，即由分散建设向集中建设发展、由低档次设施农业向高档次设施农业发展、由单一生产向观光休闲体验采摘为一体的多功能设施农业发展，提高设施农业在农业生产中的比例，不断满足人们对设施农产品的需求。

二、服务型现代生态农业

服务型现代生态农业是现代生态农业的一个重要组成部分，其实质是利用农业的自然属性满足城乡居民观光旅游、休闲度假等需要的休闲农业、创意农业的产业形态，以及作为服务城市、服务企业和农民的农产品物流、电子商务等新兴农业产业形态。

（一）休闲农业

现代生态农业的未来必将更多地强调它的环境、公益和文化等功能，因此以旅游观光、休养度假为主的休闲农业与乡村旅游的发展也是现代生态农业建设的一个重要方面。休闲农业的实质是都市农民利用农业的自然属性满足市民休闲、旅游、度假等休闲生活需要的农业生产形式。休闲农业除了具有农业生产、生活、生态等功能外，更进一步结合农业资源与乡村景观环境，提供市民休闲活动而兼具第一、二、三产业功能的农业经营。因此，休闲农业的开发一是要坚持以农业为基础，利用农业、农村资源，兴办休闲旅游事业，然后逐步过渡到旅、农、工、贸综合发展，从而在农村创造出传统旅游景点无法媲美的景观特色。建设休闲农业，一定要高水平打造一系列形式多样、内容丰富的休闲农业活动精品，高规格推出具有国际影响力的休闲农业节事，高档次建设一批功能完善、运营高效的休闲农业配套设施，提升休闲农业服务质量，不断营造"田园综合体"式的乡村生活，在中国各地建成一批环境优美、产品丰富、特色鲜明、功能完善、品质优良、效益显著、社会和谐的休闲农业与乡村旅游示范区和精品旅游线路。同时，把休闲农业、美丽乡村与农业园区现代化、生态化结合起来，努力把农产品变成旅游品，把农院变公园、农景变风景，使农业转型与乡村旅游发展、民宿经济发展形成互促共进的新态势。还要将休闲农业与大健康产业结合起来，打造以促进人民的健康生活为宗旨的休闲农业产业。

（二）创意农业

创意农业起源于20世纪90年代后期，由于农业技术的创新发展、农业多功能的拓展，以及当时创意产业的理念也在英国、澳大利亚等国家和地区形成并迅速在全球扩展。借助创意产业的思维逻辑和发展理念，人们有效地将科技和人文要素融入农业生产，进一步拓展农业功能、整合资源，把传统农业发展为融生产、生活、生态为一体的现代生态农业。创意农业的本质是一种与文化要素相结合的现代农业产业形态。创意农业具有以下特点：一是根源性。其有两重意思，一层是指民以食为天；另一层是指农业是人类创意的源泉。二是文化性。文化古代的原意就是农业。创意农业可以让人们走进历史文化的摇篮，享受文化的沐浴。三是多元性。体现在创意农业的布局形态、生产销售、产品形状特征等多方位全过程之中，而且向生活各个领域延伸和渗透。创意农业同其他创意产业一样，是知识密集型和文化创意型的集合成果。因此，发展创意农业同样需要紧扣时代的相关知识与创意理念。无论从产业规划、品牌策划、生态设计，还是文化的嵌入、功能的创新，都需要有"创意知识"的融入。在具体行动上，通过相关专业的介入，带来时代前沿创意艺术及科技知识，培育乡土"创意社会"的环境氛围，激发民众的创意思维。推动科技、人文等元素融入农业，稳步发展农田艺术景观、阳台农艺等创意农业。近年来，借力世界博览会（简称"世博会"），上海郊区的创意农业发展蔓延开来。2012年5月，在全国休闲农业创意精品华东区展示评比活动中，上海市金山区由中国农民画村选送的金山农民画荣获产品创意金奖；廊下生态园选送的打莲湘（棒）荣获文化创意银奖；阿林果业专业合作社选送的水墨画风格产品包装荣获包装创意优胜奖；廊下生态园荣获园区创意优胜奖。2012年10月上海市创意产业协会创意农业专业委员会正式成立，上海交通大学农业与生物学院任创意农业专委会主任会员单位。

（三）物流农业

物流农业是指以农业生产为核心而发生的一系列物品从供应地向接受地的实体流动和与之有关的技术、组织和管理活动，也就是使运输、储藏、加工、装卸、包装、流通和信息处理等基本功能实现有机结合。作为服务企业、服务农民的新兴产业，物流农业将成为现代生态农业服务体系的重要组成部分和农业经济的新增长点。发展物流农业一定要适应农业现代化发展的战略要求。《国务院关于印发全国农业现代化规划（2016—2020年）的通知》（国发〔2016〕58号）指出：加快发展农产品电子商务，完善服务体系，引导新型经营主体对接各类电子商务平台，健全标准体系和冷链物流体系，到"十三五"末农产品网上零售额占农业总产值比例达到8%。因此，建设现代化、多功能、综合型、广辐射的农业物流网络，构建针对农业产前、产中、产后多环节的全链条物流服务体系，对于保障全国农产品供应、促进农业转型升级、提升农业现代化水平具有重要作用。今后，要充分发挥中国各地区的交通和区位优势，以批发仓储型和冷链物流型作为物流农业的主要发展模式。构建与现代农业建设相适应的现代农业物流体系，提高商流、物流、资金流和信息流的流量、流速和流效。今后，物流农业将重点规划建设大型综合性农产品物流中心、区域性农产品批发市场，批发市场基础设施完善、功能增强；农产品零售网络全面覆盖、分布合理；农产品物流配送渠道通畅、效率提高；形成以批发市场为核心、以物流配送中心为支撑、以零售网络为保障的现代农产品流通体系；促进农产品产销对接，支持农产品生产企业、农民合作社与农产品批发市场、农贸市场、超市、企事业单位直接对接，逐步建成产销一体化经营体系。同时，大力发展农村电子商务，支持电商、物流、商贸、金融等企业参与涉农电子商务平台建设。开展电子商务进农村综合示范，全面实施"互联网+流通"行动计划，形成农产品电子商务产业链。

第四节 生态文明建设背景下中国现代农业的任务

中国是人口大国，保障农产品有效供给，尤其是保障粮食安全是关系国计民生的头等大事。为确保农产品供给，中国付出了生态环境恶化的沉重代价。从目前农业生态系统资源与环境承载力现状来看，保障农产品供给和改善农业生态环境是农业发展过程中存在冲突的两个目标，也是必须兼顾的两个目标。在保障农产品供给与生态改善的双重压力下，现代农业如何发展不仅关系农业自身，更关系到生态文明建设的整体进展。为此，必须用生态文明理念指导现代农业建设，一方面要大幅度降低农业资源（特别是水、土地等基础资源）的消耗强度，提高资源利用的效率和效益；另一方面要加强农业生态系统保护与建设，特别是加强对荒漠化、石漠化、水土流失和农业面源污染等方面的综合治理。只有这样，才能不断提高现代农业的生态安全性，在现代农业领域深入推进生态文明建设。

一、发挥"三生"功能，建设现代生态农业

"三生"是指农业功能从单纯的生产性转变为生产性、生活性、生态性的协调统一，实现农业的多功能价值。生态文明建设背景下现代农业的任务之一就是充分发挥农业的"三生"功能，建设现代生态农业，实现农业现代化。生态文明建设目标的提出，既为中国现代农业

发展指明了方向，也对现代农业发展提出了更高的要求。现代农业必须选择有利于促进生态文明建设的发展模式，而现代生态农业就是适合生态文明建设的现代农业发展模式。它不同于传统生态农业，它需要现代化的科学技术体系武装、规模化的组织运营模式承载和科学化的政策扶持体系引导。发展现代生态农业不仅是实现农业可持续发展的必由之路，也是在农业领域和广大农村地区加强生态文明建设的必然选择。

（一）现代生态农业以生态文明为思想基础

生态文明是对人类长期以来主导的人类社会物质文明的反思，是对人与自然关系的总结和升华，其内涵包括人与自然和谐的价值观、生态系统可持续的生产观和满足自身需要又不损害自然的消费观。以生态文明为思想基础，现代生态农业把生态、社会和经济的可持续性作为核心目标，将可持续思想贯穿于农业生产的全过程。农业生产自觉遵循自然生态系统和社会生态系统原理，运用高新科技，积极改善和优化人与自然的关系、人与社会的关系和人与人的关系。其中改善和优化人与自然的关系是基础，即把当代农业生产对大自然的"征服""挑战"变为与自然和谐相处、共生共荣、共同发展。

（二）现代生态农业是建设生态文明的物质保障

任何文明都是建立在物质上的，生态文明也不例外，它的基础是生态化的生产方式创造出来的生态产品，即传统产业的生态化改造后的生产方式所创造的高质量的物质来源。现代生态农业是资源节约型、环境友好型的农业发展模式，以可持续的方式维持着"人类—社会—自然"生态系统中物质和能量的循环与平衡，发挥了其他模式无法替代的作用，为生态文明建设提供优质高效的物质保障。

（三）现代生态农业与生态文明建设的目标协调统一

现代生态农业建设目标是保持农业高效、持续、稳定发展，能够实现生态、社会和经济三大效益的统一，在保护农业生态环境的前提下，重视农业增产和农村经济增长。生态文明建设的主要目标是使自然生态系统和社会生态系统最优化和良性运行，实现生态、经济和社会的协调发展。可见，现代生态农业和生态文明建设两者都以生态、社会和经济效益的协调统一为目标。

二、坚持"三化"互动，实现农业现代化

中国现代农业的一个重要特征就是农业产业化、农村城镇化和农业信息化的"三化"互动，共同发展。其中，农业产业化是解决"三农"问题和发展农业生产力的有效途径，是农业现代化的必经之路；农村城镇化是农业现代化的根本动力；而农业信息化则推动了我国农业由传统农业向现代农业的根本转变。

（一）农业产业化促进农业增收和农民增效

农业产业化是指随着科技进步和经济发展，农业产业不断分化和综合，农业与其相关联

产业日益紧密结合并实现协调发展的过程中，农户与相关利益各方为取得规模经济效益，自愿采用一定的组织进行联合从而实现一体化经营的过程。这有利于优化农业产业结构，提高农产品竞争力，并将农户引入市场，增加农民收入，提高农业效益，从而保证农业现代化的顺利进行。

（二）农村城镇化带动"三农"协调发展

农村城镇化是农村工业化和现代化的必然趋势，它参照现代城市先进的经济、社会标准，发展中小城镇，使农村富余劳动力由农转非，人口和经济活动不断从农村向城镇聚集，从而"以工补农"，调动了农民的积极性，并稳定了农业。同时，与农村相比，小城镇可以为农业提供更多的现代物质基础，为农民创造更多的就业机会，为农业的增长提供资本积累，推进农业现代化。

（三）农业信息化提升农业管理水平

农业信息化的本质是把信息作为生产力的重要要素，将现代信息技术与农业融合，是信息技术在农业领域的全面渗透、促进农业生产力发展的过程。如果把农业生产看作一个完整的生命周期，那么其可以分成农业产前决策信息化、农业生产过程信息化、农业产后市场流通信息化。以计算机和现代通信技术为主的信息技术在农业上的广泛应用，可促进农业形成自动化、信息化和高效益化。这将有助于农业资源信息的共享，提高农业资源的利用率，不断提升农业管理水平，最终增加农民收入。

三、推进"三产"融合，实现农业可持续发展

根据中国国情来看，科学化、集约化、市场化与国际化、社会化和生态化是中国现代农业发展的基本目标和原则。根据综合指数法测算结果显示，世界现代农业科学化、集约化、市场化与国际化、社会化发展水平最高的均是美国，而中国依次位居第 19 位、第 21 位、第 8 位和第 20 位。在亚洲，中国现代农业的发展水平也落后于日本、韩国、土耳其和泰国。

因此，为顺应现代农业发展趋势，中国"十三五"规划的主要任务是稳定和保护粮食综合生产能力，优化农业产业结构和布局，着力提升农业科技和物质装备水平，积极推进农村第一、二、三产业融合发展，加快构建新型农业社会化服务体系，大力发展现代生态农业，健全农产品质量监管体系，提升农业对外开放水平，加快农业走出去的步伐，着力完善农业支持保护政策体系，健全农村土地承包经营制度。

"三产"融合的本质是将农村第一、二、三产业相互融合，成为一体。使原本不赚钱的第一产业的农业变身为综合产业，使农产品增值，让农民和农业产业化企业增收。自 2015 年起，中央一号文件连续强调要"推进农村一二三产业融合发展"。要树立大农业、大食物观念，推动粮经饲统筹，农林牧渔结合，种养加一体，第一、二、三产业融合发展。当前，中国农村第一、二、三产业融合发展的路径或类型可以概括为以下三种。

（一）农业产业整合型

种植业、畜牧业等农业内部子产业在经营主体内或主体之间建立起产业上下游之间的有

机关联,提高资源综合利用率。最终目标是建立起"资源—产品—废弃物—再生资源"完整的农业产业链。针对这种类型,可以重点发展生态循环农业、精准农业等现代农业产业。

（二）农业产业链延伸型

农业产业链的生产和加工环节向前后不断延伸,通过对产业链各环节实施管理,针对农产品安全,实现全程可追溯过程。最终通过产业链延伸产生效益链,产生种植、养殖、加工、销售、品牌与服务效益"1+1>2"的放大效应。针对这种类型,可以重点发展物流农业、加工农业等现代农业产业。

（三）农业多功能拓展型

通过拓展农业和农村功能,实现其生产、生活、生态功能的有机结合与互补,丰富科教、文化、艺术、休闲、体验等内涵,形成农业多功能拓展型的第一、二、三产业融合。针对这种类型,可以重点发展休闲农业、创意农业、田园综合体等现代农业产业。

第四章 生态文明建设的研究与实践

第一节 生态文明建设的重大意义及战略对策

生态文明是在可持续发展的理论与实践的基础上发展起来的新的社会文明形态,它以人与自然协调发展作为行为准则,建立健康有序的生态机制,实现经济、社会、自然环境的可持续发展。生态文明要经历一个长期复杂的历史进程。中国改革开放走过的 30 多年不平凡的历程,是一个由单纯追求经济的大发展到追求经济社会可持续发展,由环境保护治理到生态文明建设的探索和实践的过程。这一过程中,中国共产党领导的中国特色社会主义文明建设的视野和范围是逐步扩大的。由邓小平提出的物质、精神"两个文明",到党的十七大提出的包括"政治文明"在内的"三个文明",再到党的十八大提出的包括物质文明、精神文明、政治文明、社会文明和生态文明在内的"五个文明"五位一体全面协调发展,这一文明建设视野和范围的扩大,既体现了对国外先进文明建设成果的借鉴、吸收和创新,也体现出对中国特色社会主义理论体系认识的拓展和深化。党的十七大报告吹响了"建设生态文明"的号角,党的十八大报告从提升人民群众幸福指数、保障和改善民生的内在要求出发,再次论及生态文明并指出,建设生态文明,关系人民福祉、关乎民族未来的长远大计。面对资源约束趋紧、环境污染严重、生态系统退化的严峻形势,必须树立尊重自然、顺应自然、保护自然的生态文明理念,把生态文明建设放在突出地位,融入经济建设、政治建设、文化建设、社会建设各方面和全过程,努力建设美丽中国,实现中华民族永续发展。这一重要理念和目标的确立,赋予了"生态文明"这一思想鲜明的时代内涵,也彰显了中国共产党在执政理念上的又一次重大创新。正是作为人类在处理人与自然、人与社会及人与自身关系实践中而凝结的一种最新的文明成果,生态文明是一个内涵丰富、意蕴深刻、价值深远的综合性概念。

生态文明建设是一个在经济、社会、文化、环境等领域内具有共同指导作用的重要治国理念。当生态文明成为一种国家执政的准则时,一切不符合生态文明要求的国家政策就会逐步得到纠正,而符合生态文明的政策将不断出台,最终实现科学发展观所要求的全面协调可持续发展。生态文明以人与自然的平等观,把发展与生态保护紧密联系起来,提出在保护生态环境的前提下发展、在发展的基础上改善生态环境,实现人与自然的协调发展,在文化价值观、生产方式、生活方式、社会结构上都展示出人与自然关系的崭新视角。目前,人类正在加快向生态文明转型的步伐,人类只有按照生态文明所要求的目标,树立科学发展观,调整产业结构、生产方式和消费模式,大力宣传和普及生态文明意识,建立健全保护环境、维护生态平衡的法律和制度,借鉴、吸收国内外的先进经验,才能使人类文明朝着生态文明的方向更好、更快地前进。

生态文明建设,既继承了中华民族的优良传统,又反映了人类文明的发展方向。中华民族文化具有崇尚自然的传统和"天人合一"的思想，中华的文化理念和历史传统里蕴含着深刻的生态智慧。中华文明之所以源远流长，重要原因是中国传统文化中固有的生态和谐观，为实现生态文明提供了坚实的思想源泉。生态伦理思想一直是中国传统文化的主要内涵之一。中国儒家主张"天人合一"，其本质是肯定人与自然界的统一，肯定天地万物的内在价值，主张以广爱之心对待自然，体现了以人为本的价值取向和人文精神。中国道家提出"道法自然"，强调人要以尊重自然规律为最高准则，以崇尚自然、效法天地作为人生行为的基本皈依。中国历朝历代都有生态保护的相关律令，如《逸周书》上说："禹之禁，春三月，山林不登斧斤。"这些无一不闪烁着生态智慧的光芒，充分体现了人类文明进步的发展方向。

一、生态文明建设的重大意义

生态文明是物质文明、精神文明、政治文明、社会文明建设的基础和保障，特别是在当前生态环境趋势明显恶化的新时期，没有良好的生态环境，一切建设都无从谈起。中国特色社会主义现代化建设，是由物质文明、精神文明、政治文明、社会文明和生态文明组成的系统有机整体。它们之间既是相对独立的，具有各自的领域内容、建设规律和地位作用，又是辩证统一、不可分割的。它们都是各自领域发展进步的状态和成果，有着既相对独立、相互区别，又相互依存、相互制约的关系。生态文明建设在中国特色社会主义现代化建设中不但具有极端重要的地位和作用，而且具有特别重大的意义。

（一）生态文明建设的紧迫性

新中国建立60多年来，经济社会发展成就巨大。尤其改革开放30多年来，经济持续高速增长，为人们提供了丰富的物质文化和生活产品。但是经济快速发展的同时，也积累了很多矛盾和问题，付出的生态环境代价也是极其昂贵的。改革开放以后，中国的GDP以每年8%～12%的速度增长，环境损失也占当年GDP的8%～13%。我国经济发展在很大程度上是靠物质资源投入实现的，主要依赖投资和增加物质投入的粗放型增长方式尚未根本转变，能源和其他资源的消耗增长过快，生态环境恶化问题日益突出。还有一些同志在传统发展观的影响下，片面地追求GDP的增长，只用GDP的增长去论政绩，或者仅把生态文明建设看作物质文明建设中的一项任务或措施，而不是从战略全局的高度上认识生态文明建设在我国社会主义现代化建设中的重要地位和作用。从改革开放的实践来看，生态文明在社会发展中的地位越来越重要，加快生态文明建设成为当前破解我国改革开放以来面临着的诸多难题的紧迫需要，是我国实现全面建设小康社会、建设中国特色社会主义的紧迫需要，也是提高中国和其他发展中国家综合竞争力的紧迫需要。

1. 生态文明建设是当前破解我国改革开放以来面临着的诸多难题的紧迫需要

新中国成立以来，我国的社会主义现代化事业取得了举世瞩目的重大成就，但在发展中也面临着诸多难题，如为发展所付出的资源、环境代价过大，发展不平衡、不协调的矛盾突出，城乡差别、地区差别、收益分配差别扩大。生态退化、环境污染加重，民生问题凸显及道德文化领域中的消极现象等。这些矛盾和问题固然存在着多方面的原因，但总体上，是由于我们受传统工业化理念和思路的影响，没有确立和执行科学发展观，尤其是没有重视和谐社会建设、生态文明建设而造成的。这就要求我们深入学习和贯彻科学发展观，坚持以和谐社会建设、生态文明建设超越传统工业文明，对发展中的矛盾、问题实施综合治理，突破瓶颈制约，在新的起点上实现全面协调可持续发展。

2. 生态文明建设是我国实现全面建成小康社会、建设中国特色社会主义的紧迫需要

在社会主义现代化进程中，党和政府提出建设生态文明史是由我国的基本国情决定的。党的十七大对建设中国特色社会主义做了科学全面的新阐释，从五个方面对全面建设小康社会的目标任务提出了新的更高要求。建设生态文明既是实现中国特色社会主义的重要组成部分，又是全面建设小康社会的目标任务之一，还是实现新的更高要求的保障。近年来，中国生态环境保护工作取得了积极进展，但是人们的生态文明道德素质不高，资源浪费、环境破坏情况仍然相当严重，长期积累的问题尚未解决，新的环境问题又不断产生，发达国家在工业化过程中出现的环境问题，在我国已经集中出现，不仅造成巨大的经济损失，还给人民生活和健康带来严重威胁，直接危及全面建设小康社会的进程，必须通过发展方式和消费方式的根本性调整，大力提高资源利用率，大幅度降低污染排放强度。只有提倡和实行以生态产业或产业生态化为主要特征的生态文明形态，才能逐步克服工业文明带来的一系列弊端。

3. 生态文明建设是提高中国和其他发展中国家综合竞争力的紧迫需要

随着人类可持续发展实践的展开，作为人类社会可持续发展必然要求的生态文明，已经在全球从宏观到微观的各个层面体现出来，而且正在不断拓展、深化和增强。在全球宏观上，世界各国的保护气层、海洋、生物多样性、稳定气候、防止毁灭性战争和环境污染等方面的协作已取得进展。在国家层面上，对自然生态系统如自然森林、重点保护区、湿地系统等，实行生态补偿政策、开征环境税、资源税等，在不少国家已取得成效。西方发达国家，借助其军事、经济、金融、科技等方面的优势，在可持续发展领域的研究与实践上已经先走了一步，生态文明建设也已具雏形，而发展中国家和欠发展的国家和地区还处在工业化的初期或中期，生态文明建设刚刚萌芽。在经济全球化、一体化的时代背景下，经济大国、强国的建设离不开良好的国际经济和生态环境。我国的生态文明建设需要一个和平与发展的国际环境。我国把生态文明建设提升到国家战略高度，在国际上尚属首创，这也向世界昭示：中国是一个敢于担当、有能力担当的大国。只有顺应国际新趋势，大力调整经济结构和能源结构，加快发展战略性新兴产业和现代服务业，彻底改变"天人"关系不协调、"人地"矛盾激化的状况，才能使经济变"绿"，才具备国际竞争力、可持续发展力，才能赢得主动。当前，全球能源危机、资源危机加剧、生态系统退化、环境污染、气候极端变化已成为国际社会关注的焦点，绿色经济、循环经济、低碳经济成为全球经济的发展趋势。在新一轮经济增长方式的角逐中，生态文明建设犹如一条"红线"贯穿于中国特色社会主义道路中，必将推动中国由经济大国向经济强国转变，不断改善和发展与发达国家的关系，确立大国强国的国际形象与地位。

（二）生态文明建设的必要性

1. 生态文明建设是人与自然和谐发展及构建社会主义和谐社会的必然要求

就人与自然的本体论关系而言，人与自然和谐相处是地球生态圈的必然要求。只有促进生态环境的可持续利用和发展，才能保证其他方面的发展有坚实的自然基础。重视生态价值，加强生态环境建设，通过协调人与自然关系，建立起人与生态环境的友好型社会，是构建社会主义和谐社会的一项十分重要的任务。生态文明是人类社会发展到一定阶段的产物，是对工业文明带来严重环境问题进行深刻反思基础上形成的一种先进文明，是人与自然和谐发展的社会形态。自20世纪60年代以来，人类的环境意识逐渐觉醒。1962年，美国学者蕾切尔·卡尔逊（Rachel Carson）出版了《寂静的春天》，这是一部开启了世界范围内环保运动的奠基之作，全面揭示了化学农药的危害，贯穿着严谨求实的科学理性，充满着敬畏生命的人文情感，唤醒了公众的环境意识，使环境保护议题摆到各国政府面前。1972年，罗马俱乐部发表了《增长的极限》，对人口爆炸、粮食危机、能源短缺、资源耗竭、环境污染、生态失衡等全球性问题进行了深刻反思和剖析。1987年，在《我们共同的未来》中首次正式提出可持续发展理念。1992年，联合国环境与发展大会发布了《21世纪议程》和《里约热内卢环境与发展宣言》，明确人类社会要走可持续发展道路。循环、低碳、绿色已经成为世界各国的时代潮流和发展方向。生态文明建设要以尊重自然规律为前提，以生态环境和自然资源承载力为载体，坚持以人为本，注重改善和保障民生，重点解决有害身心健康的迫切环境问题，满足人们日益增长的对优质环境产品、良好生态质量的需求。实现人与自然的和谐共处是构建社会主义和谐社会的重要内容之一，所以我们在开发使用自然资源时，要抛弃人类中心主义的狭隘观念，经济暂时的繁荣不能以牺牲资源环境为代价，人人都要以尊敬、爱惜和保护自然为自己的神圣职责，信守没有自然界的健康发展就没有人类的明天这一基本准则，只有有了生态的文明才会有人类的真正文明，只有这样我们才能有一个良好的生活环境。就我国的现状而言，"人—自然—经济—社会"健康发展的现代文明之路应是我们的正确选择，从而实现社会的和谐。人们一致认为，和谐社会应是人、社会、自然三者的统一，也是政治、物质、精神和生态的和谐发展。没有生态文明，就不能保障应有的生态安全。因此，可以说构建和谐社会不仅是对物质文明建设、政治文明建设和精神文明建设的更高要求，也是对生态文明的呼唤。构建和谐社会必须加强生态文明建设，只有"四个文明"一起抓，才能推进社会主义和谐社会建设的进程。现代文明发展结构理论应把生态环境作为社会结构理论的重要组成部分，在经济、政治、文化、社会"四领域"框架中加入生态环境，从而建立"五领域"总体框架，因为优良的地球生态环境是人类文明发展与繁荣的基础与前提。

2. 建设生态文明是建设社会主义文明的重要任务之一

把"生态文明"在党的十七大上写入党代会的政治报告中，表明党和国家进一步深化了对坚持文明发展道路的认识。人们的生态文明观念随着物质和精神文明的提高也会越来越牢固。当今时代，生态文明已经不是人类社会文明的点缀，而必须在现实中与其他文明平起平坐，真正成为人类社会发展的重要前提，成为人类社会文明的重要形态，发挥着独特的作用。

（1）生态文明是物质文明持续健康发展的必要前提和必然选择。物质文明的发展，必须与生态文明的进化规律相协调、相呼应。否则，就会破坏自然生产力，造成人类生存环境的危机，阻碍物质生产的顺利进行。在全面建设小康社会的进程中，我国要实现物质文明的极大发展，就必须从国情出发，树立保护生态环境就是保护生产力、改善生态环境就是发展生产力的发展观，以生态发展为基础、经济发展为条件、社会发展为目的，在协调经济与生态的相互关系中积聚内部力量，谋求全面进步。

（2）生态文明是精神文明建设的必备内容和有效载体。生态文明观继承和发展了古代的"天人合一"思想，进一步丰富了精神文明的内涵。生态文明是对建立在人与生态环境非协调状态的农业文明和工业文明的超越，意味着人类自我意识的再次升华，标志着新时代人类的道德进步和道德完善，也标志着人类处理环境生态问题的一种新视角、新思路，极大地扩充了精神文明的内涵，丰富了精神文明的内容，体现了精神文明的时代要求。我们要以生态文明促进精神文明，以精神文明带动生态文明。

（3）生态文明是政治文明日益完善的重要体现和艰巨任务，是社会主义政治文明发展强有力的杠杆。生态文明建设指向政治层面，意味着生态环境问题已成为重大的政治问题，要求党和政府加强生态执政、生态立法、生态行政和生态社会动员，努力使生态文明建设成为整体的符合和谐社会建设的新的政治形态。

3. 生态文明建设是建设美丽中国的根本途径

我国经济和社会发展面临的环境问题和资源制约越来越明显，2/3 以上的城市缺水，石油、天然气、铁矿石等重要资源的对外依存度逐年上升，耕地已经逼近 1.2 亿 hm^2 红线。同时，环境总体状况的恶化趋势尚未得到根本改变，生态系统的退化引起自然灾害频发，造成巨大的经济损失。在党的十八大报告中，明确把生态文明建设放在突出地位。面对环境污染严重、资源消耗严峻、生态日趋退化的形势，必须树立尊重自然、保护自然、珍惜自然的理念，将生态文明建设贯穿政治建设、社会建设、制度建设、文化建设、经济建设的不同层面和整个过程，共同建设美丽中国。

4. 生态文明建设是实现低碳经济转型的重要保证

为了减少温室气体排放，避免全球气候的不可预测和灾难性变化，人类正在通过生产生活方式和能源消费格局的绿色革命，建立全球性的低碳经济模式。生态文明与低碳经济具有相同的核心价值理念、相容的发展目标、一致的关注对象，超越了不同种族、不同文明之间的价值差异，不但体现了生态文明自然价值观的实质，而且包含着环境伦理观和道德观，以科学发展观为指导，通过设计创新、方法创新、制度创新、技术创新、产业创新，实现人与自然和谐共处的可持续发展模式。生态文明建设为低碳经济转型提供了指导思想和理论基础，是低碳产业技术革新的强大动力。

5. 生态文明建设有助于经济转型升级

2011 年，我国经济平稳较快发展，总量跃居世界第二；2013 年、2014 年，我国经济增长仍在 7%以上。但不争的事实是，我国人口基数庞大，人均 GDP 仅居世界第 90 位。在我国经济快速崛起成为经济大国的国际背景下，党的十八大顺势而为，积极推进产业结构调整，经济转型升级，探索新的经济增长方式，以加快发展中国经济。生态文明仍以经济建设为中心，但不能传承或沿袭传统的工业经济发展模式，而是强调经济生态化，将环境资源列入企业发展成本，将环境污染治理前移到源头污染控制甚至环境规划设计，坚决制止以牺牲环境为代价换取经济增长的发展模式。1983 年，环境保护就被确立为我国的一项基本国策，经济生态化发展成为国家战略，生态文明建设就是这项基本国策的具体实践和科学发展。

6. 生态文明建设是全面建成小康社会的现实需要

我们必须强化全民的资源环境危机意识，发展循环经济以提高资源使用效率，发展清洁生产以降低生产过程中的污染成本，发展绿色消费以减少消费过程对生态的破坏，发展新能源以实现生产方式的彻底超越。唯有如此，我国人民才能在物质财富增长的同时，仍生活在安全优美的环境之中，培育出一个全新的人与自然、人与人双重和谐的生态文明。另有论者认为，物质文明是先进生产力的显性表达，政治文明是一个社会制度完善与良治的基本标志，精神文明是人自身发展与社会道德提升的归宿，而生态文明是环境与经济社会发展动态平衡的标志。生态文明是对农业文明、工业文明的承接与发展，是人类社会可持续发展的新要求，是全面建设小康社会的应有之义和关键一环，直接关系到小康社会建设的成败。

7. 生态文明建设有助于健民富民

全心全意为人民服务是中国共产党的宗旨，人民群众对美好生活的向往就是中国共产党人的奋斗目标，全面建设小康社会，实现中华民族伟大复兴的中国梦是当代中国共产党人的神圣使命。随着经济的发展，人民生活水平的提高，对饮食安全、居住环境、休闲养生等方面提出了更高的要求，对享有优美宜居的生活空间，天蓝、山清、水秀的生态空间予以更多期盼。生态文明建设要求尊重自然、保护自然、顺应自然，强调低碳、节能、绿色、环保，为民众身心健康提供有力保障。生态文明建设着眼于"建"，落脚在"富"，是我国全面小康建设的重要抓手和有效载体，关系到人民幸福，关乎国家明天的发展，为人民群众所期盼。

二、生态文明建设的战略对策

我国社会主要矛盾已经转化为人民日益增长的美好生活需要和不平衡不充分的发展之间的矛盾，解决这个矛盾要靠科学发展。科学发展是好中求快、又好又快的发展，是速度与结构、质量、效益相统一的发展，是长期、稳定、可持续的发展。未来十几年中，我国工业化、城市化程度还将提高，如果一般性地在政策上做些小的调整，或在原有的政策框架内加大力度，很难彻底解决日益严重的资源环境问题。我们必须从建设生态文明、促进可持续发展的战略高度，通过产业结构、增长方式、消费模式的根本性调整，大力提高资源环境利用效率，大幅度降低污染排放强度，努力实现废物减量化、资源化、无害化，力争以较低的资源和环境代价，支撑和实现我国国民经济又好又快发展。归结起来，我国生态文明建设的战略对策如下。

（一）树立生态文明理念

树立生态文明理念是走向生态文明的第一步。生态文明理念大致包括：①人类只有一个地球，地球是人类唯一的家园；②人类是自然生命系统的一部分，不能独立于复杂的生态网络之外；③人与自然的关系制约着人与人的关系，调整好人与自然的关系，便是协调人类的社会关系，便是追求人类社会的和平进步；④人类以文化的方式生存，所有先进文化都是生存于自然中的文化，生存于自然中的文化不能反自然，文化与自然的辩证统一，就是人类生存的本质；⑤地球的资源是有限的，科学技术不应让人们误认为人类改造自然的能力是无限的，把"人定胜天"推向极致将使人类陷入困境；⑥环境的权利与义务必须统一，对自然资源的开发必须与对环境的修复相平衡，发达国家和高消费人口是全球资源消耗的主体，他们有义务承担起更大的环境责任；⑦自由是对责任法则的遵从，受自然法则的约束，自由不是贪婪与放纵，人类有享受物质生活、追求自由与幸福的权利，但这个权利只能限制在环境承载力许可的范围之内。

生态文明的核心理念是"人与自然和谐共生"，生态文明的核心理念基于一个科学常识之上，即人类生存于自然生态系统之内，人类社会经济系统是自然生态的子系统。生态系统的破坏将会导致人类的毁灭，因此应牢固树立人与自然相和谐、节约能源资源、保护生态环境的科学发展观念作为生态文明建设的基础。人与自然关系相和谐，才能保证自然环境更大限度、持续地变为现实的生产力，人类才可能更好地借助自然界，满足自身的发展需要，经济才能稳定持续发展。

（二）建设资源节约型、环境友好型社会

资源节约型社会是指在生产、流通、消费等领域，通过采取法律、经济和行政等综合性措施，提高资源利用效率，以最少的资源消耗获得最大的经济和社会收益，保障经济社会可持续发展。环境友好型社会就是人与自然和谐相处，以此来促进人与人之间、人与社会之间的和谐发展的动态平衡。环境友好型社会就是要求全社会都采取有利于环境保护的生产方式、生活方式、消费方式，建立人与环境良性互动的关系。建设资源节约型、环境友好型社会，是贯彻落实科学发展观的战略部署，是统筹人与自然和谐发展和促进可持续发展的重大举措，是加快转变经济发展方式，缓解资源约束和环境压力，提高经济增长质量和效益，实现节约发展、清洁发展、安全发展的重要任务。建设生态文明，实质上就是要建设以资源环境承载力为基础、以自然规律为准则、以可持续发展为目标的资源节约型、环境友好型社会。

（三）加快转变经济发展方式

从"转变经济增长方式"到"转变经济发展方式"再到"加快转变经济发展方式"，这是我们党对我国现代化发展阶段的敏锐洞察，是继续推进中国现代化航船的战略抉择。加快转变经济发展方式，关系改革开放和社会主义现代化建设全局。生态文明建设的主要内容是协调经济与环境的关系，努力形成符合生态文明建设要求的生产方式和消费模式，改变高消耗、高污染、低效率的发展方式，主动选择低消耗、少污染、高效率的生产生活方式，努力把经济开发活动控制在环境可承载的范围内，促进人与自然的和谐发展。转变经济发展方式，推动产业结构优化升级，是关系国民经济全局的重大战略任务。如果不从根本上转变经济增长方式，我国能源资源将难以为继，生态环境将不堪重负。我们不仅无法向人民交代，也无法向历史、向子孙交代。这就要求我们按照科学发展观的要求，加快从重经济增长轻环境保护向保护环境与经济增长并重转变，从环境保护滞后经济发展向保护环境与经济发展同步转变，走新型工业化道路，以此引导政策层面的调整。

加快转变经济发展方式的关键，就是要大力发展循环经济。循环经济是在生产、流通和消费等过程中进行的减量化、再利用、资源化活动的总称。发展循环经济，要坚持开发节约并重、节约优先，按照减量化、再利用、资源化的原则，大力推进节能、节水、节地、节材，加强资源综合利用，完善再生资源回收利用体系，全面推行清洁生产，形成低投入、低消耗、低排放和高效率的节约型增长方式，在资源开采、生产消耗、废物产生、消费等环节，逐步建立全社会的资源循环利用体系。第一，在工厂大力推行清洁生产，特别要注意提高中小企业的生产工艺和管理水平，把单位产品的能耗、物耗或污染物排放量降低下来；第二，尽可能把各类高新技术开发和工业园区生态化，并改造为能源、资源高效率利用，不同产业间用生态链连接起来的生态工业园区；第三，大力改造建筑行业的设计、施工和运营，在城市化进程中使建筑行业的能耗、物耗和污染物排放量尽快降低下来；第四，尽快实现城市垃圾的分类收集和各类不同废物的回收利用，研究开发废弃物资源化的新技术，使各项废弃物变成再生资源；第五，在建设社会主义新农村的过程中，应注重农村废弃物的利用，发展生物质能；第六，提倡节约光荣、浪费可耻的社会新风尚。

（四）切实保护和改善生态环境

生态环境是人类生存和发展的基本条件和基础，必须切实保护生态环境，维护国家生态安全。近年来，在各级政府和有关方面的共同努力下，在广大人民群众的大力支持下，中国生态环境保护工作取得了积极进展。"十五"期间，在经济快速发展的同时，全国生态环境状况基本稳定，部分城市和地区有所改善。同时，必须清醒地看到，我国生态环境形势依然十分严峻，水土流失和土地沙化仍威胁着国家生态安全。全国已有 1/3 的国土面积受到水土流失的侵蚀，90%的自然草原发生不同程度的退化，有限的耕地资源受到环境污染和地力下降的双重威胁，宝贵的生物资源正在锐减。嫩江、松花江等接连发生的重大环境污染事故，直接威胁到人们的生产生活。频繁袭击北方的沙尘暴，再次敲响了生态安全的警钟。因此，保护和改善生态环境，推动生态文明建设，不仅是中国人民的福祉所在，也是中国对全球可持续发展的重要贡献。建设生态文明，要坚持保护优先、开发有序，以控制不合理的资源开发活动为重点，强化对水源、土地、森林、草原、海洋等自然资源的生态保护。要爱护和保护生态环境，尊重自然规律。

1. 必须努力扭转自然生态恶化的趋势

要按照优化开发、重点开发、限制开发和禁止开发的要求，区别不同区域的生态功能定位，把经济活动控制在自然生态的承载力之内。加强生态功能保护区和自然保护区建设，发挥自然修复作用，保护生物多样性和生态系统的整体功能。要继续实施自然林保护、天然草原植被恢复、退耕还林、退牧还草和防沙治沙等生态治理工程。要因地制宜地发展适应抗灾要求的避灾经济。积极推进生态省、生态市、生态县和环境优美乡镇等生态示范区、生态文明区的创建，树立一批科学发展的典型。

2. 必须加大环境污染防治力度

要将水、空气、土地污染防治作为环保工作的重中之重，把确保群众饮水安全作为首要任务，不断加大整治力度。坚决淘汰落后工艺、设备和生产能力，关闭浪费资源、污染严重的企业。严格执行建设项目环评制度，依法开展规划环评，积极探索重大决策环评，做到增产不增污、增产要减污。要按照建设社会主义新农村的要求，强化农村环境保护工作，实施农村小康环保行动计划，确保农产品安全。加快实施危险废物处置、污水处理、垃圾无害化处理、燃煤电厂脱硫、核与辐射环境安全等国家环保重点工程，着力解决当前突出的环境问题。

3. 必须有效防治突发性环境污染事件

当前我国处于环境事故的高发期，近年来发生的重大突发性环境污染事件警示我们：事故出于麻痹，责任重于泰山。必须建立健全防控体系、完善事故应急预案、健全决策响应系统。要将重点流域、重点地区、重点行业、重点部位作为防护的主要对象，常抓不懈，把环境安全隐患消除在萌芽中。一旦发生环境事故，各级政府和有关部门要采取断然措施，科学处治，通力合作，沉着应对，把危害和损失控制在最小限度。

4. 需要动员全社会的力量参与

保护生态环境是全民族的共同事业，要加强生态安全的警示事业，提高全社会的生态安全意识。健全环境法律法规体系，加强监督检查，强化环境执法。各级政府要及时发布环境信息，让社会公众了解环境状况。要群策群力、群防群治，充分调动广大人民群众爱护环境的积极性和主动性，将保护环境的热情转化为自觉行动。要倡导健康文明的生产、生活方式，努力创造建设环境友好型社会的良好氛围。

（五）推动体制机制创新

生态文明对产业结构、增长方式、消费方式、经济发展模式、文化观念、公众参与方式、科技发展等方面提出了全新的要求，必须创新体制机制才能符合建设生态文明的要求，保障建设生态文明战略部署的实现。

1. 完善经济政策和推行市场化机制，促进资源的高效利用和降低环境保护成本

坚持以改革的办法解决环境问题，在履行好政府环保职责的同时，注重运用市场机制促进污染治理和生态建设。从环境与发展的国际国内情况来看，市场经济手段在降低环境保护成本、提高行政效率、减少政府补贴和扩大财政收入等方面，具有环境保护行政命令手段无法取代的显著优势。当前，应结合经济体制改革和行政体制改革，进一步完善政府调控机制，扩大市场引导的作用领域和范围。要充分利用价格、财税、金融等多种手段，合理组合，推进资源利用、环境保护和应对气候变化。加快建立和实施资源有偿使用制度、生态补偿制度、环境税收体系，进一步改革和完善环保事业的特许经营制度和特许保护制度，完善政府和社会资本合作模式，不断提高市场机制的效力。

2. 完善生态环境监管体制，提高统一监管执法能力

根据国家生态文明建设总体布局，全面深化生态环境行政体制和监管执法改革，增强生态环境监管执法的独立性、权威性和有效性。建立"职责独立、机构独立、程序独立"的国家生态环境监管机构，完善区域生态环境监管体制和能力建设。加强执法队伍建设，充实基层环境监管执法队伍力量，强化执法能力和财政经费保障。

3. 完善宏观调控机制，充分发挥市场机制对经济的基础调节作用

这是我国社会主义市场经济发展的基本方向。环境保护是公共管理的重要领域，政府调控需要发挥基础性作用。同时，扩展市场手段在环境保护领域的应用已经成为完善环境保护制度的重要方向。

4. 改革考核评价机制，健全政绩考核和完善责任追究制度

将资源消耗、环境损害、生态效益等体现生态文明建设状况的指标纳入经济社会评价体系，加大资源环境绩效和质量指标的考核权重，并强化考核结果运用与责任追究。编制自然资源资产负债表，对领导干部实行自然资源资产和环境责任离任审计。建立责任追究制度，明确责任主体、责任目标和责任范围。建立分档分级的责任追究机制，对履职不力、监管不严、失职渎职造成严重后果的，严格追究监管责任；对违背生态文明建设要求、造成生态环境严重破坏的，要记录在案，不得转任重要职务或提拔使用，实行严格的终身追责，已经调离的也要问责;对滥用职权、徇私舞弊、贪污贿赂等涉嫌犯罪的,要移送司法机关,依法追究法律责任。

5. 鼓励各利益相关方参与,建立生态文明治理体系

建立信息公开和公共参与制度,明确有序参与的程序,鼓励和规范公众参与行为。同时,不断完善第三方评估制度,提高资源环境决策的参与度和生态文明建设行动的科学性。

(六)积极开展国际环保合作

从更宽广的视野来看,人类生活的这个唯一的地球就是一个互相联系、互相影响的生态系统。生态文明建设内在要求世界各国必须在全球层面上共同合作,共同分享发展机遇,共同应对各种挑战。中国作为一个负责任的发展中大国,在对外方面坚持独立自主的和平外交政策,坚持和谐世界理念,在环保上坚持相互帮助、协力推进,共同呵护人类赖以生存的地球家园的基本原则。环境问题无国界,需要各国共同努力。积极开展国际环境保护交流与合作,要积极引进国外先进技术和经验,提高中国生态治理与环境保护的装备水平和管理水平。要采取有效措施,防范危险废物非法进入、有害外来物种入侵和生物遗传资源流失。中国将以更加积极主动的姿态参与国际环境与发展事务,认真履行国际环境公约,广泛开展双边和多边环境合作,共同研究解决危及生态安全的世界难题,为保护世界生态环境、维护全球生态安全做出积极贡献。积极开展国际环保合作成为在国际层面建设生态文明的客观要求。

第二节 生态文明的基本特征

改革开放以来,随着实践的不断发展,中国共产党对中国特色社会主义规律的认识不断深化。从物质文明、精神文明"两个文明"一起抓,到经济建设、政治建设、文化建设的三位一体,再到经济建设、政治建设、文化建设、社会建设的四位一体,中国特色社会主义事业的内涵逐步丰富。党的十八大报告反映时代进步要求、顺应全国人民共同愿望,进一步提出生态文明建设,并将其作为中国特色社会主义事业五位一体总体布局的"一位",强调把生态文明建设融入经济建设、政治建设、文化建设、社会建设各方面和全过程,进一步完善了中国特色社会主义事业总体布局,反映了我们党对中国特色社会主义规律的认识进一步深化。

随着生态文明的提出和发展,社会各界对生态文明的研究空前高涨,对生态文明特征的认识更加深入。当生态文明逐渐发展壮大并最终成为人类文明的主导因素时,人类文明也就实现了从工业文明向生态文明的过渡。生态文明是人类对传统工业文明所带来的一系列危机进行深刻反思的产物,田启波与赵蕾等认为,生态文明的主要特征,体现在三大"转变"上:一是生产技术的大转变,即有害环境技术向无害环境技术的转变;二是经济观念与行为的大转变,即从单纯追求经济目标向追求经济-生态双重目标的转变;三是自然观的大转变,即由"天人相分"到"人天和谐"的转变。由这三大转变,产生了一种新型的生态伦理观、价值观和生态文明观。生态文明观强调,人与自然必须保持平衡、协调和统一,社会、生态、经济必须协同发展。廖才茂从支撑生态文明形态的价值体系、技术体系、产业体系、政府行为与法律制度、生产方式与生活方式等方面来揭示生态文明的基本特征。刘俊伟指出,生态文明具有独立性、整体性、相对性、反思性和过程性等特征。从实践和可操作的角度，周生贤认为，生态文明建设应该具有四个显著的特征：一是从生产领域来看，要立足于以第二产业为主体、农业人口占多数的现实，坚持以信息化带动工业化，以生态化改造工业化，建设高效的生态工业体系和集约型的生态农业体系；二是从消费领域来看，要坚决反对奢侈消费，提倡适度消费和绿色消费；三是从城市化发展来看，要以节水、节能、节地、节约资源和生态系统良性循环为前提，建立紧凑型的城市和城镇体系；四是从空间布局来看，要根据东、中、西三大地带、大江大河西水东流、多丘陵山地和西部地区生态脆弱的环境特征，建立维护全国环境安全的产业空间布局体系。

关于生态文明的特征，可以从不同的角度概括。从相对理论性的角度，张敏把生态文明的特征概括为三个：①平等性是生态文明最根本的特征；②多元化共存是生态文明最基本的特征；③循环再生是生态文明最显著的特征。郭镭、张华认为，生态文明具有四个基本特征：①全面性，是指生态文明存在和发展的对象是整个地球生态系统；②和谐性，是指生态文明注重人-环境-社会的相互关系，协调人与自然、人与社会、发展与环境的关系是生态文明的核心内容；③高效性，是指在各行业、部门间建立起协调、共生的网络化系统，使物质、能量、信息在整个系统中得到循环利用；④持续性，是指生态文明以生态系统为中心，以自然、社会、经济复合系统为对象，以各个系统相互协调共生为基础，以生态系统承载能力为依据，以人类可持续发展为总目标。张光义认为，生态文明具有六个特征：自然性与自律性、和谐性与公平性、基础性与可持续性、整体性与多样性、开放性与循环性、伦理性与文化性。从生态文明与传统文明和现代工业文明相对比的角度，2004年李景源等学者从思想、经济模式和社会制度角度提出，生态文明包含三个特征：较高的环保意识，可持续的经济发展模式，更加合理的社会制度。而严耕、杨志华认为，生态文明具有三个基本特征：生态文明是对传统农业文明和现代工业文明的"扬弃"；生态文明强调人与自然的和谐相处；生态文明强调生态系统的生态价值、经济价值和精神价值的统一和共同实现。周生贤认为生态文明具有以下四个鲜明的特征：一是在价值观念上，生态文明强调给自然以平等态度和人文关怀；二是在实践途径上，生态文明体现为自觉自律的生产生活方式；三是在社会关系上，生态文明推动社会走向和谐；四是在时间跨度上，生态文明是长期艰巨的建设过程。

李冬梅对生态文明及其建设的特征进行再次解读，认为生态文明的特征体现在价值取向上，强调尊重自然、顺应自然和保护自然的有效结合；体现在指导方针上，强调坚持节约优先、保护优先和自然恢复为主的原则；体现在实现路径上，强调着力推进绿色发展、循环发展和低碳发展的理念和道路；体现在时间跨度和目标追求上，强调建设生态文明的美丽中国是一个长期的过程。刘薇认为生态文明作为一种全新的文明形态的构想，具有以下四个方面的主要特征以区别于工业文明：一是在经济生产方式上，生态文明追求经济社会和环境的协调可持续发展而不是单纯的经济增长；二是在生活方式上，生态文明提倡绿色消费而不是无节制的过度消费，倡导可持续消费；三是在社会价值上，生态文明的最终目标是人与自然关系的平衡而不是人类中心主义；四是在社会结构上，生态文明致力于实现包括环境正义在内的社会正义，并保障多样性。

总之，生态文明走出了极端人类中心主义的价值观，从文明重建的高度重新确立人与自然的关系，把人与自然的协调发展视为人类文明的一种新的存在方式。刘晓红对生态文明的特征进行了新的阐述：①从时代的角度来审视，主要体现为整体性；②从认识和实践的角度来看，主要表现为和谐性、公平性、循环性；③从基本内容来看，它的主要特征可概括为多样、平衡、协调、有序、渐进和可持续；④从发展要素来看，主要体现为技术性、知识性；⑤从目标指向来看，要努力建设美丽中国。王帆宇表示，生态文明是将生态规律与人类社会发展规律相融合的文明形态，是以生态公平正义为目标指向的文明形态，是强调以生态为本位的文明形态。

上述专家学者从各个角度对生态文明的特征进行了概括和总结，对生态文明的多维度、多元化的内在特征皆有触及，在理论和实践上都有很好的启发意义。作为人类文明的一种高级形态，生态文明以把握自然规律、尊重和维护自然为前提，以人与自然、人与人、人与社会和谐共生为宗旨，以资源环境承载力为基础，以建立可持续的产业结构、生产方式、消费模式及增强可持续发展能力为着眼点。这里立足推进中国生态文明建设的实践，借鉴上述学者对该领域的相关研究成果，把生态文明的基本特征概括为整体性、全面性、综合性、高效性、多样性、地域性、和谐性、创新性、循环性和持续性。

一、整体性

生态文明建设具有突出的整体性，不仅表现在生态因子、环境要素与生物组分之间相互交联，构成一个复杂的有机整体，还表现在生态文明建设过程中各个相关环节相互制约、联系紧密。因此，生态文明建设要求从整体出发，单独从某一技术环节入手、通过简单的因果映射无法获得有效的系统结果。

传统的工业文明所关注的重点是工业经济快速发展，从创造物质财富的角度去看，这是正确的、必要的。但其致命的弱点是不顾地球生态圈大循环的整体、全局，忽视环境容量和自然生态的承载力，以致陷入环境恶化和发展不可持续的困境。而现代生态文明，则既保持了工业文明的优点、长处，又克服了它的弱点和不足。

一方面，生态问题不是局限于特定的地区、特定的国家之内，生态危机是全球性的。因此生态文明也不可能只在一个地区、一个国家范围内建设、实现，必须从整体上、从全球的角度来考虑问题。另一方面，生态文明强调生态、环境是人类发展的基础，坚持以大自然生物圈整体运行的宏观视野来全面审视人类社会的发展问题。坚持以相互关联的利益体的整体主义思维来处理人与自然、人与其他物种的关系，强调在生物圈中各种事物是相互依存的，人的自我利益与生态利益是统一的，维护整个生物圈和生态系统的稳定，是人类压倒一切的生死攸关的最高利益所在。也就是要求把人类的一切活动，都必须放在自然界的大格局中考虑，按自然生态规律办事；强调经济社会发展，既要考虑人类生存发展的需要，也要顾及生态环境的承载力。

二、全面性

全面性是指生态文明存在和发展的对象是整个地球生态系统。从本质上讲，只有全面发展这个母系统，人类这个子系统才能得到真正的发展。人类并不是自然的主宰，而是自然的一部分。经济、科技、文化的发展不能狭隘地只从满足自身的需求出发，而要着眼于整个生态系统的正常运行、进化需要。人类在自身发展的同时，应积极运用自己的知识、技术，主动地维护好生态系统的发展进化。另外，全面性还表现在全社会在生态文明建设中环保观念的普遍性，建设生态文明需要全社会的共同努力，每个家庭、每个成员都要从思想上真正并牢固树立生态文明的观念，构建环境文化，大力弘扬人与自然和谐相处的价值观，提倡"从我做起"，倡导绿色生产、绿色消费、适度消费。牢固树立生态文明观念，形成全社会普遍热爱环境、保护环境的良好氛围，努力提升全民环境伦理道德水准，自觉节能减排、珍惜能源和资源，从而提升社会的生态文明程度。只有这样，生态文明才能从宏伟蓝图变为生动的现实。

三、综合性

生态文明建设的综合性反映在参与部门众多、涉及领域多样、影响因素复杂。随着人类对生态环境价值认识的提高和实践应用经验的积累，生态文明建设的综合性越来越明显。生态文明的综合性体现在以下四个方面。

1. 生态文明内容的综合性

就生态文明包含的内容来讲，它不仅包括了人与自然的和谐关系，实际上也涵盖了人自身的和谐、人与人关系的和谐、人与社会的和谐等多方面的内容和"关系"。实践已经证明，生态文明建设不是单纯的生态环境保护，而是社会、经济、资源、环境、生态、文化、人口等多个领域的协同发展。这些领域共同构建了生态文明这个复杂的巨系统，作为子系统，它们之间不是平行的、并列的，而是相互包含、互为条件的复杂有机亲和关系。各子系统通过各种相互作用彼此影响而联合起来，在各子系统间的良性互动下，相互依赖、相互协调、相互促进，形成动态关联关系。党的十八大报告中提出了"五位一体"的思想，既将生态文明建设与经济建设、政治建设、文化建设、社会建设并列，又要求将生态文明深深融入经济建设、政治建设、文化建设和社会建设中。这正是科学发展观与复合生态系统理论的有机结合，很好地体现了生态文明多系统综合性的特点，因此其内容具有综合性。

2. 生态文明调控的综合性

传统工业文明时代形成的经济学、社会学、人文和自然科学，的确硕果累累，为经济增长和社会进步做出了巨大贡献。但其最大的弱点在于独立分割，切断了相互间固有的内在有机联系，呈现出各展其长、各行其是的格局。其结果，一是导致整个自然生态与人类社会经济运行的大循环难以统筹谋划、正常有序实现，带来种种顾此失彼的失衡现象，造成资源的巨大浪费，影响其潜在生产力的挖掘；二是孤立的不同学科研究有局限性，容易陷入不同形式的片面性、表面性、主观性、盲目性，最终导致人口、资源、环境与经济、社会、民生之间的发展不协调、不平衡，甚至形成恶性循环，使其不可持续。生态文明科学的显著特点是集生态学、经济学、社会学和其他自然、人文学科之大成，成为一门新兴综合学科。这些新兴学科的交叉、联结和组合，不是多学科的简单相加，而是将生态系统、经济系统、社会发展系统等诸多方面内在地结合起来，进行大跨度、复合型的综合性研究，用来分析、解决传统工业文明向现代生态文明转变中的一系列重大实践和理论问题。这种立足于大自然与人类发展全局的综合性研究，能够准确观察、判断整个人口、资源、环境、经济、社会、民生等的总体结构及其运行状况，找出诸多运行链条中长与短、强与弱，从而提出恰当的优化对策，达到"全面、协调、可持续发展"的预想目标。

3. 生态文明建设的综合性

要达到生态文明的要求、实现生态文明的目标，各方面必须共同努力，采取综合配套的措施，方能如愿以偿。

4. 生态文明评价的综合性

由于生态文明内容的广泛性和综合性，因此对生态文明的衡量标准和评价体系也应是多指标的、综合的和全面的。

四、高效性

高效性是指在各行业、各部门间建立起协调、共生的网络化系统，使物质、能源、信息在这个整体系统中得到循环利用。提高资源的利用效率，扩大资源的利用途径和方式，使物质、能量得到多层次、分级利用，废弃物通过再生、转移、循环、转化等再利用。生态文明的高效性还表现在其具有极强的动态时效性，无论是自然环境问题、生态质量问题、社会发展问题还是经济问题，其影响因素都是处于不断变化之中，随时间和空间发生无法预测的变化。基于某种现状或模型预测值进行的生态文明规划和建设，将随着社会发展方向、经济发展速度、生态环境状况而变化，势必要求具有实时响应、反馈、修复和更新的能力使资源得到充分高效利用，更加高效地进行生态文明建设。

五、多样性

对于不同国家、不同地区、不同单位，生态文明的具体目标和内容因各自不同的条件和特点而有所不同、有所侧重，因此实现生态文明的途径、模式、技术和措施等均不同，从这个意义来说，生态文明具有多样性的特点。

生态文明突出强调人、自然、社会的多样性存在，认为生物、生态多样性是人类社会赖以生存和发展的基础，也是衡量一个地区环境质量和生态文明程度的重要标志。在传统文明的意识中，认为在生物圈中人类的利益高于其他物种，为了人类牺牲其他物种理所当然。结果导致物种大灭绝，生物多样性急剧下降，最终危及生物圈和生态系统的稳定。保护生物多样性是人类对自然认识的升华，也是人类文明发展的必然要求。当前一些物种消失或濒临灭绝的危机日趋严重，生物多样性已成为环境保护的全球热点问题之一。按照建设生态文明的要求，必须突出以生物物种多样性、生物遗传基因多样性和生态系统类型多样性为重点，建立以自然保护区、风景名胜区、世界遗产地、湿地、国家公园等为主要形式的生物多样性保护网络，积极进行生物多样性保护的科学研究、知识普及和国际合作，使生物多样性可持续利用能力明显提高。

六、地域性

生态文明应该是结合特殊区情差异化的发展模式，具有明显的地域性特征。一方面，我国幅员辽阔，各地区自然、经济、社会条件千差万别，在功能定位和发展模式上存在很大差异，这是无法避开的事实。这种发展条件的地域性既是我国加快推进生态文明建设的重要瓶颈，也使得直接照搬国外经验或简单套用某地区发展模式变得不可行。生态文明建设凸显地域性特征，必须依托地方优势，实行因地制宜。地方优势体现在经济发展的水平和速度不同、环境保护的力度不同、污染控制体系中指标体系的组成和权重不同、重要污染物的种类和分布不同、污染减排系统的构造和技术不同、各种自然因素的时空变化规律不同、污染物扩散特征不同、污染物动态模型中的修正系数不同等。另一方面，生态文明建设也赋予了区域发展新的内涵。生态文明建设要求区域发展应该是经济社会系统与自然环境系统的协调发展，生态环境条件的差异必然造成区域发展的差异。这不仅使得区域经济发展的目标更科学，也使得区域发展更符合自身要求，更具区域特色。因此，要加快推进生态文明建设，必须鼓励各区域在充分借鉴国内外经验的同时，密切结合自身基础，摸索适合本区的生态文明建设路径。

七、和谐性

生态文明建设本质上就要实现人与人、人与社会、人与自然之间关系的和谐，促进人与自然和谐发展，以解决危害人民群众健康和影响可持续发展的环境问题为重点，把建设资源节约型、环境友好型社会放在工业化、现代化发展战略的突出位置，落实到每个单位、每个家庭，最大限度地增加和谐因素，最大限度地减少不和谐因素，不断促进社会和谐。人与自然关系背后其实是人与人的关系。人与自然关系的和谐是以人与人关系和谐为前提和保障，而人与人关系的和谐又有赖于人与自然关系的和谐。一般来说，人与社会和谐有助于实现人与自然的和谐，反之，人与自然关系紧张也会对社会带来消极影响。随着环境污染侵害事件和投诉事件的逐年上升，人与自然之间的关系问题已成为影响社会和谐的一个重要制约因素。

所谓生态文明就是讲求一种和谐性。生态文明是实现人类与自然融合在一起的必要条件。如果没有和谐性，人类与自然就永远不会处于一种融洽而又相互尊重的状态。生态文明的和谐性，不仅是生态文明本身的和谐性，也强调生态文明与物质文明、精神文明的和谐性。物质文明创造的是经济利益，满足人们的物质要求；精神文明是一种非物质层次的更高的文明，是一种在物质文明后要求建立与物质文明相一致的文明，主要是满足人类生活文化的需要。物质文明和精神文明只是从人的层次来讲的，从满足人的需要来讲的。但是我们在满足人的需要的同时，必须考虑到自然，特别是考虑到人与自然，如果只顾人的发展，而不顾自然的发展，这种发展是徒劳的，也必将遭到自然的"报复"。生态文明就是在要求人类创造人类自身的物质文明和提高人类的精神文明的同时，使人与自然达到一种和谐，既使人类得到发展，又使自然得到保护。从这一方面来讲，生态文明的和谐性，是从生态文明在保持人类与自然的和谐关系上来讲的。

人类社会正面临着"两个转变"即"人类与自然的和平相处和人与自己和平相处"，是指客观过程的实践中，人类除了实现与人本身的和谐相处，还要保持和自然的和谐关系，只有做到这两点，才能构成一个真正的和谐世界。传统的发展过程中，人们过分强调人与人之间的和谐，忽视人与自然的和谐，对自然过度地索取和利用而保障不足，这就破坏人与自然之间的和谐关系，给自然带来了巨大的伤害和破坏。生态文明强调人要保持与自己的和谐关系，同时也建立与自然的和谐关系，在利用自然的同时，做好自然良好的保护工作，以实现人与自然的和谐发展。

建设生态文明，有利于将生态理念渗入经济社会发展和管理的各个方面，实现代际、群体之间的环境公平与正义，推动人与自然、人与社会的和谐。社会和谐是中国特色社会主义的本质属性。社会和谐人人有责，和谐社会人人共享。首先，要消除人与自然两者之间的不平等。人类的发展应建立在与自然平等发展基础之上，而不是以损害自然为代价。其次，要消除国家之间的不平等。世界各国应是融洽相处，相互依存，而不是把本国的快速发展建立在对其他国家的剥削和压迫之上。最后，生态文明强调实现代与代之间的公平和平等，即当代人的发展以不损耗后代人的发展为前提。

这样，生态文明不仅要求节约资源、减少污染、控制人口增长，还要求人与人之间化争斗为和解、化干戈为玉帛，最终造就一个真情至上、和睦友爱、物质生活节约而精神世界充盈、洋溢着真善美的社会。

八、创新性

首先，从时间和地域上讲，生态文明的提出有着深远的根源，是对现实矛盾做出的正确抉择。传统的经济发展模式是以高污染、高消耗来获取经济的增长，带来的是资源和能源的减少，环境的破坏。我国人口多，资源和能源消耗大，而且能源利用率明显低于发达国家水平，尤其是煤炭和石油的利用率只有美国的1/3。如果继续这样下去，经济的发展将失去环境的支托。人们认识到这一环境危机的根源是人与自然关系陷入机能失调，因此我国提出发展生态文明，并把生态文明首次放在治国治党的理论高度来推广实行，这也是我们建设有中国特色社会主义的一大创新，具有及时性和创新性。

其次，立足生态文明建设要求，生态文明建设的社会管理体制机制应具有创新性，创新现有法律、经济、文化、科技、民主管理、对外交往等方面的体制机制，完善相关政策。例如，实行有利于科学发展的财税制度，建立健全资源有偿使用制度和生态环境补偿机制。完善反映资源稀缺程度、环境损害成本的生产要素和资源价格形成机制。完善有利于节约能源资源和保护生态环境的法律和政策，加快形成可持续发展的体制机制。

最后，生态文明的创新性应该是环境友好型的，不是传统意义上的不顾及生物圈中的其他物种，只考虑人类的利益，而应当是区别于传统创新的生态创新。首先从宏观视角上，要集生态学、经济学、社会学和其他自然、人文学科之大成，从追求生态系统、经济系统和社会系统发展内在规律的有机统一出发，综合研究、分析、解决工业文明向生态文明转变中的重大问题，从而有针对性地提出解决对策，实现战略决策上的生态创新。通过充分利用国内技术和方法，合理引进国外的先进技术，切实为先进技术的推广提供更多的财政支持，实施对包括环保产业、能源产业、建筑业、交通业及其他高能耗、高污染的行业在内的主要产业的产业生态化，使创新覆盖核心部门，实现经济产业上的生态创新。生态文明的创新性不同于工业文明，不是一意孤行地将人力资源和自然资源转化为资本，而是要把人与自然从残酷竞争的异化中解放出来，让人们有时间、有机会从事有兴趣的活动，与自然和谐共处；不是一味地追求最大限度地满足人们的物质需求，而是要追求有限的生态容量与无限的物质欲望的平衡，走可持续发展之路，从而实现发展方式上的生态创新。

九、循环性

生态文明强调的是循环，人与自然之间的关系并不只发生一次，而是一个循环过程。为了保持这种良好的周期循环性的关系，必须尊重自然，合理开发利用和保护自然，保持在一个积极的良性发展、循环发展之中，维持人与自然之间的平衡。传统的社会发展方式过于强调对自然的征服以满足人类的发展和要求，给自然带来了巨大的伤害，引发了一系列的环境问题，导致生态危机的出现，人与自然的可持续关系和循环发展关系受到极大的破坏。生态文明克服了传统发展方法的种种缺点，将人性的发展与保护自然相结合，使人类与自然之间的有机关系转变为一种和谐有序发展关系，在更高层次上实现自然与人的和谐发展，也使得人类与自然的可持续、周期性循环的良性关系得以延长。

要将人类的一切活动都放在自然界良性运行的大格局中考虑，按照自然生态规律办事。经济社会发展既要考虑人类生存与繁衍的需要，又必须顾及生态、资源、环境的承载力，以实现人与自然和谐、发展与环境双赢。其实质就是认定生态、环境是人类发展的基础，一切经济社会发展都要依托这个基础，从这个基础承载力的实际出发，任何超出这个基础承载力的发展，都将带来不良以至得不偿失的后果。强调发展必须坚持"自然生态优先原则"，即"量体裁衣""量入为出""索取适度、回报相当"，而不可"急功近利""竭泽而渔"，肆意妄为，与自然规律、生态法则撞车。

能量转化、物质循环、信息传递，是全球所有生态系统最基本的功能和构成要素。实践证明，发展循环型生态经济和清洁生产，使经济活动变为"资源—产品—废弃物—再生资源"的反馈或循环过程，是生态文明理念的重要体现，也是有效消除传统工业化"资源—产品—废弃物"这种简单直线生产方式弊病的有效举措。循环型生态经济既可以大幅度提高经济增长质量、效益，培育新的经济增长点，又能从根本上节能降耗减排，做到"资源消耗最小化、环境损害最低化、经济效益最大化"。

十、持续性

生态文明以生态系统为中心，以自然、社会、经济复合系统为对象，以各个系统相互协调共生为基础，以生态系统承载力为依据，以人类持续发展为总目标。生态文明是一种讲求持续的文明，使人类文明在经历渔猎文明、农业文明和工业文明后重新使人与自然的和谐关系得以持续。因此，持续发展本身就是一个生态学概念，也是生态文明的一个重要特点。生态文明的持续性应全面考虑经济发展、社会发展和生态发展这三方面。在本质上，生态文明要追求的，也是这种全面的可持续性，而不只是简单的生态环境保护。

1. 经济发展的可持续性

经济发展的可持续性就是使我国经济增长建立在资源环境能够承受的范围内，达到经济、资源、环境的优化匹配，实现经济的永续发展、可持续发展。按照党的十七大报告的要求，我国今后经济增长要实现三个转变：由主要依靠投资、出口拉动向依靠消费、投资、出口协调拉动转变；由主要依靠第二产业带动向依靠第一、二、三产业协同带动转变；由主要依靠增加物质资源消耗向主要依靠科技进步、劳动者素质提高、管理创新转变。实现这三个转变最终将使我国经济增长实现可持续。这就要求我国经济发展与人口资源环境相协调，稳定人口低生育水平，形成节约能源资源和保护生态环境的产业结构、增长方式、消费模式，促进循环经济发展，使可再生能源比例显著上升，推广清洁生产，淘汰落后工艺技术和生产能力，从源头上控制环境污染，走中国特色新型工业化道路，切实推动经济发展转入科学发展的轨道。从价值理念上讲，生态文明同农业文明和工业文明一样，也是注重采用先进的技术和科学手段改造自然来发展经济。但是生态文明的主要特点是强调一种相互关系，从而使人们认识到人是自然世界的一部分，生物与环境之间是一种竞争、寄生和共生的机制，也是一种整体、协同、循环、自生的系统功能，更注重和谐发展，因而生态文明也具有这一特点。所有的环境问题在某种程度上都是人类社会问题的反映与放大化，生态文明是对农业文明和工业文明的纠错和弥补，它所倡导的是生态价值理念，呼吁人们保护生态环境，解决人类面临的生态危机，力图建立一种人与自然和谐的关系。它摒弃了工业文明时代以经济增长和唯利是图的价值衡量体系，提倡的是生态经济、生态文化、生态政治、生态工程，运用生态智慧来实现社会全方位的发展。一切都是围绕重建与修复生态系统的和谐来进行，改变以前传统的工业文明带来的对自然环境的破坏，将环境破坏性社会变为生态持续性社会。

2. 社会发展的可持续性

生态文明是社会持续发展的需要。生态文明引导人们对自然界的关心，加深人们对自然界的认识和理解。这大大有助于社会主义和谐社会的构建，有助于人类社会的和谐发展。生态文明对于人与自然关系的反思及坚持公平性与共生性的原则，促进了社会内部的和谐。生态文明的出现，反映了人们的生态需求、创建环境友好型社会的需求，人们在满足物质增长需求的同时，还有更多的精神层面的需求。生态文明需要人与人之间的信任，并共同行动。

3. 生态发展的可持续性

生态文明突出生态的重要，强调尊重和保护环境，强调人类在改造自然的同时必须尊重和爱护自然，而不能随心所欲、盲目蛮干、为所欲为。人类要自觉、自律，树立生态观念，约束自己的行动，使生态环境永久可持续发展才复合生态文明建设的要求。

简言之，生态文明上述的这些特征表现出来就是：经济与人口、资源、环境协调发展；生产发展，生活富裕，生态良好；人与人、人与自然和谐相处。其中，循环性是生态文明发展的显著的本质特征，主要体现在人类与自然发展的循环再生。生态文明下，人与自然能够融洽相处的原因是循环再生机制，从无机界到有机界形成了一个循环再生的生物链系统。人类要在生态允许的范围内界定自身的消耗标准，在生态允许的范围内从事各种活动。只有这样，才能实现永久的"循环"。

第三节　生态文明建设的内容

生态文明建设就是建立正确的人与自然的道德伦理关系，形成一种"自然-经济-社会"的整体价值观和生态经济价值观，消除对自然的种种盲目性和掠夺性，使人类的一切活动既能满足人与自然的协调发展，又能满足人的物质需求、精神需求和生态需求，实现资源增值和信息增值，从而使社会得以持续、全面、和谐地发展。由生态文明的基本特征及生态经济社会系统的结构与功能（图4-1）可知，生态文明的建设内容包括生态观念文明、生态经济文明、生态政治文明、生态文化文明、生态科技文明、生态环境文明和生态制度文明等。生态观念是生态文明建设的首要因素，生态经济发展是生态文明建设的物质基础，生态政治文明是生态文明建设的重要保障，生态文化是生态文明建设的精神支柱，生态科技创新是生态文明建设的重要驱动力，生态环境是生态文明建设的必要条件和内在要求，生态制度是生态文明建设的实施根本。

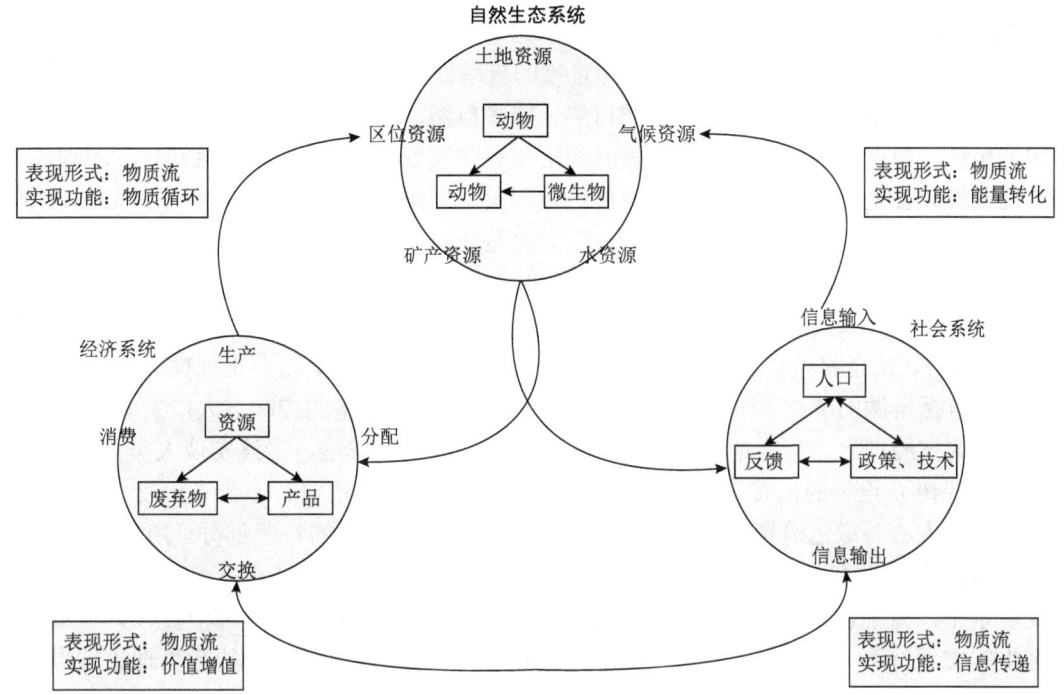

图 4-1　生态经济社会系统的结构与功能

一、生态观念文明

建设生态文明，不仅需要实现生产方式和生活方式的转变及运用经济和法律的手段，还需要思想观念的转变，树立生态文明的新理念。要转变思想观念需要解决人们的哲学世界观、方法论与价值观问题，其中最重要的是要树立生态文明观念与思维方式，因为它指导人们的行动。

所谓的树立生态观念文明，就是要求宣传环境保护知识，提高生态环境保护意识，弘扬生态道德观念，营造生态文化氛围，为生态文明建设创造积极向上的精神文明环境，包括进步的生态意识、进步的生态心理、进步的生态道德，以及体现人与自然平等、和谐的价值取向，环境保护和生态平衡的思想观念和精神追求等。

生态观念的内涵往往被阐释为一种对生态问题的理性自觉，它不仅体现了构建生态文明的内在价值，还是生态文明建设的精神动力。因此，生态观念一般被视为生态文明的首要因素。目前学术界对生态观念的理解大都是从协调人与自然关系的角度界定的，如我国生态哲学家余谋昌就指出，生态观念是"反映人与自然和谐发展的一种新的价值观""它是一种把自然、社会和人作为复合生态系统的独立的意识形态"。此外，生态观念不仅是协调人与自然关系的前提，还是协调人类内部有关环境权益的纽带，是人类认识能力提升的集中表现。生态观念是针对污染和破坏生态环境的状况而提出的全新概念，它的提出彰显了人类的文明进步。作为一种人类正确对待生态问题的进步的观念形态，在人与生态环境关系上，生态观念反对人类对环境的肆意开发和狂热征服，它强调人类应从社会有机体的视角去审视人和自然、人与生态的关系，把"人—经济—社会—自然"视为一个复合的生态系统，强调其整体运动规律和对人的综合价值效应。生态观念的最终归宿是指导和推动生态实践。面对日益严重的生态危机，在全社会形成高度的生态观念尤为重要，它不仅有助于促成公民生态行为和习惯的养成，还能够对生态制度的建立起直接的推动作用。一要树立"天人合一"的自然观，人与自然同存共荣。要爱护自然、保护自然、修复自然，不违背自然规律来行事，与自然融洽和谐相处，与自然同存共荣。二要树立和落实科学发展观。科学发展观强调以人为本，强调实现经济社会全面、协调、可持续发展，体现了"三个代表"重要思想关于发展的要求，体现了我们党立党为公、执政为民的本质。无论是政府官员还是普通民众都应该树立和落实科学发展观，为全面建设小康社会和中国特色社会主义事业的长远发展而努力。三要提高生态平衡意识，树立人类是自然界的一个组成部分的观念。提高生态文明意识，走可持续发展道路，使经济、社会和环境的发展以不损害生态环境质量为原则。四要正确理解发展的概念，发展应该包括资源的节约、环境的治理、生态的保护、人口数量的控制与人口素质的提高等。树立正确的发展理念，也就是自然、经济、社会的持续协调发展，最终实现人类社会的文明发展。五要树立正确的消费观念，做到不过度消费、不超前消费、不野蛮消费。绿色意识已逐渐深入人心，绿色消费正为人民所崇尚，并成为消费文化的特色部分。所谓绿色消费，是一种绿色化或生态化的消费模式，它是指既符合物质生产的发展水平，又复合生态生产的发展水平，既能满足人的消费需求，又不对生态环境造成危害的一种消费行为。最后，要有生态文明行为。在建设生态文明这一进程中，我们应该应用科学的行为理论指导实践活动，处理好人与人及人与自然之间的各种关系，人类的一言一行都要体现出对自然母亲的人文关怀，不断推进生态文明建设，这样才能有取之不尽的自然资源，人类也才能得以健康地发展。

二、生态经济文明

在生态文明观念的指导下，经济发展将致力于消除经济活动对大自然自身稳定与和谐构成的威胁，逐步形成与生态相协调的生产生活与消费方式。目前，我国已经把保护自然环境、维护生态安全、实现可持续发展这些要求视为发展的基本要素，提出了通过发展去实现人与自然的和谐及社会环境与生态环境平衡的目标。

经济发展既是生态文明建设的主要目标，也是推进生态文明建设的重要保证。先进的文明首先要是经济繁荣的文明，只有经济水平的大幅度提升，这种文明才有能力提高人民的生活水平、改善人民的生活质量，才是值得人民为之奋斗的文明。生态文明作为人类文明发展的新进展，不仅要求经济水平提高，还强调经济发展的质量，要求经济发展是一种可持续的发展，是保护生态环境下的高效发展。经济发展反过来又为生态环境保护提供了物质基础和技术保证，连人民生活都保障不了的地区的生态环境保护无从谈起。按照党的十八大报告精神，生态文明建设要求的经济发展主要是依靠经济转型和产业结构调整实现的生产方式的转变，将经济结构由传统的高投入、高耗能、高污染、低效益工业生产为主，转变为低投入、低耗能、低污染、高效益的第三产业为主，从而获得更好的经济效益、社会效益和生态效益。经济发展既是生态文明建设的主要目标，也是推进生态文明建设的重要保证。先进的文明首先要是经济繁荣的文明，只有经济水平的大幅度提升，才有能力去规划与优化国土空间开发格局、加快主体功能区布局、提高森林覆盖率等内容，也就是通过用地方式的控制确保生态系统健康发展和生态服务功能的有效发挥。

生态经济文明是指所有的经济活动都要符合人与自然和谐的要求，主要包括第一、二、三产业和其他经济活动的"绿色化"、无害化及生态环境保护产业化,主要包括生态产业、生态资源及生态消费等。

1. 生态产业

生态产业是生态文明建设赖以存在的物质基础,其内容包括很多行业。环保产业、生态旅游业、生态工业及生态农业等都属于生态产业文明的范畴。实现生态文明建设的主要措施是淘汰落后的生产方法和手段,以实现生产活动的生态化。

2. 生态资源

资源是有限的,要满足人类可持续发展的需要,就必须在全社会倡导节约资源的观念,努力形成有利于节约资源、减少污染的生产模式、产业结构和消费方式。应大力开发和推广节约、替代、循环利用资源和治理污染的先进适用技术,发展清洁能源和再生能源,建设科学合理的能源资源利用体系,提高能源资源利用效率。建设生态经济文明,要以科学发展观为指导,大力发展以自然资源的合理利用和再利用为特点的循环经济发展模式。人类要更好地生存和发展,必须善待自然,由发展线性经济转向发展循环经济,将经济系统纳入生态系统来实现物质循环、能量转换、信息传递和价值增值。这种经济形态能够使人类经济发展和自然生态系统相互适应和相互促进,从而达到生态与经济两个系统的良性循环,以及经济、生态、社会三大效益的高度统一。

3. 生态消费

要把着力点放在大力推进消费模式的转变上。工业社会下的消费模式,是以能源和资源的人员消耗为支撑,缺乏可持续性。目前,人们已经逐渐认识到这种消费模式的局限性和不可持续性,开始努力改变这种消费模式,优化消费结构,鼓励消费能源资源节约型产品,减少消费环节的废弃物排放,增加对绿色消费品的喜好,引导消费品生产企业在生产环节出现资源节约和环境友好,逐步形成绿色消费模式。

三、生态政治文明

生态政治文明是人们以政治视角保护环境、维护生态中创造的文明成果,是当下和谐社会建设的题中应有之义,其本质是民主和公正精神的彰显。在我国,生态政治文明要求党和政府重视生态问题,把解决生态问题、建设生态文明作为贯彻落实科学发展观、构建和谐社会的重要内容。把生态文明建设作为实现好、维护好、发展好人民群众根本利益的一项重要任务,把维护人民群众的生态环境权益作为工作价值判断的重要标准。各级政府应该发挥主导和主体作用,为推进生态文明建设提供制度基础、社会基础及相应的设施和政治保障。把生态文明建设的绩效纳入各级党委、政府的政绩考核体系,建立健全监督制约机制,正确引导各级领导干部深刻认识与发展人与资源、环境之间的辩证关系,了解经济活动对生态变化的影响及其变化规律,提高对生态质量变化的识别能力和解决问题的能力,增强保护和改善生态环境、建设生态文明的自觉性和主动性。

生态政治文明,要求尊重利益和需求的多元化,注重平衡各种关系,避免由于资源分配不公、人或人群的斗争及权力的滥用而造成的对生态的破坏,限制损害生态环境行为的发生,维护人的生命健康安全。建设生态政治文明,必然会对国家的民主、人权、社会经济制度等方面产生影响。生态环境保护的实质是维护人的环境权益和推进社会文明建设,必须与民主结合起来,发挥人民群众的主体作用。没有人民群众的参与热情和主体作用的发挥,生态文明建设将一事无成。必须切实维护好人民群众参与生态环境保护的权利,政府要进一步公开各类信息,畅通人民群众监督、投诉、管理生态事务的渠道,保证人民群众生态文明建设的知情权、参与权和监督权,让人民群众从生态文明建设中深切体会和正确认识自己的利益所在,从而激发参与生态文明建设的热情。建设社会主义生态文明的过程,将推动社会主义政治文明的成熟完善,逐步使政府决策、公民参与政治生活、对政府权力的监督权益符合生态文明的要求。

四、生态文化文明

目前为使整个人类社会摆脱危机和困境,越来越多的人已达成共识,就是要改变人们的行为方式。而人们对行为方式的选择,首先是受价值观支配的,文化的核心在于价值观,在其价值观未出现重大的转折之前,人类的行为方式是不可能出现根本性变化的。在当前市场经济的发展中,传统文化的价值体系正处在急剧地瓦解和转化之中,因而一种新的文化——生态文化的确立也就成了当代中国社会在文化精神领域的重要内容。

生态文化是人类的新文化运动,是人类思想观念领域的深刻变革,是对传统工业文明的反思与超越,是在更高层次上对自然法则的尊重和回归。它反映人与自然、社会与自然及人与社会之间和谐共处、共同发展的一种社会文化。它是社会生产力发展、生产方式进步,生活方式变革的产物,是生态文明的重要组成部分。同时,生态文化建设也是生态文明的具体体现。中国的生态文化就是要建设社会主义生态精神文明。生态精神文明是一种高度关注生态环境的精神文明,是指自然界的权利受到充分尊重的生态意识渗透到精神文明诸领域的一种全新的精神文明观。建设社会主义生态精神文明,就是建设发展面向现代化、面向世界、面向未来的,民族的、科学的、大众的社会主义生态文化。要按照中国社会主义生态文化的要求,提高全民的生态意识,加强生态教育,倡导绿色消费,促进人的全面发展,为我国经济发展和社会进步提供精神动力和智力支持。而且提高人的素质、实现人的全面发展是中国生态文明建设的一个最终目标,它符合社会主义发展的内在要求。

五、生态科技文明

生态科技文明是对近现代科学技术反思之后的科技生态化转向。它以协调人与自然之间的关系为最高准则,以不断解决人类发展与自然界和谐演化之间的矛盾为宗旨,以生态保护和生态建设为目标,努力实现人与自然、人与社会的协同进步。应该认识到,科技是协调人与自然和谐发展的直接手段和重要工具。科学研究和技术应用要能够促使整个生态系统保持良性循环,能为优化生态系统提供智力支撑和技术保障。利用技术作为人类实践于客观世界的物质性活动,最基本的要求就是要服从自然本身的属性,遵循自然规律,接受科学所认识的自然发展必然性的限制。

对于生态文明来说,科学技术是一柄"双刃剑"。进入20世纪以来,一方面,传统工业对自然资源高强度、掠夺性的开发使用,所造成的生态破坏和环境污染,与现代科学技术活动有关;另一方面,科学技术在节约资源、保护生态、改善环境等方面,也不断发挥着越来越显著的作用。我们应该认识到科技自身的不完备性和复杂性,积极预防科技应用可能引发的生态文明负面效应,着力突破制约生态文明建设的重大科学问题和关键技术,大力开发和推广节约、替代、循环利用资源和治理污染的先进适用技术，不断为生态文明建设提供科学依据和技术支撑。

生态文明建设必须依靠和发挥科学技术的作用，系统深刻地认识自然规律，认识人与自然相互作用的规律，认识我国自然资源与生态环境的现状及其变化的趋势，认识社会复杂系统的演化和调控规律，以便及时自觉地调整人与自然的关系，积极推动向资源节约型、环境友好型社会转变。要树立综合的科技评价体系，避免用单一的经济指标来评价科技的优劣，应该从生态、人文、美学等各方面建立起合理的科技价值体系，引导科学技术健康、持续发展。科学技术不是控制自然的工具，而是实现人与自然和谐发展的手段。人类对自然利用和改造时，必须保证整体生态系统的动态平衡，必须保证不破坏自然界的物质循环、能量流动和信息传递。强调发展的强度必须以资源环境承载力为基础，产业布局必须以区域生态功能为依据，向自然界排放污染物必须以环境自净力为限度。要通过可持续的经济、政治、文化、社会政策等手段，建设资源节约型和环境友好型社会。

六、生态环境文明

生态环境是生态文明的客体要素，它既是经济活动的载体，又是生产对象。生态环境是指影响人类生存与发展的水资源、土地资源、生物资源及气候资源等一切外界条件的总称，是社会和经济持续发展的复合生态系统。人类是自然界的一部分，是自然界的产物。尽管生态环境主要由各种生物及非生物群体等自然因素组成，但作为人类赖以生存和发展的根基，它会潜在地甚至长远地对人类繁衍与发展产生直接或间接的影响。同时，生态环境作为一种资源具有不可逆性，即它本身所具有的内生系统的自动调节功能是极其有限的，超过其规定的范围就会导致生态失调和环境破坏。基于这样的前提，人类利用、征服和改造自然就必须有一个"度"，必须在尊重自然生态规律的基础上进行，超出这个"度"，就会如马克思所言："不以伟大的自然规律为依据的人类计划，只会带来灾难。"

生态文明建设的目的就是通过对生态环境的进一步优化、保护和修复，使经济建设与资源、环境相协调。

我国要建设资源节约型、环境友好型社会就必须将生态环境文明纳入生态文明建设的内容中。党的十八大报告中对于生态文明建设中环境保护的要求最为明确具体，既反映了长期以来对环境监控的重视，也表明环境保护任务紧迫。目前我国经济高速增长带来的环境污染和环境破坏，已经对人民生活和健康造成了严重的损害，也制约了经济发展，破坏了社会和谐。环境友好要求将生产和消费活动控制在环境容量限度之内，严格监控代谢物的产生与排放，努力减少污染产生量，降低污染危害，不断提高资源环境保障能力。在此，生态环境文明不仅包括自然环境的生态循环、生态治理，还包括人类社会环境的生态社会、生态健康。

1. 生态循环

生态循环主要是通过发展循环经济破解发展和环境关系的难题，达到物质文明与生态文明的共赢。建设生态文明要求在经济发展中充分考虑生态环境的承受能力，运用生态学模式重新设计工业，通过推进生态工业的发展促进经济实现良性发展。而能量转化、物质循环、信息传递，是全球所有生态系统最基本的功能和构成要素。实践证明，通过建设发展循环经济的企业、行业、工业园区和城市，大力发展循环生态经济和清洁生产，使经济活动变成由资源、产品、废弃物到再生资源、无废弃物的反复循环过程，可以实现资源消耗最小化、环境损害最低化、经济效益最大化。

2. 生态治理

生态治理主要是解决偿还生态欠债问题。中国环境问题的类型和恶化程度与经济增长和工业化进程密切相关，压缩型工业化进程带来了复合型环境问题，快速扩张的经济带来巨大的污染排放总量，经济发展的"二元结构"造成了环境问题的"二元化"趋势。总体上，我国的经济仍然是粗放式增长方式，以牺牲资源环境为代价，表现出高资本投入、高资源消耗、高污染排放和低效率产出四大特征。如果继续以这样的方式发展，我国的资源和环境将难以维系。对于长期以来由于环境保护投入不足、欠债过多而留下的巨额生态赤字，必须通过加快资源节约型和环境友好型社会建设的步伐，促进节能减排目标的实现，由政府、企业、社会、公众共同实施生态治理来解决。

3. 生态社会

生态社会或称和谐社会。社会的发展由很多方面组成，总的来说，可以包括经济、教育、福利、公平等。经济方面的要求已经通过经济发展目标体现出来了，更多的社会发展要通过经济以外的角度体现，要通过人民生活质量的提高来体现。社会和谐是通过改善民生，提高生活质量，提高居民健康水平，提供更充足的社会服务，更好地保证居民应享受的各项权益，使人民过上幸福美满的生活来实现的。从根本上来说，社会发展是人的发展，人的发展才是真正的发展，是经济、环境、生态等发展的目的。因此，社会和谐应该更多地关注民生，关注社会服务。

4. 生态健康

生态健康是生态文明的主要标志。长期以来，生态与环境被混为一谈，人们错误地认为生态保护就等于环境保护。事实上，环境指标的优良并不等于生态的健康，《寂静的春天》已经描绘了类似的画面。生态是指生态系统、生态循环形成的整体，是人地系统的内在机制，更为宏观；而环境则是人类生存的物质条件，更为具体。生态健康应该是生态系统的良性发展、生态机能的有效发挥、生态服务的可靠保证、生态活力的长期保持。但是，由于研究水平所限，往往无法科学地表示生态系统的运行和内部机制，其外在表现只能通过一些环境因素予以体现。目前主要通过土地利用形式间接表达，要求经济建设和社会发展占用绿地、湿地和保护区的比例与该地区的生态承载力相协调，保护生物多样性。

七、生态制度文明

生态制度是一个全新的概念，它是指"以保护和建设生态环境为中心，调整人与生态环境关系的制度规范的总称"。生态制度是在绿色制度内涵上的提升，其主要包括正式制度（原则、法律、规章、条例等）和非正式制度（伦理、道德、习俗、惯例等）两种表现形式。不难看出，生态制度侧重于通过他律（硬）和自律（软）两种方式来调整和规范人们的生态文明行为。生态文明建设的关键是促进生态、资源、环境之间的协调发展，而要实现这一目标，最根本的是要把制度纳入整体的生态文明建设规划之中。著名经济学家舒尔茨认为，制度的功能就是为经济提供服务。生态制度所执行的功能就是为生态系统的良性运行，为生态、经济、社会三维复合系统的协调与持续运行提供最严格的制度化建设。实际上，生态制度作为生态环境保护规范建设的积极成果，不但为生态文明建设提供了强有力的保障，而且内在地体现了生态环境保护和建设的水平。它的生成彰显出了人类在处理人与自然、人与人关系上的理性自觉。因此，从这种意义上说，生态制度是生态文明的核心要素。

生态制度文明，是人们正确对待生态问题的一种进步的制度形态，包括生态制度、经济管理、法律和规范，对生态文明行为在制度上予以保障，制裁破坏环境的行为。其中，特别强调健全和完善与生态文明建设标准相关的法制体系，重点突出强制性生态技术法制的地位和作用。例如，社会生态公平反映了社会多数群体的意愿，而维护这种意愿需要公正的制度安排、程序设计，建立体现社会公正的法律和制度。

生态制度的文明可以理解为是处理人类社会与自然生态各种关系的规则的总称，它以对生态的保护和合理使用为宗旨。生态制度的文明，是保护生态环境所取得的成果，表明了我国环保的现实水平和发展阶段，反映了大自然与人类融洽相处的生动画面，为进一步实现我国的生态文明提供了强有力的保护伞。

第四节　现代农业时代生态文明建设的途径和措施

农业是国民经济的基础，也是与自然最为紧密的生态产业，农业发展对于生态文明建设的影响十分深远，必然是生态文明建设的重要领域。建设生态文明是关系人民福祉、关乎民族未来的长远大计，生态文明建设地位突出。目前我国农业发展面临的资源环境问题是生态文明建设无法回避的，不彻底解决这些问题，生态文明建设无从谈起。党的十八大报告将生态文明建设置于建成"美丽中国"画卷目标的突出地位。作为生态文明建设的重要组成部分，农业生态文明建设要立足"三农"工作全局，结合经济社会发展实际，进行系统科学设计，使其真正成为中国特色社会主义事业的有机组成部分。因此，在现代农业时代，建设生态文明显得相当迫切，以下提出了几点现代农业时代建设生态文明的途径和措施。

一、提高思想认识，树立生态文明的理念

中国农业发展到今天，到了必须提高思想认识，更加合理地利用农业资源、更加注重保护农业生态环境、加快推进农业可持续发展的历史新阶段。保护农业生态环境，一要加强生态文明宣传教育，增强全民节约意识、环保意识、生态意识，形成合理消费的社会风尚，营造爱护生态环境的良好风气。二要树立生态理念，树立生态效益是长远的经济利益，保护农业生态环境就是保护农业生产力，加强生态建设就是提高农业竞争力的理念。三要把生态文明理念贯穿于现代农业建设过程中，正确处理好生产与生态环境之间、开发利用资源与物质生产之间的关系，牢固树立现代农业就是高效生态农业、绿色农业、节约型农业和循环农业的观念。

二、构建农业主体，培育新型职业农民

作为现代农业发展的主力军，农民的素质决定了现代农业和农业生态文明的进程。要发展农村的生态经济，首要的问题是培养现代农民的生态意识和生态习惯，着力培养一批综合

素质高、生产经营能力强、适应现代农业发展的新型职业农民。从培养农民的生态意识和生态习惯入手，大力发展农村成人教育和技术培训，提高农民自我发展的能力：①开展农业生产技能培训，组织实施新农村实用人才培训工程，扩大新型农民科技培训工程和科普惠农兴村计划规模；②要加快推进农村劳动力转移就业培训，增强农民进入非农产业就业的竞争能力；③要落实新型职业农民扶持政策，研究出台土地流转、金融信贷、农业补贴、社会保障等扶持政策；④鼓励农民运用集约化生产方式、执行环境友好措施，成为环境管理者和保护者；⑤要发展农民专业合作组织，通过各种合作将农民有序组织起来，使农民获得应有的知识资源，消除农业生产的过度松散化和无序化，使农业发展成为一个适度整合和凝聚的平台。

三、转变生产方式，坚持农业可持续发展战略

建设农业生态文明就是使农业生产的自然生态系统和人类社会生态系统最优化和良性运行，实现农业生态、经济、社会的可持续发展，发展节约资源能源和生态友好型的农业。习近平总书记在中央经济工作会议上强调，要坚定不移地转变农业发展方式，走产出高效、产品安全、资源节约、环境友好的现代农业发展道路；农业发展不但要杜绝生态环境欠新账，而且要逐步还旧账，要打好农业面源污染治理攻坚战。全国加快转变农业发展方式现场会和全国农业生态环境保护与治理工作会的召开，已对这方面工作做出重要部署。党的十八大报告指出："全面促进资源节约。节约资源是保护生态环境的根本之策。要节约集约利用资源，推动资源利用方式根本转变，加强全过程节约管理，大幅降低能源、水、土地消耗强度。"改善农业生态环境，必须转变农业发展方式，实施农业可持续发展战略，坚持开发与保护、开源与节流并举，提高农业资源的利用率、产出率。搞好农业资源的深度开发，大力发展高产、优质、高效、低耗农业，缓解资源稀缺矛盾；搞好农业环境保护，为农业持续发展创造良好的生态环境。在生产方式上，要加快农业科技进步，提高农业资源和投入品的利用效率，走依靠农业科技进步不断提高耕地产出率、资源利用率和劳动生产率的农业现代化道路；在发展途径上，秉承按照自身的资源禀赋条件，选择适合资源环境特点的绿色发展、循环发展、低碳发展途径；在生活方式上，推行绿色消费模式，建立一种既满足于自身需要又不损害自然生态的生活方式。

四、建立健全体系，完善农业制度体系建设

近年来出现的沿海赤潮、草原退化与沙尘暴、土地污染等现象，说明农业环境问题已经凸显。我国农业不能走工业化国家的老路，推动我国现代农业实现农业生态转型成为必然要求。实现农业生态转型、发展生态农业文明建设，必须注重生态农业的制度体系建设和完善。

（一）建立耕地生态补偿制度

建立耕地生态补偿制度，保护耕地资源，避免耕地用途转化而使其社会保障和生态服务功能丧失。中共中央、省、市县各级政府应通过公共财政途径给予耕地生态补偿。随着社会经济的发展，一些大型企业也应成为补偿主体。建议目前耕地生态补偿应坚持以货币补偿为主，其他补偿方式为辅。同时，在补偿模式上既可参照其他成功城市建立耕地保护基金的案例，对补偿主体给予一定补偿标准的经济补偿模式，也可通过投入资金来改进整治项目管理

实施，提升耕地质量的建设性补偿模式。

（二）建立健全农业法律制度

建设现代农业生态文明，必须健全农业法律制度。要建立强有力的监督执行机制，坚决制止严重危害生态环境的农业行为。违反行为包括违法占用农田，农田化肥使用超量，农田灌溉超定额，秸秆大田随意燃烧，畜禽粪便不经处理排放，农膜使用后不采取回收措施，草原超额养畜，海洋河流禁渔期捕鱼等。

（1）在法律和政策措施制定中首先补充完善各地可以具体执行的有关"红线"标准，在完善农业法制建设的同时，提高执法人员素质，增强其法治观念；加强政务公开，增加执法透明度；加大法制宣传力度，增强企事业单位和人民群众的环保意识、责任和法治观念，形成良好的法治环境。

（2）还需进一步明确耕地、水流、森林、山岭、草原、荒地、滩涂等自然资源产权，通过合理定价实现生态有价，形成归属清晰、权责明确、监管有效的自然资源产权制度。

（3）要完善国土空间开发保护方面的法律制度。树立空间均衡理念，控制开发强度，调整空间结构，促进生产空间集约高效、生活空间宜居适度、生态空间山清水秀，给农业留下更多良田，增强农业生态产品生产能力。

（4）要制定、完善农业生态补偿法律法规。制定《基本农田分级分类管理制度》《农用废弃物回收及综合利用制度》和《农业生态补偿制度》等，建立健全农业生态补贴政策，将农业补贴与保护农业环境、农村发展相挂钩，提高补贴资金的多功能性、实效性和可监督性，构建可持续农业发展政策激励机制。

（5）要完善土壤、水、大气污染防治等法律法规。加强新法制定和已有法律的修订工作，加强环境监管执法，加快推进环境管理战略转型，打好水、大气、土壤等污染防治的攻坚战和持久战。

五、强化科技支撑，创新农业技术手段

要推进农业现代化建设，关键在于创新农业科学技术，确保农产品数量安全和质量安全，同时把资源节约、生态保护的理念，融入农业科技进步之中。

（一）整合资源，充分利用网络技术

重点打造国家农业科技服务云平台，把农业科技创新、农技推广、教育培训、成果转化通过"互联网+"的形式整合起来，为美丽乡村建设提供强大支撑。

（二）创新资源的开发、节约和保护技术

一要创新资源开发技术，大力开发海洋、沙漠、生物、太空等资源，用于农业生产，这是促进农业可持续发展的重要选择途径。二要创新资源节约技术，节约利用土地、肥料、农药、种子、能源（动力）和灌溉水等资源，提高资源有效利用率，给农业发展留下广阔空间。三要创新资源环境保护技术，包括减少水土流失，加强耕地质量保护，防止耕地质量退化，研究、推广、使用优质高效低毒低残留的化肥和农药，改进施用技术，防治工业"三废"和

畜禽粪便对农业的污染治理等。

（三）创新农业效用增加技术

加强农作物秸秆和畜禽粪便的综合利用技术和装备的研发，促进种养良性循环，增加农业发展潜力；开展农副产品仓储保险、综合利用和深加工技术，创造出新的农业效用。

（四）抓好农产品产地土壤重金属污染防治工作

做好农产品产地土壤重金属污染普查工作，抓好重金属污染治理修复工作，研究实用的土壤重金属污染控制与修复治理技术，建立耕地重金属污染防治的长效机制。

（五）大力发展节水农业

积极争取纳入国家节水增粮行动和旱作节水农业示范工程投资计划，大幅度增加节水灌溉农业基础设施建设、高标准农田建设、现代农业示范园建设、节水农业示范区建设和节水技术示范推广等。充分发挥节水农业优惠政策和国家投入的引领作用，广泛吸收社会资金投资节水农业，建立政府、企业和农民相结合的节水农业多元化投入机制。探索建立节水农业基础设施建设和节水农业技术推广"以奖代补、先建后补、民办公助"的奖补机制。

（六）减少化肥、农药使用量技术

减少化肥使用量技术包括进行土壤普查，增施有机肥，积极推广土壤植株速测推荐施肥技术，大力推广农作物专用肥技术，采用定额灌溉、防止大水漫灌等。

减少农药使用量技术包括大力发展生物农药，因地制宜、加快精准施药技术的开发和推广，加大培训力度、提高农民素质等。

（七）加大农业面源污染防控

强化农业面源污染监测，摸清农业面源污染入库负荷；抓好重点领域面源污染减排，实施测土配方施肥、病虫害统防统治、农田生态拦截等项目，降低化肥农药用量，推进畜禽养殖废弃物的资源化利用，抓好畜禽污染防治。

（八）推进秸秆综合利用

加大作物机械收割、秸秆机械还田力度，推进农作物联合收获、捡拾打捆、贮存运输全程机械化，建立和完善秸秆田间处理体系；推进秸秆循环利用，推广秸秆堆沤还田和过腹还田，建立新型种养一体化模式，提升秸秆循环利用水平。

（九）开展农产品污染产地的修复治理

加强农田残膜污染治理，推进地膜标准修订，严格规定地膜厚度和抗拉伸强度，加强市场监管，将地膜质量列入全国农资打假重点范围，启动可降解地膜的示范推广。

全面开展农产品产地土壤重金属污染防治普查，根据土壤样品及农产品样品化验结果，制订修复方案,在粮食主产区全面实施耕地重金属污染修复治理和种植结构调整。加强低累积作物品种筛选及修复治理技术完善组装和大田示范。建立全省耕地重金属污染长期定位监控网点,对全省耕地污染变化趋势、污染来源、治理技术效果等进行常态化动态监测。

(十)推进农作物病虫害专业化统防统治和绿色防控

在发展专业化统防统治的同时,利用统防统治服务组织这个平台推进绿色防控发展。加大对农作物病虫害专业化统防统治和绿色防控扶持支持力度,对专业化统防统治和绿色防控实行财政补贴,专业化服务组织在开展统防统治服务时应用非化学防控技术措施进行补贴。

(十一)推进农村清洁工程建设

以整体行政村为实施单元,结合平湖农区、丘陵山地农区、城郊农区的资源、经济特点,建设不同类型的农村清洁工程模式,实现生产、生活废弃物的循环利用。以农业部"美丽乡村"创建为契机,大力推行农业清洁生产技术,有效防控农业面源污染。因地制宜地确定畜禽养殖品种、规模、总量和污染防治措施。坚持畜牧业发展与环境保护并重,明确畜禽养殖优势区域,科学划定禁养区、限养区、适养区。严格实行养殖污染源头控制,大力推进标准化规模养殖,积极推广污染减排养殖技术,降低畜禽排泄物中的重金属残留排放。全面推进养殖污染物无害化处理,特别是畜禽粪便有机肥生产和沼气利用等资源化利用。

六、抓住关键环节,发展现代生态农业

现代生态农业着眼于对农业生产过程的升级改造,将引领未来农业的发展方向。建设现代生态农业,一定要把生态循环农业作为产业发展的一个关键环节来抓。发展生态循环农业:一要推进现代生态农业区域协调发展,做好农业产业中资源要素的综合利用,协调区域内综合发展与生态保护,在点线面不同层次实现生态连接;二要实施生态循环农业重点工程,有重点分阶段地推进实施秸秆综合利用、畜禽粪便高效处置、产地污染修复、退化耕地保育等重点工程建设,实现生产效益与生态效益持续协调发展;三要加强生态循环农业标准化建设,构建产地环境、生产过程、产品质量等全过程的生态循环农业标准体系,鼓励开展统一服务,普及标准化生产技术;四要强化生态循环农业社会化服务体系建设,强化社会化服务工作,构建以政府为导向、企业为主体、市场起决定作用的现代生态农业资源优化配置模式。

发展现代生态农业,就是要推广农业资源循环利用技术,以秸秆资源化利用、废旧地膜回收为重点组织开展示范,逐步建立高效利用的农业生产模式,探索循环利用技术与模式。抓好农业湿地综合利用示范区建设,启动新一批农业湿地项目申报。加大对有机肥料建设的补贴力度,出台秸秆还田补贴政策和绿肥种植补贴政策;实行商品有机肥与配方肥补贴,采取减税、贴息、技改支持等扶持政策,支持有机肥、配方肥生产,采取以奖代投、产品给补等方式,对施用商品有机肥、配方肥的农户实行定额补贴,促进商品有机肥和配方肥的市场占有率。

发展现代生态农业的"核心"和"关键",就是要大力推广农业部重点推广的十大类型生态农业模式及配套技术,即北方"四位一体"生态模式及配套技术;南方"猪—沼—果"生态模式及配套技术;平原农林牧复合生态模式及配套技术;单地生态恢复与持续利用生态模式及配套技术;生态种植模式及配套技术;生态畜牧业生产模式及配套技术;生态渔业生

产模式及配套技术；丘陵山区小流域综合治理模式及配套技术；设施生态农业模式及配套技术；观光生态农业模式及配套技术等。

七、加强组织领导，保护农业生态环境

发展现代生态文明农业，除了加强生态环境观念、提升和创新生态环境治理技术及强化法制之外，还依赖政府的组织和领导。生态环境系统具有一定的外部性，农民本来收入较少，需要快速致富，因此保护和建设农业生态环境不能让农民承担过重的长期投资和经济负担。而且，生态环境的外部性收益应是广大城市和整个国家绿色环保的重要内容，因此党和政府应该对建设生态环境，特别是建设农业生态环境给予支持和推进。政府支持，首先是政策上的扶持，主要是资金上的援助，其次是进行适当的生态补偿。例如，大力推广沼气、加强农业物化投入的引导等，都需要政府的支持与保障，从而维护农民的长效增收条件。另外，政府要组织开展农业生态环境的保护工作，使现代农业发展的同时，生态环境破坏程度大大降低。具体来说，加强组织领导，保护农业生态环境，要做到以下几点。

（一）加强农业生物保护

对国家重点保护野生种质资源、果树、野生花卉、野生药材等进行全面调查，重点开展种类、分布、数量和生境状况等基本情况调查，并对所有分布点进行 GPS 定位，提交区域分布图册，建立信息数据库。重点抓好国家Ⅰ级、Ⅱ级保护农业野生植物采集、出口的初审和报批管理，防止珍贵的农业野生植物资源的破坏和流失。组织开展外来物种现状情况调查，重点查清自然环境中外来物种种类、发生面积和危害情况。

（二）加强耕地生态环境保护

耕地是农业生产的主要场所，是农业生态系统的重要组成部分。耕地质量好坏、农田生态环境优劣，直接关系到农田生态系统生产力的大小，关系到粮、棉、油等大宗农产品供给量的大小，关系到国家农产品安全，特别是粮食安全。实践证明，加强耕地生态环境保护，确保国家 18 亿亩耕地红线"绝对安全"，以及确保耕地质量提升、农田环境改善，是中国未来农业安全、粮食安全、生态安全的"基石"，不可动摇和忽视。各级政府和部门，应毫不动摇地坚持和加强耕地生态环境保护，并采取各种行之有效的技术和措施。

（三）加强草地生态环境保护

加大对退化草地、草原生态脆弱区和草原生态项目区的保护力度，实行禁牧、休牧和轮牧制度。加强对草地鼠虫害的治理力度。推进石漠化治理工作，通过人工种草和草地改良加快石漠化地区的草地植被恢复和生态重建。加强草地和牧草良种繁育体系建设，建立健全草地监理监测体系，加强对牧草新品种的引进和推广应用，积极推广应用草地监测、牧草栽培、种草养畜等新技术，合理开发利用草地资源。

此外，还要加强对森林生态环境、山地丘陵生态环境、湖泊水体生态环境等各种农业农村生态环境的维护和保护。只有这样，建设现代农业的生态文明才能实现。

第五章 农村生态文明建设

第一节 农村生态文明的战略地位

一、农村生态文明是中国生态文明和"美丽中国"建设的重要组成部分

习近平总书记指出:"中国要强,农业必须强;中国要美,农村必须美;中国要富,农民必须富。""任何时候都不能忽视农业、忘记农民、淡漠农村。"中国是世界上最大的农业大国,"三农"始终是党和国家关注的重点。2004~2017年,党中央、国务院连续14年发布以"三农"为主题的中央一号文件,反复强调"三农"问题在中国社会主义现代化建设时期的"重中之重"地位。

二、农村生态文明建设占有战略性、基础性的地位

在当前及今后推进全国生态文明建设的进程中,农村生态文明建设始终处于重要的战略地位、基础地位。农村生态文明是全国生态文明的重要组成部分,只有整个农村生态文明建成,全国生态文明的建成才是完整的。中国作为世界上最大的发展中农业大国,只有把农业、农村生态文明建设好,其他生态文明如工业生态文明、城市生态文明等,才能建设好。

总之,农村生态文明建设在全国生态文明建设中具有极为重要的战略地位,必须高度重视并积极推进。

第二节 农村生态问题及其综合治理

早在2007年国家环保总局等八部委局《关于加强农村环境保护工作的意见》中就已经指出农村环境问题的严重性。《关于加强农村环境保护工作的意见》指出:"我国农村环境形势仍然十分严峻,点源污染与面源污染共存,生活污染和工业污染叠加,各种新旧污染相互交织;工业及城市污染向农村转移,危及农村饮水安全和农产品安全;农村环境保护的政策、法规、标准体系不健全;一些农村环境问题已经成为危害农民身体健康和财产安全的重要因素,制约了农村经济社会的可持续发展。"到目前为止,这种局面并没有改变。

一、当前中国农村面临的生态问题

改革开放以来,中国的农业能够得到长足发展,其中加强农业生态环境建设功不可没。但是,客观地说,建设的成果往往被在经济发展中对生态环境的破坏所抵消,甚至建设滞后于破坏。农村生态环境仍在不断恶化,农村生态文明建设仍然受到生态环境的严峻挑战。

（一）耕地面积减少

人们生存要以食物为基础，而生存所需的农产品，又必须从耕地中获取营养。耕地是具有肥力、能生长农作物的土地，它提供着人类生产生活所必需的原料。可以说，耕地是人们赖以生存的食物的"粮食"。然而，当前各地城镇建设占用、耕地被污染等，使适合农作物生长、可用于耕种的土地持续减少，如不采取有效措施保护耕地数量、提高耕地质量、实现耕地总量动态平衡，将直接危及社会的稳定和可持续发展。中国幅员辽阔，耕地总资源居世界第四位，但人均占有耕地资源却远远低于世界平均水平。由于社会经济的发展，对土地资源的掠夺性开发，耕地数量还在不断减少。据2014年国土资源部提供的资料显示：2009～2013年全国耕地减少22.12万hm^2（图5-1），人均占有耕地仅为0.093hm^2，不足世界平均水平的一半。据《国土资源部关于发布全国耕地质量等别调查与评定主要成果的公告》显示，全国平均耕地质量等别为9.96等，总体偏低。优、高等地面积为3971.46万hm^2，占全国耕地评定总面积的29.4%，中、低等地面积为9535.79万hm^2，占全国耕地评定总面积的70.6%（图5-2）。由此可见，现有的耕地中，2/3是中、低产田，与高产地块相比，产量要低40%，有的甚至低一半以上。因此，我国农村面临的现实问题一方面是耕地面积不断下降，而另一方面人口数量却迅速地增长。受人口与生产力发展的压力，耕地长期处于严重超负荷利用状态。

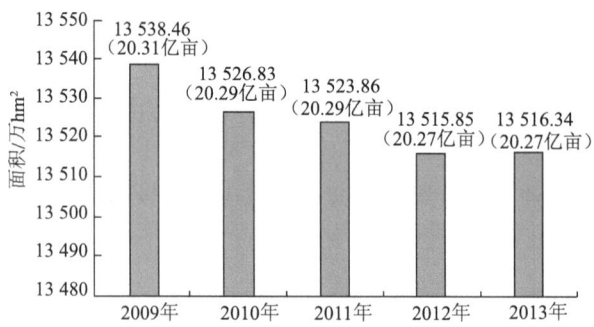

图5-1　2009～2013年全国耕地面积变化情况

数据来源：2014年中国国土资源公报

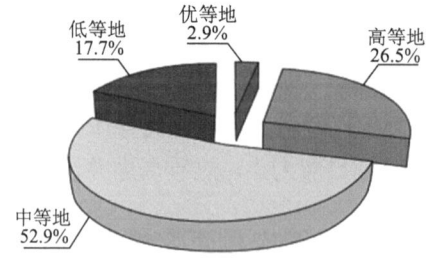

图5-2　全国耕地质量各等别面积所占比例情况

数据来源：2014年中国国土资源公报

（二）水土流失严重

我国是世界上水土流失最严重的国家之一。加强水土资源节约、保护与持续利用，是关乎中华民族生存之基的大事。党的十八大报告将荒漠化、石漠化、水土流失综合治理作为建设生态文明的重要内容。近年来，中央实施一系列大的工程治理水土流失问题，加大治理力度，取得显著成效。

根据《全国水土保持规划（2015—2030年）》（水利部，2015年12月）资料，2011年我国水土流失面积为294.91万km^2，占我国陆地面积的30.7%。水土流失破坏土地资源、降低耕地生产力，不断恶化农村群众生产、生活条件，制约经济发展，加剧贫困程度，不少山丘区出现了"种地难、吃水难、增收难"的情况。

（三）水资源状况不佳

中国人均水资源量仅为世界人均水平的1/4，是一个贫水国；同时中国又是一个农业大国，农业是水资源利用的主要产业之一。

1. 水资源短缺且分布不均

我国是世界上淡水资源严重紧缺的国家之一，缺水近$3.6×10^{10}m^3$，其中农业缺水$3×10^{10}m^3$（刘江，2001）。同时，水资源的时空分布与人口、耕地分布状况极不协调。全年降水量80%集中在夏季；在空间上，水资源分布是东南多西北少，长江以南地区总水量多而耕地少，长江以北水资源少但耕地多，在我国的华北和西北地区，干旱少雨，严重缺水。

2. 水资源过度开发，污染严重

当前不少地方水资源过度开发，像黄河流域开发利用程度已经达到76%，淮河流域也达到了53%，海河流域更是超过了100%，已经超过承载能力，引发一系列生态环境问题（黄国勤，2007）。同时，水污染问题也日渐突出，据水利部《2013年中国水资源公报》公布的数据：2013年，对全国20.8万km的河流水质状况进行了评价，全年Ⅰ类水河长占评价河长的4.8%，Ⅱ类水河长占42.5%，Ⅲ类水河长占21.3%，Ⅳ类水河长占10.8%，Ⅴ类水河长占5.7%，劣Ⅴ类水河长占14.9%，全国Ⅰ～Ⅲ类水河长比例为68.6%。从水资源分区看，西南诸河区、西北诸河区水质为优，珠江区、东南诸河区水质为良，长江区、松花江区水质为中，黄河区、辽河区、淮河区水质为差，海河区水质为劣。

3. 水资源浪费严重

在原本匮乏的背景下，还存在着水资源的严重浪费现象，尤其是粮食生产用水效率低。目前我国农业灌溉水有效利用率仅为40%～50%，灌溉用水有效系数只有0.4%左右，只有很少的地区采取节水灌溉，绝大多数仍然是粗放用水方式，大水漫灌。2013年耕地实际灌溉亩均用水量$418m^3$，农田灌溉水有效利用系数为0.523，与世界先进水平的0.7～0.8相比，差距较大（黄国勤，2001）。

（四）农业污染问题突出

2015年4月14日，农业部副部长张桃林在向媒体介绍农业面源污染防治工作有关情况时表示"中国农业污染总量超过工业",这是国人必须直面的严峻现实。农业污染所带来的恶果,不仅损毁着乡村、危害着农民、威胁着农业,也侵害着与农村、农民、农业息息相关的城市环境与市民生活。

1. 化肥使用过量带来的污染

蔬菜和瓜果等经济作物过量施用现象比较突出,总体上化肥消费增长率在下降,但化肥投入量仍然偏大。2013年我国化肥使用量为5912万吨,占世界的35%,按照20.3亿亩耕地计算,平均单位面积化肥施用量达436.8kg/hm²,还远高于世界平均水平。值得指出的是,目前我国主要粮食作物氮肥平均使用量约为212 436.8kg/hm²,已经低于环境安全上限(发达国家为防止水体污染所设置的安全上限值为 225 436.8kg/hm²),但果树(555 436.8kg/hm²)、蔬菜(365 436.8kg/hm²)的氮肥平均用量还远高于环境安全要求,果园和设施蔬菜化肥过量施用现象还较为突出。这种"掠夺性开发"的超量使用化肥,不仅破坏了土壤的内在结构,造成土壤板结、地力下降,令农作物难以增产,也成为大气的污染源之一,因为施用的化肥中,只有1/3被农作物吸收,有1/3会留在土壤中,另外1/3会进入大气。

2. 单位面积农药使用量过高带来的污染

近年来,我国农药使用量稳定在32万吨(有效成分)左右,占世界农药总用量的1/7,比例高于我国土地面积占世界耕地面积的比例,这与我国土地复种指数高有关系。总体来看,我国单位面积农药使用量高于世界平均水平,但低于美国、以色列、日本等发达国家。另外,当前我国农药利用率偏低,仅为35%,残留农药经过降水、地表径流和土壤渗滤进入水体中,会导致土壤和水环境质量的恶化,破坏生态、影响生物多样性。

3. 养殖业带来的污染

由于畜禽粪便等废弃物资源化利用率较低,污染排放呈上升趋势。近几年我国畜禽养殖总量不断增加,2013年全国生猪出栏超过7亿头。同时,规模化、集约化快速发展,生猪年出栏500头以上的规模养殖比例达到40.8%。此外,许多大中型畜禽养殖场(小型养殖场就更不用说)缺乏畜禽粪便处理能力,畜禽粪便常被排入河塘或随意堆放,这些粪便及食物残渣、畜产品加工过程中的污水中含有大量有机物、病原微生物、寄生虫及虫卵和重金属等。未经处理的污水排放后会污染地表水、地下水、河流、池塘,使湖泊、池塘、河流和浅海水域生态系统营养化,导致水藻生长过盛、水体缺氧、水生生物死亡。近年来这种"有机污染"日益严重,致使渔业、水体养殖业损失惨重。此外,我国的水产养殖规模也在迅速扩大,1978年水产品总量为465.4万吨,其中人工养殖占26.1%,2013年水产品总量达到6172万吨,人工养殖占到73.6%,水产养殖中大量饵料、鱼药投放造成水环境污染。

4. 农膜残留带来的污染

我国地膜回收率较低,破旧农膜残留问题仍有待破解。我国地膜使用总量和作物覆盖面积均高居世界第一。2013年,全国农膜用量为249.3万吨,由于超薄地膜的大量使用及残膜回收再利用技术、机制欠缺,"白色革命"逐步演变为"白色污染",农田地膜残留污染问题日益突出。地膜残留危害严重,影响土壤结构,降低耕地质量;影响出苗,造成减产;影响农机作业,造成播种和施肥质量下降;牲畜误食不断发生,危害牲畜健康。

二、农村生态问题产生的原因

（一）农村生态环境问题没有得到应有的重视

随着工业化、城镇化进程的进一步加快，工业造成的城镇污染问题是各级政府关注的重点，而广大农村的生态环境问题没有得到应有的重视，各级政府更愿意将资金投入城镇工业污染的治理中。近几年，党和国家高度关注农村生态环境问题，但没有得到基层政府的积极响应，投入农村的生态环境治理资金也多来自中央政府，地方政府并没有积极增加相应的投入。过去普遍认为，环境保护设施、环境保护机构在城乡不均衡，但通过调查发现，在一些地方，生态环境治理的设施、机构逐渐延伸到乡镇，也惠及镇周边的农村，但生态环境问题依然存在。究其原因，一方面在于污水管网和垃圾收集运输设施还很不完善，农村环卫管理队伍缺失；另一方面，即使污水处理站、垃圾中转站都建立起来了，但由于缺乏运行经费，多数污水处理站都不能正常运转，垃圾中转站也不能正常运行。从这个意义上来看，污水处理站、垃圾中转站成了一种摆设，造成了国家投资的浪费。

（二）农村生态环境治理涉及多个部门，难以协调

农村生态环境的治理与管理涉及多个部门，如基层环境保护部门主要对农村工业污染进行监管，农业部门主管农业生产中的过量化肥、农药残留污染、农业废弃物的综合利用和改厕、改灶等，城乡建设部门则主管农村生活垃圾和生活污水污染的治理，畜牧兽医局主管畜禽养殖的发展，但对畜禽养殖造成的污染治理没有明确。这些部门彼此之间没有隶属关系，各自开展工作，缺乏相互协调和共同推进的工作机制，因此难以实现治理污染的预期成效。

（三）资源、能源循环利用率低

农作物秸秆是用途丰富的农业资源。据推算，2013年全国秸秆综合利用率仅为76%。随着农用能源结构的变化，农作物秸秆在生活用能源中所占比例愈来愈少，多余秸秆的出路，一是就地焚烧，主要是因为土地耕作几乎都采取旋耕方式，一般在15cm左右，粉碎的作物秸秆难以翻入地下，如果遇到干旱天气，粉碎的秸秆不能腐烂，影响了耕作，而秸秆焚烧易造成空气污染，降低大气能见度，妨碍交通，危害人体健康；二是弃之田沟或堆入河沟或湖中，经风化、雨淋与腐烂，秸秆中的有机物进入水体造成污染。此外，许多乡镇没有建立起沼气系统，也就不能做到秸秆、人禽畜粪便转换为二次清洁能源的循环利用。在农村，煤炭仍然作为主要的能源，沼气、液化气、电气等清洁能源利用率低。

（四）农村环保的投入力度不够

环保工作的开展需要大量资金的支持，我国目前对环境保护的资金投入有限，而在这有限的份额中，其大部分也都将重点放在了城市，对农村环保的投入力度明显不足。这也就造成了农村环保人员配备的匮乏、环保设施的长期不到位，严重制约了生态文明建设的发展。借鉴发达国家治理环境污染的经验，要使环境污染得到控制并逐步加以改善，一个国家对环保的投入必须达到 GDP 的 2%~2.5%。大量环保资金的投放可以扭转目前农村科技、人才匮乏的窘况，改善农村生态环境。

（五）法律制度不完善

法律制度的建立健全是环保工作正常有效运行的制度保障，只有这样才能在环保执法过程中做到有法可依、有法必依、执法必严、违法必究。目前我国在环保立法方面虽取得了一定的成绩，但仍与现实需求差距过大，存在着力度不够、体系不健全、内容滞后等问题。特别是相较于城市，农村的环保工作起步更晚，无法可依现象较为严重。环境保护法规的责任不明确、规范不具体使得环保措施得不到贯彻落实，严重阻碍了农村生态文明建设。

三、农村生态问题的解决途径

解决农村生态问题是一个大课题，尤其是在城镇化和工业化快速发展的过程中，农村环境问题日趋严重。针对农村环境污染的原因和特点，需要从保护耕地资源、防治水土流失、转变农业生产方式等多个方面协同开展，只有这样才能实现对我国农村生态问题的有效监管和综合治理。

（一）保护耕地资源

首先，农业是国民经济的基础，耕地是农业生产的基础，工业特别是轻工业的原料主要来源于耕地；其次，耕地是社会稳定的基础，耕地为农村人口提供了主要的生活保障，是城市居民生活资料的主要来源。随着人口的不断增加，人均耕地在未来相当长的时期内还会进一步减少，所以在未来经济发展中，必须采取最严格的措施，对耕地进行特殊保护，稳定一定的耕地面积，不断提高耕地质量。

1. 正确处理好建设与耕地保护的关系

对于经济发展占用耕地，理想的目标是，以尽可能少的占用耕地面积，实现高度集约化的土地利用，使有限的农田绿地得以保存，从而满足社会对农产品增长的需要。非农占用耕地的扩大，在现在经济起飞的阶段不可避免，强行禁止的政策只能导致本地本应加快的城市化、工业化和现代化的进程被人为地拖延，关键是我们应在建设过程中抵制乱征、乱占、滥用和浪费撂荒耕地倾向。

2. 编制基本农田保护区规划和建设规划

保护耕地是不以人们主观意志为转移的经济发展的客观趋势，有效克服经济建设与耕地保护之间的矛盾，划定基本农田保护区，统一规划布局，是切实可行的对策。一方面要编制和制定落实各类基本农田保护规划和耕地保护条例及有关政策，通过规划和立法的方式划定基本农田保护区；另一方面要编制国家建设与布局的总体规划，在基本农田保护区之外划定开发区，对各类开发区的建设数量、区域布点、占地规模、功能结构、开发性质等进行统一的界定。一切未纳入统一规划的都应被视为非法的而不予承认与批准，凡私自建立起来的坚持予以取缔。另外，可以改造旧城区，优化城市土地资源配置。通过合理布局，改造旧城区，可以提高土地利用率和单位土地面积效益，扩大城区的容量。

3. 加强中低产田改造

改造中低产田比垦荒投入省、用工省、见效快,并能产生长期效益。中低产田改造的基本原则是统一规划、综合治理、先易后难、分期实施、以点带面、分类指导,搞好技术开发,注意远近期结合,并与区域开发、生产基本建设等紧密衔接。中低产田改造不单纯是提高当年产量,而是着眼于根本性的土壤改良,特别是要进行提高综合生产能力的基本建设。针对不同类型的中低产田采取综合措施,清除或减轻制约产量的土壤障碍因素,提高耕地基础地力等级,改善农业生产条件。在改造中低产田中应通过调整种植业结构,增加养地作物,增施有机肥,并进行生态农业建设,进行水、土、田、林、路的综合治理,提高土地的可持续生产能力。比如说,目前国内70%左右是中低产田,通过改造,粮食单产可以提高20%以上。

(二)防治水土流失

一方面要严格控制各类生产建设活动造成新的人为水土流失;另一方面对历史上已经形成严重水土流失的地区要加大治理力度,加快治理进程。

1. 坚持预防为主,保护优先

今后相当长的时间内,我国各类生产建设活动将会维持在一个较高的水平,因此应当加强预防保护工作。一是加强重点预防保护区水土资源保护。对重要的生态保护区、水源涵养区、江河源头和山地灾害易发区,需要严格控制任何形式的开发建设活动,有特殊情况必须建设的,应充分进行水土保持方案论证,切实采取水土流失防治措施,防止水土流失的发生和发展。二是依法强化开发建设项目水土保持监管。对扰动地表、可能造成水土流失的生产建设项目,都应当实施水土保持方案管理。监督管理部门也要加强跟踪检查,做好验收把关,保证水土保持防治措施能够落到实处。同时,需要在法律中严格有关的管理制度,明确处罚措施,使水土保持违法案件能够得到查处,全面落实水土保持"三同时"制度。所谓水土保持"三同时"是指建设项目中的水土保持设施,必须与主体工程同时设计、同时施工、同时投产使用。

2. 加强对水土流失防治的社会监督

采取政府组织、舆论导向、教育介入的形式,广泛、深入、持久地开展宣传,并充分发挥各级人民代表大会的作用,开展经常性的监督检查,不断强化群众监督,唤起全社会水土保持意识,大力营造防治水土流失人人有责、自觉维护、合理利用水土资源的氛围。同时,需要尽快建立水土保持生态补偿机制。坚持"谁占用破坏,谁恢复补偿"的原则,建立和完善水土保持补偿制度。此外,对于水土流失区的水电、采矿等工业企业,要建立和完善水土流失恢复治理责任机制,从水电、矿山等资源的开发收益中,安排一定的资金用于企业所在地的水土流失治理。

3. 加大封禁保护力度,充分发挥生态自然修复能力

发挥生态自然修复能力是加快水土流失防治步伐的一项有效措施。在人口密度小、降雨条件适宜、水土流失比较轻微地区,可以采取封育保护、封山禁牧、轮封轮牧等措施,以及推广沼气池、以电代柴、以煤代柴、以气代柴等人工辅助措施,促进大范围生态恢复和改善。在人口密度相对较大、水土流失较为严重的地区,可以把人工治理与自然修复有机结合起来,通过小范围、高标准的人工治理,增加旱涝保收基本农田、人工草场,解决农牧民的吃饭、花钱问题,为大面积封育保护创造条件。

（三）转变农业生产方式

传统粗放型农业生产方式，不仅造成了资源的浪费，同时还带来了环境污染等一系列问题。要从根本上治理农村环境污染问题，需要从改变农村经济发展方式着手，以循环经济理念为指导，按照高产、高效、优质、生态、安全的要求，调整优化产业结构，发展特色农业、绿色农业和生态农业。同时，加大对农业生产的科技研发与推广，加强对低毒或低残留农药的开发研究，促进高功能、无污染、易降解农膜的研发与推广应用，倡导使用有机肥或以有机为主体的复混肥，促进机械化秸秆还田技术、固化气化发电技术的应用。依据对农业面源污染治理的源头减量、过程阻断、养分再利用和生态修复等四大原则，引导广大农民科学种植、合理养殖，保护环境，减少污染。

（四）增大农村环境问题治理的投入

农村环境污染问题的综合治理具有污染来源复杂、污染物类型多样，且具有累积性与迁移扩散性等特点，因此需要加大对污染治理的经费、人员和科技投入，通过科技和生态防控技术来实现农村污染环境的综合治理。

首先，加大科技投入。依据全国生态区划成果和农村污染物空间分布特征，加大农村环境污染的科技投入，开展不同地区污染物来源、类型和迁移扩散规律的科学研究，并提出具有针对性的污染治理技术体系与环境保护目标，建立农村环境污染的综合评价体系、技术方案和量化标准，为相关法律法规的建立和完善提供科学依据。

其次，加大资金投入。加大政府对农村环境保护和治理基础设施建设及其运行维护费用的投入，建立中央财政为主、地方财政为辅，政府为主、社会参与为辅，政府、社会、市场相结合的农村环境保护与污染治理专项资金，实行专款专用。

最后，提高农业科技人员的综合素质。我国农村实用人才占农村劳动力的比例仅为1.6%，高层次创新型人才和农村生产经营型人才严重缺乏，农民培训项目的覆盖面还不到5%。根据农业产业实际，通过多形式、多渠道、多层次对农业科技人员的培训，提高使用现代农业实用人才的总量和整体素质。

（五）开展农村废弃物、污染物的综合处理和再利用

运用多种技术，开展农村废弃物、污染物的综合处理和再利用。例如，对于农产品养殖和农村生活废弃物，可采用生物发酵技术生产生物沼气，沼渣可用于生产有机肥。对于农林废弃物，可采用生物发酵技术生产生物质能，如乙醇和沼气等，也可采用集中焚烧的方法，用于生物质发电。对于农业种植废弃物，结合病虫害的生物防治技术，在降低使用量和提高利用效率的基础上，应用生物修复技术开展农田土壤的修复与净化。对于工矿业重金属污染，应用生物修复技术，如重金属富集植物，吸收富集土壤和水体中的重金属，以净化受污染的土壤和水体。

（六）提高农民环境保护和污染治理的参与意识

农民是农村环境建设和保护的主体，一方面需要提高自身的环境保护意识，转变不利于环境保护的生产作业方式；另一方面需要充分认识自身在农村环境中的主体作用，积极参与

农村环境的建设和保护。

政府通过加大农村文化教育投入，提高农民整体思想文化素质，增强其辨别是非的能力，使其接受先进的农业生产科学技术知识，减少农业生产中的污染物排放。加大对环境污染治理的宣传力度，通过电视、网络、科普活动等各种浅显易懂的形式，将国家关于环境污染的法律法规、排污标准、治理办法等文件向农民宣传，大力普及环境法律常识。调动农民的主观积极性，增强自身保护农村环境的责任感和紧迫感。

农村环境保护工作具有长期性，艰巨性，复杂性，需要几代人、十几代人乃至于几十代人的不懈努力。我们一定要发动最大多数的民众，调用一切可以调用的要素，充分利用政府干预、市场调节、政策引导、法制保障、宣传教育等多种手段，并使这些手段有机结合。坚持统筹规划，预防、治理和建设相结合，教育、引导和强制相结合，制定的对策科学合理、切实可行，只有这样才能使农村生态环境持续、健康地发展。

第三节　农村生态文明建设方法与路径

党的十八大报告指出：建设生态文明是关系人民福祉，关乎民族未来的长远大计，要把生态文明建设放在突出地位，融入经济建设、政治建设、文化建设、社会建设各方面和全过程中。农村是中国经济社会的基础，可以说，没有农村的生态文明就没有整个社会的生态文明，就没有整个国家的生态文明。农村生态文明的内涵包括实现社会生产方式、生活方式，特别是人的思维观念的生态化转变，创造经济社会与资源、环境相协调的可持续发展模式，建设经济活动与生态环境有机共生、人与自然和谐相融的文明农村，实现经济、社会、环境的全面、协调、可持续发展。农业部副部长张桃林在浙江调研现代生态循环农业建设时指出，要加强政策创新、载体创新和技术创新，进一步转变农业发展方式，以"减量、清洁、循环"和提高农业资源利用率为主线，深入推进农业生态文明建设。农村生态文明建设，不仅关系着广大农村居民的切身利益，也关系着我国经济社会的整体发展水平。必须把农村生态文明建设放在首要位置，建设自然美丽和谐的新农村，实现农村经济社会永续发展。

目前，农村生态文明的建设比较薄弱，形势严峻，由于农村工业化的迅速加快，农村的生态破坏、环境污染、资源浪费等现象十分突出，成为危及农民身体健康和财产安全的重要因素，制约了农村经济的可持续发展。因此，必须把党的十八大精神深入贯彻落实到新农村建设的实际工作中，牢固树立生态文明观，重视人与自然、人与人、人与社会的和谐，不断化解冲突和生态危机，全面推进农村生态文明健康协调的发展。

一、加大污染防治和环境综合治理的力度

新农村生态文明建设是一项系统工程，要把加强污染防治综合治理摆在首位，将污染对环境的影响减到最低。

（一）减少化肥和农药的使用量

对化肥、农药等化学品的使用要有明确的标准和规定，要制定农田施肥的限量指标，即根据不同土壤、作物、气候、水文与农业生产条件等制定防止产生污染的农田施肥限量。积

极鼓励有机肥与化肥的综合施用，提高化肥的利用率。

积极发展高浓度、缓释化肥，合理调整氮、磷、钾施肥比例，积极推广深施、包膜、缓释、配方施肥、测土施肥、农业防治、物理防治等技术，要积极推广增产和防治效果明显、对环境安全，对人畜低毒、低残留的先进技术，提高化肥、农药的利用率，降低流失率。

加强农药环境安全管理，减少不合理使用造成的危害，鼓励开发利用高效、低毒和低残留的化学农药，加大高效、低残留化学农药的研发力度。

同时，定期监督与评价农田施肥对环境的影响，根据考察结果对化肥、农药的用量与种类进行相应的调整。

（二）加强对工业污染源的防治

工业污染源对农业的污染，包括农村工业污染和非农村的大型工矿企业造成的污染，如矿山污染、粉尘污染、排水污染等。因此，对工业污染源造成的农业污染，应综合施策、全面防治。

第一，要加大对农村工业的污染防治力度，严格执行建设项目的环境准入制度，把环保放在第一位，严把项目审批关，禁止高消耗、重污染、不符合国家相关环保要求的项目上马。

第二，对乡镇企业的污染要在产前、产中、产后等各个环节进行控制，从源头上减少污染，在生产环节的末端高效地处理污染，着重发展污染物排放少的产业，对污染物要进行高效的处理。对未达到有关标准、不符合国家规定的企业要征收排污费，进行限期整治。

第三，要鼓励农村企业进入工业小区生产，建立乡镇企业园区，促进乡镇企业的合理布局，避免"村村点火，户户冒烟"的现象，要采取污染集中治理的办法，解决好工业污染防治问题。加快改造农村工业小区，根治环境污染，要引导农村个体作坊向标准化、环保化、集群化工业小区聚集，使乡镇企业在地域上逐步实现相对集中。严格控制发展新的污染企业，保证生产的安全性、环保性、生态性。

第四，还要对非农村的大型工矿企业造成的农业污染进行积极防治，要按照有关政策和法律、规章制度，因地制宜地采取"关、停、并、转"措施。

（三）提高农村资源利用率

对农村畜禽粪便及生活垃圾的处理也是建设生态文明所需做的努力，对一些畜禽养殖业的污染物排放要制定标准。此外，还要促进秸秆、沼气等的综合利用，以减少其对环境所造成的污染。要从饲料、肥料、燃料和工业原料等领域开拓秸秆综合利用渠道，大力推广秸秆还田、秸秆气化技术和其他综合利用措施，开发工业利用秸秆新途径，提高秸秆的综合利用率。

（四）防治农村水污染

水环境是一个大系统，农村水体污染防治要着眼于大系统，按区域或流域进行综合治理。以防为主，防治并举。要在科学规划的基础上，加强宣传和监管力度，从源头上消除水体污染，从根本上治理水体污染。

一方面，多途径防治乡镇企业污染，对乡镇企业统筹规划、合理布局，使乡镇企业向工业园区集中。使污染源集中，建立集中污水处理厂，将规模小而无力建污水处理设施的企业排放的废水集中统一处理。大力推行清洁生产，采取优惠政策和技术支持，促使乡镇企业转变产业结构，鼓励发展无污染、少污染的行业和产品。严格执行国家有关环境保护法律和法规，对规模小、能耗大、污染严重的乡镇企业实行关停。加大污水处理设施的资金投入，提高企业的污水治理技术，减少企业污水对农村水环境的直接污染。强化乡镇企业环境管理，完善乡镇企业环境管理的法律体系，实行排污许可证制度，实施排污总量控制。加大监督检查力度，奖罚并举，迫使企业全力治污。

另一方面，避免因生活污水直接排放而引起的农村水体、土壤和农产品污染，确保农村水源安全和农民身心健康。农村生活废水要先进行化粪处理，再利用土壤、湿地等生态技术脱氮、脱磷后排放，集镇可集中纳入污水管道进行处理。生活污水处理技术主要有厌氧沼气池处理技术、稳定塘处理技术、人工湿地处理技术、土壤渗滤技术等。

二、改进农业生产方式，大力发展现代生态农业

应进一步调整和优化农村生产力发展布局，转变发展方式，加大现代生态农业的推广力度。现代生态农业是在保护和改善农业生态环境的前提下，遵循生态学、生态经济学规律，运用系统工程方法和现代科学技术，集约化经营的农业发展模式。现代生态农业的发展要求绝对禁止或有限制地使用农药、化肥、激素等人工合成物质，主要以农作物的秸秆、禽畜的粪便和有机废弃物作为土壤肥力的主要来源。现代生态农业是将农作物种植、禽畜养殖和加工有机联系在一起，带动农村各项产业共同发展。现代生态农业的发展，不仅使自然资源在生产中得到有效的利用和保护，还能改善农业生产条件，最终形成农业生产的良性互动与发展。因此，现代生态农业是实现我国农村生态文明建设的必由之路。

三、进一步加大对农村生态文明建设的资金投入

农村生态文明建设是一项非营利性的公益事业，政府应建立长期稳定的投入机制，增加对农村生态文明建设的投入，并以法律的形式确定下来，以保证农村生态文明建设的稳定投入。一是中央财政应把农村生态文明建设列为公共财政重点支持的内容，每年拿出专门资金用于农村生态文明建设。二是地方财政应加大对农村生态文明建设的投入比例，逐步建立由政府投入为主、农村集体和农户适当投入的资金保障体系。三是应设立农村生态文明建设专项资金，主要用于农村地表水质量监测及农村地区工业污染源整治、改水、改气、改厕、道路建设、生活垃圾处理、污水和畜禽养殖污染治理、秸秆综合利用、土壤污染防治等。四是地方政府应协调各个涉农部门集中财力、物力、人力投入，尽力扶持农村生态文明建设，确保建设的成效。

四、建立农村生态文明建设的法律、法规和制度体系

健全的生态文明建设法律制度不仅是生态文明的标志，还是生态保护的重要保证。从国家层面来看，应制定有关生态文明建设的基本法律，增加自然生态保护方面的内容，弥补现行有关法律对自然资源保护的缺失。同时，完善相关政策。应以相关法律法规作为基础，综合分析相关部门的法律规定对农村生态文明建设的要求，对相关政策加以完善，提高政策的时效性和可操作性。如此，政策就能够对法规进行动态补充，从而提高法律法规的指导性功

能，为农村生态文明建设提供有效的保障。从地方层面来看，应考虑制定保护农村生态文明建设的地方性法规，对法律没有涉及的内容做出较具体的规定，对法律中的相关规定，针对本地农村的具体情况做出具有指导性的规定。

加快农村生态文明建设，还应健全和完善相关的制度体系，用制度去规范农村生态文明建设。应把农村自然资源的消耗、自然环境的破坏和农业生产的生态效益纳入农村经济社会发展评价体系，建立能够体现农村生态文明建设要求的经济社会发展目标体系及考核和奖惩机制。逐步建立自然资源开发管理制度，健全完善农村可耕地保护制度、生态环境保护制度，建立农村自然资源有偿使用和补偿制度，健全农村生态责任追究制度和损害赔偿制度。

五、加大宣传教育力度，培养农村居民生态文明建设的意识和积极性

公众的生态意识水平是衡量一个国家和民族文明程度的重要标志，也是实施可持续发展的社会思想基础。只有生态文明观的发展和成熟，才能为生态文明建设提供持久的动力支持和价值导向。同时，农村居民是农村生态文明建设的主体，培养农村居民的生态文明意识是建设农村生态文明的基础。要建设农村生态文明，还应加大对农村居民生态文明建设的宣传力度。将宣传工作深入农村居民家中，深入农村大街小巷，深入学校和田间地头，应充分利用广播、电视、网络、宣传板、宣传栏等各种宣传媒体，以生动形象的立体宣传手段对农村居民进行生态文明意识、责任意识、保护意识、法律意识和生态审美意识的培育，以此提高广大农村居民参与生态文明建设热情，真正使他们在思想上提升参与建设农村生态文明的自觉性和积极性。

加快推进生态文明建设是加快转变经济发展方式、提高发展质量和效益的内在要求，是坚持以人为本、促进社会和谐的必然选择，是全面建成小康社会、实现中华民族伟大复兴中国梦的时代抉择，是积极应对气候变化、维护全球生态安全的重大举措。要充分认识加快推进生态文明建设的极端重要性和紧迫性，切实增强责任感和使命感，牢固树立尊重自然、顺应自然、保护自然的理念，坚持绿水青山就是金山银山，动员全党、全社会积极行动、深入持久地推进生态文明建设，加快形成人与自然和谐发展的现代化建设新格局，开创社会主义生态文明新时代。

第四节 农村生态文明建设的实践案例

农村生态文明建设是推进新农村建设的必由之路，是实现农村和谐进步、农业可持续发展、农民生活更有尊严的有效途径。"美丽乡村"建设作为新农村建设的升级版，是推进农村生态文明建设的有效载体。当前，我们应抓住"美丽乡村"建设这个契机，把生态文明建设推向全社会，让全社会共同参与农村生态文明建设。当前我国农村生态文明建设的实践案例很多，着重介绍以下几个。

一、生态保护型——安吉模式

安吉县位于长三角腹地，是浙江省湖州市的市属县，与浙江省长兴县、湖州市吴兴区、德清县、杭州市余杭区、临安区和安徽省宁国市、广德县为邻。位于东经119°14′~119°53′

和北纬30°23′～30°53′，面积为1885.71km²。安吉生态环境优美宜居，境内"七山一水二分田"，层峦叠嶂、翠竹绵延，被誉为气净、水净、土净的"三净之地"，植被覆盖率为75%，森林覆盖率为71%。安吉是联合国人居奖唯一获得县、中国首个生态县、全国首批生态文明建设试点地区、国家可持续发展实验区、全国首批休闲农业与乡村旅游示范县、中国金牌旅游城市唯一获得县，有"中国第一竹乡""中国白茶之乡""中国椅业之乡""中国竹地板之都"的美誉，被评为全国文明县城、全国卫生县城、美丽中国最美城镇。

从2008年开始，安吉率先提出在全县开展以"中国美丽乡村"建设为总抓手的新农村建设推进工程，规划用10年时间，把安吉全县187个行政村都建设成"村村优美、家家创业、处处和谐、人人幸福"的现代化新农村样板。安吉"中国美丽乡村"建设是对社会主义新农村建设理念的创新发展，是推进农村生态文明建设的成功典范。2009年农业部社会事业发展中心深入研究了安吉打造美丽乡村、统筹城乡发展的成功实践，向全国推出了社会主义新农村建设的"安吉模式"。

安吉模式的重要经验在于始终以生态文明理念为指引，坚持走生态立县之路，推进形成节约资源和保护环境的产业结构，打响了生态经济强县、生态人居名县和生态文化大县的三大名片，实现了生态建设成果的快速转化，推动安吉和谐发展。

（一）坚持以生态文明理念为指导

安吉站在生态立县的战略高度，以生态文明理念为指引，用生态的理念，打造特色产业集聚区；用生态的方式，谋划休闲旅游先行区；用生态的思维，设计城乡建设示范区；用生态的意识，培育新的创业基地。安吉以"中国美丽乡村"建设为抓手，准确把握自身发展的阶段性特征，因村而异，注重个性美，彰显"一村一景、一村一业、一村一品"的特色。安吉立足于特色基础，依托于特色优势，因地制宜，走出了一条差异化发展之路。

（二）坚持环境就是生产力的生态理念

在生态立县确立伊始就旗帜鲜明地提出污染环境就是破坏生产力、保护环境就是解放生产力、改善环境就是发展生产力、经营环境就是创造生产力的发展理念，将生态环境作为县域经济实现弯道超车、跨越发展的有力支撑。

（三）不断建设美丽生态环境

安吉抓好生态河道美化工程，抓烟尘治理工作，提高工业企业污染处理率，做到达标排放，实现清洁化生产；加大森林植被、生态公益林保护及经济林生态修复力度，并加强对耕地复耕指数的监测，控制土地抛荒，保持良好的生态环境及优美的田园风光；抓好沿路、沿线、沿河的环境整治，提升生态环境建设品位。

（四）着力增强生态经济实力

安吉不仅关注自然美，更强调现代美，把经济发展放在重要位置，把"增收"作为农村生态文明建设的基础，使现代文明融于自然生态之中。以绿色产业为落实生态立县方略的首要载体，引领环境友好工业和低碳集约的休闲农业与乡村旅游业等现代服务业快速发展。同时,坚持生态环境保护导向的产业政策引导,通过税收、财政支持、审批登记、执法等形式,鼓励生态型产业发展,限制甚至禁止非生态型产业发展,强化生态经济发展的技术支撑,对绿色生产技术,环境保护技术等的研发和推广提供支持,顺应绿色低碳经济发展潮流,积极主动培育新的生态产业,开发生产绿色产品。在近些年的发展中,安吉实现了"生态环境资源化"向"生态资源经济化"的转变及"县域经济生态化"向"生态经济品牌化"的转变,进一步强化了经济实力的支撑作用,彰显了其区域品牌的优势。

(五)充分发挥政府主导作用

在农村生态文明建设中,安吉建立了"党委领导、政府主导、农民主体、部门协作、社会参与"的工作机制,从而合力推动"中国美丽乡村"建设。安吉充分发挥政府的主导作用,建立了政府部门各负其责的责任机制,明确了不同层级之间的职责定位,理顺了各自的责权关系。在发挥政府主导职能的同时,安吉形成了农村生态文明建设的多元参与机制,把农村生态文明建设的主动权交到农民手中,尊重农民的意愿,充分发挥农民的主体作用;扶持和培育农村专业合作经济组织等基层社会组织,积极参与到农村生态文明建设中来;联合知名企业,开展村企共建,吸引大量社会资本进入农家乐、农居房和各种体育文化设施;等等。

自2003年以来,安吉县通过环境整治、美丽乡村创建及农村生态文明建设,大大改善了社会经济面貌,地区生产总值从2003年的66.3亿元增加到2014年的285.06亿元;财政总收入由7亿元增加到50.05亿元;农民人均年收入由5402元增加到21562元,由低于全省平均水平转变为高出全省平均水平1000多元。截至2014年末,全县累计建成"中国美丽乡村"179个村,其中164个精品村、12个重点村和3个特色村,成功创建4个"中国美丽乡村"精品示范村;12个乡镇美丽乡村全覆盖,全县美丽乡村创建覆盖率达95.7%。

安吉实践启示我们,生态文明与农村人居环境的关系最直接,与县域经济社会发展的关系最密切,新农村建设必须通过营造良好的生态环境、建设美丽的绿色家园、发展高效的生态经济,走生态文明与物质文明、政治文明、精神文明和社会文明同步发展的道路。安吉实践的这一启示告诉我们,一定要更加自觉地珍爱自然,更加积极地保护生态,努力走向社会主义生态文明新时代。

二、全面发展型——高淳模式

高淳区位于南京市南端,被誉为南京的后花园和南大门,是世界慢城联盟授予的中国首个"国际慢城"、世界慢城联盟中国总部所在地、华东地区特色现代都市农业基地、长三角地区重要休闲旅游目的地,也是长三角地区制造业服务枢纽和高端制造业配套基地。近年来高淳区农村生态文明建设以打造"长江之滨最美丽的乡村"为目标,以"容整洁环境美、村强民富生活美、村风文明和谐美"为主要建设内容。

(一)改善农村环境面貌,达成村容整洁环境美

按照"绿色、生态、人文、宜居"的基调,高淳区自2010年以来集中开展"靓村、清水、丰田、畅路、绿林"五位一体的美丽乡村建设。对250多个自然村的污水处理设施、垃圾收运处

理设施、道路、河道、桥梁、路灯、当家塘进行了提升改造，新建改造农村道路 190km，建成农村分散式生活污水处理设施 112 套，铺设污水管网超过 540km，新增污水处理能力 3770t/天，形成化学需氧量（COD）减排能力 480t/年、氨氮 47t/年，城镇生活污水集中处理率达到 63%，农村生活污水集中处理率达到 30% 以上。建立健全"组保洁、村收集、镇转运、区处理"的农村生活垃圾收运体系，新增垃圾中转站 34 座、垃圾分类收集桶 6600 个，农村生活垃圾无害化处理率达 85% 以上。同时，结合美丽乡村建设，扎实开展动迁拆违、治乱整破专项行动，累计动迁村庄 180 万 m^2，拆除以小楼房等为主的违建 20 万 m^2，搬迁企业 20 家，城乡环境面貌得到优化。

（二）鼓励发展农村特色产业，达到村强民富生活美的目标

高淳区将"一村一品、一村一业、一村一景"定位为工作思路，针对村庄产业和生活环境进行个性化塑造和特色化提升，逐步形成古村保护型、生态田园型、山水风光型、休闲旅游型等多特色、多形态的美丽乡村建设，基本上实现村庄公园化。同时，通过跨区域联合开发、整合土地资源、以股份制形式合作开发等多种方式，大力实施深加工联营、产供销共建、种养植一体等产业化项目；深入开展村企结对等活动，建设一批高效农业、商贸服务业、特色旅游业项目，让农民就地就近创业就业。例如，大山脚下，毗邻大山水库，有一个小村庄——石墙围村。村庄东朝大山、南邻大竹园、西靠影视城、北依水库，山水相融、景色秀丽。由韩国"情感电影大师"许秦豪执导的电影《危险关系》，在此取景拍摄后，许多游客慕名而来。

（三）建立健全农村公共服务，达到村风文明和谐美的目标

高淳区着力完善公共服务体系建设，深入推进农村社区服务中心和综合用房建设，健全以公共服务设施为主体、以专项服务设施为配套、以服务站点为补充的服务设施网络，加快农村通信、宽带覆盖和信息综合服务平台建设，不断提高公共服务水平。采取切合农村实际、贴近农民群众和群众喜闻乐见的形式，深入开展形式多样的乡风文明创建活动，推动农民生活方式向科学、文明、健康方向持续提升。

这些年来，南京高淳区始终以生态立区为主战略，追求速度、质量、效益的有机统一，追求生态、经济、民生的互动并进，在宏观经济环境较紧、经济下行压力加大的背景下，经济亮点频出，近 3 年全区地区生产总值、公共财政预算收入、农民人均纯收入年均分别增长 26%、30.2% 和 16.2%。生态文明建设的"高淳模式"用实践诠释了"绿水青山就是金山银山"的发展理念，印证了"保护环境就是保护生产力，改善环境就是发展生产力"的科学论断。

三、都市休闲型——江宁模式

2011 年，国家环境保护部将南京市江宁区列为第三批全国生态文明建设试点地区，这也是南京市首个生态文明试点地区。经过几年的建设，江宁区的生态文明建设取得了较大的成果，产生了"江宁样本"。

（一）政府从战略层面高度重视生态文明建设

江宁区政府对于生态文明建设从战略层面给予高度重视，对江宁区的生态文明建设进行了大力引导与支持，充分发挥了政府对于生态文明建设的宏观领导作用。在政策规划上，编制规划了区域"三纵二横"的生态网架，2010年的《南京市江宁生态文明示范区建设规划》及2014年《南京市江宁区生态文明示范区建设行动计划（2011-2015）》成为江宁区生态文明建设的指南针。在组织执行层面，省市区各级领导对于江宁区的生态文明建设都提出了明确要求并进行了动员，全区积极行动，开展培训调研，明确建设任务，强化考核，落实目标责任。在对外宣传上，在《中国环境报》《南京日报》《新华日报》等开设"生态江宁""生态创建"专栏，一方面宣传江宁区的生态文明建设实践和成果，另一方面也是为了接受全社会的监督检验。

（二）从"五位一体"的系统层面推进生态文明建设

江宁区在生态文明建设实践过程中从政治、经济、文化、社会、生态"五位一体"的系统层面进行战略布局并扎实推进。在经济层面，加快经济发展方式转型，推进全区开展清洁生产审核工作，仅2012年就完成67家企业清洁生产审核工作，43家企业完成循环经济试点工作，150多家企业通过ISO14000认证，32家企业被命名为绿色企业。在管理体制方面，建立更加科学合理良性有序的管理制度，制定环境优惠政策和财政激励措施，规范企业公民环保道德责任，完善企业环境行为监管制度。此外，还大力宣传，针对公众进行生态文明道德培育，促进和谐社会体系的构建。从而形成生态文明建设的"合力"，促进江宁区生态文明建设的发展。

（三）深入推进生态文明的标准化体系建设

生态文明建设是一项具有长期性、艰巨性、复杂性的工程。随着社会经济的发展，江宁区所面临的资源环境压力也越来越大，矛盾越来越突出。江宁区在这种情况下，对生态文明建设采取了高标准、严要求的态势，对生态文明建设实施更为全面和严格的创建标准。严格执行和落实《南京市固定资产投资项目节能评估与审查办法》《南京市城市绿线管理办法》《南京森林城市建设总体规划》等政策措施，在具体的创建过程中，结合江宁地区实际，大力发展智能电网、高端制造产业，保护自然碳汇，促进江宁区生态文明建设的内涵式发展。

2014年主要指标实现平稳增长，增速不仅快于省、市平均发展水平，也快于苏南主要区县平均水平。据初步统计，2014年江宁区实现地区生产总值1255亿元，增长11%，其中服务业增加值512亿元，增长11.5%。城乡居民人均可支配收入分别达41 370元和18 160元，增长9%和10.5%；地表水水质达标率82%；城区生活垃圾分类收集覆盖率70%以上；建成了100个绿化新村，创建了13个生态村；林木覆盖率、城镇绿化覆盖率达27.7%和47.2%。实践证明，江宁区在此生态文明建设的理念指引下，以科学发展观统领全局，坚持生态文明发展战略，逐步呈现出生态建设与经济发展协调推进的良好态势！

四、渔业开发型——金岙模式

金岙村位于浙江省温州市洞头区东屏镇半屏岛的中部山顶，与松柏园村、大北岙村、外埕头村相连接，东面向海。全村陆地面积为 0.48km²，耕地为 70 亩，林地为 251 亩。下辖 4 个自然村，6 个村民小组。现有户籍人口 978 人，户数 335 户。18 周岁以上劳动力 680 人，常年外出人员占全村总人口的 50%以上，现有党员 26 名，村级各种配套组织健全。该村产业以海洋捕捞业为主，渔轮 2 对，定置张网渔船 6 艘，羊栖菜养殖 100 多亩，大多村民与其他村参股从事渔业生产，2004 年曾获得县级"渔业生产先进村"荣誉称号。

自 2007 年以来，该村紧紧围绕新渔村建设的总体要求，以改善渔农村生态环境为目标，坚持不懈抓渔村生态文明建设，先后创建成县级卫生村、市级生态村、省级"森林村庄"，取得良好的社会、经济和生态效益。其经验主要如下。

（一）注重教育引导，强化生态文明理念

村两委始终把生态文明建设作为年度重点工作任务来抓，始终坚持把群众作为生态建设的主体，不断加大生态文明意识宣传力度，充分调动群众参与的积极性和主动性。一是通过多次召开党员大会、两委会议、村民代表大会和生态文明建设学习动员等会议，使生态文明观念在党员干部和广大村民中扎根；二是在入口、路边、村中设置固定宣传牌，宣传绿化美化知识、环境保护、生态文明建设等相关知识，形成良好的生态文明建设理念氛围；三是充分利用村广播、标语、墙报和宣传栏等载体定期广泛宣传生态文明建设的重要意义，同时利用身边人、身边事进行宣传教育，把干部群众思想统一到生态文明建设上来，使生态文明建设理念进一步深入人心，有力地激发了群众参与的热情，并形成了"生态文明建设我有义务"的责任意识。

（二）注重创建牵引，突出生态建设载体

近年来，金岙村在上级部门的大力支持下，以新渔村建设为契机，大力创建县级新渔村建设整村推进工程试点村和省级"森林村庄"，先后投入 150 多万元进行基础设施建设和村庄环境卫生整治。一是结合生态文明创建进行生态四大工程建设，建设生态污水处理池、太阳能消杀垃圾坞、生态公厕、太阳能路灯和文化休闲广场等一系列生态配套工程，提升了村庄品位；二是对全村荒坡、山地进行全方位绿化，对村庄卫生死角整治美化，专人维护全村花坛、花圃苗木，大力改善村庄人居环境；三是建立一支稳定的卫生保洁队伍，加大治理"脏、乱、差"力度，定期开展清洁渔村卫生行动，检查督促村民自觉遵守村规民约和卫生守则，同时开展绿化示范户、生态文明户、卫生户等评选活动，完善渔村清洁保洁长效机制，促使渔村生态环境良好。

（三）注重因地制宜，大力发展生态经济

金岙村把村庄环境整治、古村落保护等与发展特色旅游结合起来，充分依托本村优美的自然生态资源优势，配合启动半屏山上游项目开发，形成"一村一品"特色，扩展渔村旅游发展空间。一是利用创建省级"森林村庄"，在村主要道路两旁、山头等种植樱花等特色花

木,形成观光景点;二是结合山尾顶自然村公路建设,规划开辟南山日出景观点项目,扩展半屏山上游新的生态旅游景点向金奄村延伸;三是积极发展乡村旅游,鼓励村民经营可供住宿的"农家旅社",开发本地传统渔村形式的乡村农家乐住宿,完善旅游配套设施建设,坚持把发展生态旅游业作为金奄村生态文明建设的重要举措,积极打造美丽乡村,全力推进新农村建设进程。

五、生态旅游型——阳朔模式

阳朔位于广西壮族自治区东北部,属桂林市管辖,县城距桂林市区 65km,独特秀美的山水风光得到了"桂林山水甲天下,阳朔山水甲桂林"的美誉。作为中国旅游名县,阳朔的发展却承受着环境保护的现实压力。多年来,寻求一个适应区情、国情及时代特点的发展模式,就成为阳朔全面建成小康社会的根本问题。应当说,经过艰辛的探索,阳朔人民秉持科学发展观和生态文明的理念,以特色农业为突破口和战略重点,通过发展生态农业和旅游业,既保护了大自然的青山绿水,又让农民群众从土地中找到财富和价值,走出一条生产发展、生活富裕、生态良好的文明发展道路。而实际上,阳朔面临的所谓"两难选择"是转型中社会普遍存在的矛盾。因此,在这个意义上,阳朔的探索就成为带有普遍性的经验。

(一)以农业谋发展

阳朔道路实际上也很简单,就是发展特色农业,再具体来说,就是以金橘种植为主导产业:阳朔县现有金橘栽培面积 1.21 万 hm^2,占全县水果面积的 64.3%,约占全国金橘面积的 55.3%。年总产量达到 21.6 万吨,占全县水果产量的 60.3%,约占全国金橘产量的 64.5%,年产值达 14.8 亿元,已经成为全国效益最好、品质最优、面积最大的金橘产区。除此,还有沙田柚、夏橙、砂糖橘等特色水果及慈菇、香菌、淮山、香芋等特色蔬菜,且所有这些特色种植都形成了一定的规模,所谓"一村一品""一乡一业"。

阳朔的农业并不是一般的经济农业,它具有极强的社会农业的特点,其功能不断地被开发。而今,阳朔农业还承载着文化传承、旅游休闲等多个功能。例如,农业与旅游结合,就发展出阳朔特色的休闲农业,千亩茶园、万亩金橘的价值得以充分利用。餐饮、住宿等农村服务业也随之发展起来,在阳朔不仅有 700 多家农家餐馆、500 多家农家旅馆,甚至还出现了农民股份制旅游公司。而这不仅是农民收入的新的增长点,更为重要的意义在于,这是安置农村剩余劳动力的一条有效途径。据 2011 年统计,在阳朔全县从事休闲农业和乡村旅游的 5 万多人中,农民为 4.2 万人。

(二)以生态谋发展

原本,农业的发展是极大地依赖于生态环境的,其本身也具有无可替代的生态功能。但随着人类进入工业文明的时代,"石油农业"飞速发展,带来大量农产品的同时也造成十分严重的环境污染。在农业与生态的相互协调中,在现代科技发展和市场经济的支持下,生态农业应运而生,这也是未来农业发展的方向。而阳朔充分运用了这一现代模式,并取得了不错的经济、生态及社会效益。

例如,广泛推广和使用无公害、绿色、有机食品生产技术,以及先进的喷灌滴灌技术、黄板、频振式杀虫灯、昆虫性诱剂等，既提高了农产品的品质，也减少和防止了雨雪冰冻、干旱、强光等不良气候和重大病虫害造成的损失，从而大大提高了农产品的产量。另外，阳朔也通过建立生态文明示范村来推广沼气等生态技术，截至目前，沼气入户率已达80%以上。而据不完全统计，这种"农村能源"可以给阳朔全县农民带来直接经济收入3000万元/年，间接经济效益4500万元/年。

生态发展带来的不仅是经济收益，还有显而易见的环境的改善及生活质量的提高。更为重要的是，"科学保护漓"因此成为实实在在的事业，而不是一句空洞的口号。十多年来，漓江边的化工厂等17家企业被关闭，沿江两岸一直执行山上不准割草放羊、水中不准网箱养鱼、岸上不准随意建房采石等规定。为了减少生活用水对漓江的污染，阳朔建成了全区第一个县级污水处理厂。由此，漓江水质多年来一直保持着二类以上标准，属内地流经城市最好的河流之一；空气每年达一级标准天数超过300天；森林覆盖率达90%以上。而沿江两岸的村民也并没有因此而陷于贫困，如遇龙河沿岸每位村民每年获得资源保护补助费少则400元，多则900元。另外，旅游服务、景区美化绿化等也带来收入的增加。例如，著名的人文景观"印象·刘三姐"，其演员绝大多数是附近村民。其中，百里新村沿线村民年人均收入从10年前不足1000元增加到1.2万元，龙潭门、凉水井、大坪村的年人均纯收入已经超过2万元。

（三）以现代化为目标

"小桥、流水、人家"的田园社会可能环保而富足，但还不是现代意义上的生态社会。阳朔发展的目标一开始就很明确，那就是现代化，这就不仅是单纯的环境保护和持续提高农民收入，还意味着要为乡村居民提供方便舒适的城市基础设施、稳定和谐的社区氛围及充分的民主权利等。

就农民来说，"过上城里人的生活"是他们简单而直接的梦想。而今，阳朔农民初步实现了这个梦想：家家都用上了自来水，户户都住进了新楼房，水泥路修到了家门口，所谓"楼上楼下、电灯电话"已算过时，电视、网络正在普及。就百里新村来看，主干道四级水泥（柏油）公路已全线贯通，村内道路也全面硬化，从根本上解决了农民出行、农产品运输问题；沿线10个台区的电力扩容改造完成，基本保证了农民生活生产电力需要；14处人口饮水安全工程的建立，使沿线村民100%用上了安全卫生水。

基础设施建设虽然主要是政府的规划和资金投入，但也需要用心筹谋。在这个问题上，阳朔政府有着独特的智慧。例如，在乡村风貌的设计上，人文因素成为重要的标准：白粉墙的乡村民居小楼不仅与环境相得益彰，也显示出对典型桂北民居风格的传承，从而体现了人文与自然山水的融合；篮球场、文化室也成为村基础设施建设的"标配"，这体现的是对村民文化生活要求的关注。

（四）以科学理念为指导

保护自然环境、维护生态安全、实现可持续发展是我们时代的要求。也正是在这个意义上，阳朔人说，保护好漓江，就是阳朔对桂林、对中国乃至全世界最大的贡献，这实际上也是科学发展观提出的前提。但科学发展观并不是一般地要求我们要达到这些目标，而是要把这些目标本身就视为发展的基本要素。概言之，就是通过发展去实现社会环境与生态环境的平衡、人与自然的和谐。其意义在于，我们不要囿于所谓的"两难选择"，而是要另辟蹊径，开拓出科学发展的"第三种道路"。而随着生态文明的发展，人们发现，"过去传统产业导向下被忽视的资源，如林业资源、山地地貌、生态环境等都会被'唤醒'，产生巨大的经济效益和社会效益"，可能以前被视为发展包袱的，现在反而会成为宝贵的资源。"第三种道路"——生态发展的道路豁然而出，这也是阳朔的发展理念。

阳朔自古以山水秀美闻名，但其自然条件并不利于传统农业发展。在这里也有过发展工业的尝试，然而其环境代价又是阳朔所不能承受的。经过反复考量，阳朔选择了农业生态的发展之路。这不仅顺应了时代潮流，更为重要的，这也是因地制宜的选择：其一，阳朔全县有31万多人，而其中农村人口达27万余人；其二，阳朔虽然"地无三尺平"，但山地土质特别适合种植果树；其三，金橘是阳朔传统水果产品，已有百余年种植历史，尤其是越往深山里越适宜种植金橘，其品质也越好。

可以说，阳朔发展理念和战略的选择，真正地践行了科学发展观。这在GDP政绩观主导的当下，尤为可贵。而实践也证明了这一选择的科学性：充分利用自然的赐予，将生态环境视为经济发展的重要基础，而最终目标是实现人与环境的共同发展。

（五）以市场为导向

农业，尤其是生态农业，其经济高效性只有通过市场才可以体现出来。特色农产品之"特"，本身就是市场选择的结果。当前，我国的社会主义市场经济越来越成熟，为农业的市场化发展提供了必要的现实条件。在这一前提下，阳朔农业市场化的路径选择就成为必然。

首先，阳朔特色农业一开始就走的是规模化生产和产业化经营的路子。目前，已建成白沙镇万亩金橘基地、兴坪镇千亩沙田柚千亩夏橙基地、高田镇千亩慈菇基地、金宝乡千亩香菌基地及福利镇千亩淮山基地等20多个特色农业基地，种植面积达20多万亩。而1999年前，就金橘种植来说，还不足1万亩。与此同时，农民也被组织起来。从2008年开始，阳朔开始建立农民专业合作社。而这种市场化导向的组织，不仅提高了农产品标准化管理和经营的水平，也培育了农民的市场意识。

其次，品牌意识是阳朔农业发展非常突出的特点。在市场的体制下，品牌是经济运行的不可或缺的重要环节，是开拓占领市场的前提条件。因此，阳朔是提前且主动地完成了这一工作，而不是坐等"酒香不怕巷子深"：政府安排专门的人力、财力、物力，有组织、有计划地开展特色农产品质量、品牌认证、商标注册及地理标志认证的申报工作。例如，阳朔金橘2007年获得了"中华人民共和国地理标志保护产品认证"，2008年正式在国家工商行政管理总局注册了"阳朔金橘"商标。

最后，完善的市场体系，是发展现代商品农业的前提条件。2012年遇龙村金橘已通过桂林市检验检疫局的实地考察和果品农药残留检测，一百多项均低于出口国标准，并取得"出境水果果园注册登记证书"，获得了出口东盟国家的许可。而阳朔不仅主动开拓市场，还提供全面而又完善的市场销售服务。阳朔投资1500万元建立了桂北最大的白沙水果专业批发市场，同时打造了所谓"一网、一会、一屏、一点"的农产品销售服务信息网络："一网"是数字村镇网，"一会"是金橘交易会，"一屏"是在白沙水果专业批发市场建立电子信息屏，"一点"是建立全国产品营销点。这个网络充分显示了阳朔人的市场营销智慧，如金橘交易会是与漓江传统的"渔火节"打包举行，从而吸引了更多的商机；信息屏上农产品的价格变动是即时显示的。此外，为了营造良好的市场环境，阳朔政府对于水果市场欺行霸市、垄断市场等行为进行了严厉的整肃。

（六）以技术创新为支持

可以说，现代生态农业的根本出路在于科技。农产品市场的竞争，表面上是品种、质量的竞争，但说到底是科技含量的竞争。要在竞争中脱颖而出并保持不败的态势，必须依靠科技。例如，金橘品质虽优，但怕雨怕冻还不易保鲜，而阳朔人创造性地发明了"三避"技术（避雨、避寒、避晒），使后来金橘产业的空前发展成为可能；由于采用了先进的喷灌滴灌技术，下肥、浇水通过电脑控制可以全部自动完成，且水肥使用量大大减少，既节约了资源，也节省了人力。另外，技术创新只有推广应用于实践才有其价值。而阳朔通过技术人员下乡、举办培训班、印发宣传材料等多种方式，使农民逐步掌握了一些实用的农业技术。

上述要素构成了阳朔道路的"骨架"，但并不是全部。实际上，阳朔经验最为重要的，是各种要素的有机结合并共同发挥作用。而之所以能做到这一点，得益于阳朔比较好地处理了政府、农民及社会三者之间的关系。所谓"政府主导、农民主体、部门配合、社会参与"，概言之，就是政府的积极引导与农民自我管理相结合，这既符合当下的国情，也是能最大限度激发农村内在活力的设计。

六、文化传承型——洛阳市孟津县平乐镇平乐村

"文化传承型模式"代表着具有特殊人文景观，包括古村落、古建筑、古民居及传统文化的地区，其特点是乡村文化资源丰富，具有优秀民俗文化及非物质文化，文化展示和传承的潜力大。"文化传承型模式"的典型案例是"河南省洛阳市孟津县平乐镇平乐村"。

孟津县平乐村距洛阳市 10km，地处汉魏故城遗址，南临"千年古刹"白马寺，因公元62年东汉明帝为迎接大汉图腾筑"平乐观"而得名。全村有43个村民小组，6473人，近年来获得"全国文明村镇""国家农业旅游示范点""农业部十佳美丽乡村创建"称号。该村主要有三大特色文化，并以此构建了特色乡村产业。

（一）农民牡丹画创作文化

平乐村自古就有种牡丹、爱牡丹、画牡丹的风尚，老少妇孺都会提笔画上一朵娇艳的牡丹花。随着洛阳牡丹文化影响力的不断提升，平乐村充分发挥自身优势，逐渐形成了以农民画师为主的牡丹画创作队伍，村里画牡丹的人也越来越多，上至80岁的老人，下至五六岁的孩童，都把画牡丹当成生活的一部分，平乐村也被誉为"中国牡丹画第一村"。近年来，平乐村在牡丹画创作已有规模基础上，加强整体规划，成立牡丹画院，建设平乐牡丹画创意园区，打造集培训、绘画、装裱、销售、接待、外联于一体的产业链。牡丹画园区实行市场化运作，采取"公司+园区+画师"的经营管理模式，画师也分一、二、三级进行签约，牡丹画创作实行"五统一"（纸张、培训、展览、价格、销售）标准，园区绘画作品规模效应日

渐显现。目前，全村 300 多名村民可独立作画，画作行销山东、陕西、山西等地，有些还远销美国、日本及东南亚等地。

（二）平乐水席

平乐水席俗称官桌，据传源于宫廷御宴，流传至今已成为当地婚庆寿宴、喜事请客等民间喜庆必备的宴席，代表菜"平乐脯肉"以其松软筋道、香而不腻更是被津津乐道。平乐水席以前主要集中在酒店、饭店，在新农村建设中，平乐村村民借助汽车下乡的有利时机，购买汽车、置办桌凳棚子、全套餐具等家什，发挥村里厨师多、妇女劳动力多的优势，纷纷自由组合搞起了"平乐水席"服务队，把最初的饭店宴席发展成走乡串村的"平乐水席"，迅速占领了周边县乡的农村水席市场。目前，平乐村兴办的"平乐水席"服务队有近 40 家，购置的汽车有 80 余台，参与服务的村民达七八百人，平乐周边的偃师、新安、伊川、吉利等县区长年都有"平乐水席"服务队的身影。为了维护、提高"平乐水席"的品牌质量，村里还成立了平乐水席服务协会，聘请名厨讲授烹调技艺，提高从业人员服务品质，扩展服务辐射范围。2009 年，"平乐水席"参选洛阳市饮食类非物质文化遗产，其正在成为继"平乐牡丹画"之后的又一个特色品牌。

（三）平乐郭氏正骨

平乐村是"平乐郭氏正骨"的发源地。平乐郭氏正骨是我国骨伤科的一支重要学术流派，迄今已有 200 余年的历史，与洛阳牡丹、洛阳水席、龙门石窟并称为"洛阳四绝"，为国家级首批非物质文化遗产。

三大特色文化中，以牡丹绘画形成的产业发展最好，平乐村也因此被河南省委宣传部、省文化厅、省文联联合命名为首批"河南省特色文化基地"。规划占地 600 亩的"平乐农民牡丹画创意园区"还将牡丹绘画、平乐水席、乡村旅游捏合于一体，现在已成为旅游观光的场所，游客可以现场观赏牡丹，观看农民画师作画，参观牡丹画装裱过程，观看平乐民间艺人印章篆刻艺术表演，可以现场购买画作和印章，品尝平乐水席。近日，"平乐农民牡丹画创意园区"被评定为国家 AAA 级旅游景区。

孟津县平乐村的发展模式，为乡村以文化产业振兴乡村经济提供了借鉴，文化传承和文化产业，并不是只有城市才需要去做或是有实力去做，也不是只有受过正规高等教育的艺术人才才能去做。事实上，绝大部分的民族文化主要是在村落，而不是在城市，"高手在民间"是很多民俗文化的真实写照。很多地方的民俗文化、传统文化，如民间绘画、雕刻、曲艺、舞蹈、剪纸、手工业、特色餐饮、医药等，在经过开发、扶持后可发展为无污染的乡村产业，走出一条具有地方特色的农民增收之路。而将乡村文化与市场化相结合，开发成为产业，也是最大限度地传承和发展乡村文化，保留乡村记忆。

第五节 生态文明与新农村建设

中国是一个农业大国，据 2014 年国民经济和社会发展统计公报数据显示，居住在农村的人口为 61 866 万人，占总人口的 45.23%。新农村建设是我国经济社会发展的重要动力，而生态文明建设的奋斗目标是全面建成小康社会,也是中国特色社会主义和谐发展的必然选择。

一、生态文明和新农村建设的关系

生态文明建设和新农村建设是辩证统一的,生态文明建设要保证全面贯彻生态文明发展的理念,也要同时推进农村经济全面发展,保证农村能够整体健康、和谐、稳定发展。主要有以下几方面的表现。

(一)社会主义新农村建设为生态文明建设提供了物质保障

生态文明建设需要充足的物质保障,恰恰社会主义新农村建设能够提供这方面的保障。无论在人民的生活水平还是受教育程度等方面,我国的城市与乡村发展一直就不均衡,这就造成了农村地区资金严重缺乏,不能保证生态文明建设在这个地区能够顺利开展。同时,农业、农村、农民的问题比较突出,这也在一定程度上制约了该地区的生态文明建设。

(二)新农村建设离不开生态文明理念的指导

按照现代化建设和时代发展趋势,对我国农村进行经济、政治、文化和社会建设,全面促进农村生产发展、生活宽裕、乡风文明、村容整洁、管理民主,使其展现经济繁荣、设施完善、环境优美、文明和谐的面貌,这是我国新农村建设的基本构想。生态文明是指以人与自然、人与人、人与社会和谐共生、良性循环、全面发展、持续繁荣为基本宗旨的文化伦理形态。生态文明的理念是尊重自然、顺应自然、保护自然。在生态文明建设的新时代,以新农村建设为契机,用生态文明理念指导我国农村发展、改革的全过程,将有效促进新农村建设。

(三)生态文明建设和新农村建设是相互促进、辩证统一的

生态文明建设和新农村建设是共同推进发展、相互促进、辩证统一的。社会主义新农村生态文明要由社会主义新农村建设提供后盾支持,反过来说,全社会的可持续发展进程能否顺利推进基本要看社会主义新农村的生态文明建设是否可以达成。

二、新农村建设促进生态文明发展

人类社会发展的重要途径就是生态文明建设。在我党召开的十七大中通过了"生态文明建设"的远大目标,而农村经济发展是否繁荣直接关系着我国国民经济发展的成败,只有先建立好了农村的生态文明,才能够全面推进整个社会生态文明建设。

现阶段我国还属于农业大国,农业、农民、农村是国家一切生产力发展之根本,也是我国经济社会的发展基础,要建设好大社会的生态文明就要首先把农村的生态文明建设好,新农村建设对生态文明建设具有非常重要的作用。同时,在全面建设小康社会的宏伟愿景面前,新农村建设也是保证其愿景实现的重要举措之一,它关系到国家的长治久安和民族的伟大复兴,它的重要地位如下。

（一）新农村建设是全面贯彻落实科学发展观的重要举措

科学发展观引导我国走可持续发展的发展模式，并为我国的城乡如何协调发展提供建设性意见。全面落实科学发展观，要保证农民能够参与国家发展过程，与其他国民共同享受发展成果。如果想要保证发展全面、协调、可持续，那就必须要强调把农民群体的广大愿望与切身利益放在第一位，所以要格外重视城乡发展的水平差距、有些滞后的现实是落实发展观的前提。除此之外，我们还要深刻认识到新农村建设和科学发展观的本质联系，调动社会全体民众建设新农村的主动性和积极性，保证新农村建设的发展速度和发展质量。

（二）新农村建设是我国现代化建设顺利进行的根本性任务

工业与农业、城市与乡村的协调发展是现代化建设的必然要求，如果处理好了可以使得经济社会得到迅速发展，早日实现现代化发展，如果不能处理好这个关系，则会使现代化进程严重受阻，整个国家经济停滞不前甚至倒退。有很多国家已经给我们提供了正面和反面的经验与教训，因此在全社会的现代化进程中扶持农村发展、帮助农民致富，让它与工业一起发展，和城镇化共同推进是必要举措之一。

（三）新农村建设是我国全面建设小康社会的光荣使命

全面建设小康社会不只是一句口号，要切实落实。众所周知，我国还有6亿多农民，发展重点难点均在农村，虽然改革开放已经给农村、城市带来了新的风貌，但是城乡居民收入差距大、人均耕地少、就业难、增收难，还有少数地区没有得到及时发展，甚至不通路、不通水、教育跟不上、医疗无条件等都是现存问题。所以，要努力扭转这种存在的差距和局面，就要努力建设社会主义新农村。

（四）新农村建设是保持GDP平稳增长的动力和保障

我国经济发展依靠源源不断的资源与消费群，而农村则集中了这些优势，未来发展空间大，所以我们要加速全社会的经济发展，就要加快社会主义新农村建设的脚步。尤其要通过水利、住房、通讯、能源等方面，提升农民的居住生活环境和消费条件，同时完成配套设施建设，促进相关产业快速发展。

三、生态文明建设在推进新农村建设中的重要作用

解决好新农村建设中的生态文明建设问题不仅能够保障农村经济持续、健康、稳定地发展，还能够保证完成建设小康社会的目标要求，完成构建和谐社会的重要任务。

（一）生态文明是提高农村人民群众生活水平的重要保证

环境基础决定了人类的生存基础，快速发展新农村经济依赖于我国社会主义的和谐发展。党的十八大报告提出，建设美丽中国，让天更蓝、水更清、地更绿。人要生存必须要有环保理念，社会要进步必须要开展持久的环境保护。在加快新农村建设过程中纳入生态理念，建

设生态文明区县、文明乡镇、文明村，不仅可以防护治理环境污染，还可以保证人们能够活得健健康康、踏踏实实，不用担心食品安全，不用担心吃的是地沟油、喝的是污染水，吸的是雾霾。

随着我国 GDP 跃居世界第二位，社会化发展水平越来越高，人们的生活质量也在与日俱增，不再一味地追求解决温饱问题，开始追求生活的高质量，追求寿命更长、追求活得更健康、活得更幸福。因此，我们就要尊重群众的这些实实在在的内心诉求，坚持群众路线，一切为了群众、一切服务群众、一切依靠群众，让大家积极主动参与到生态创建和生态建设中，利用创新科技、强化管理等手段治理新农村生态不文明的行为，维护公民的根本利益，为创建幸福和谐社会共同努力。

（二）生态文明是促进农村经济社会可持续发展的有力支撑

我国的经济飞速发展，社会主义新农村建设也在向前稳步推进。可是我们的经济发展都是付出很大代价的，其中最大的代价就是资源能源的大量消耗、浪费和环境污染越来越重。这种建立在生态透支基础上的经济飞速发展是不健康的发展方式，也是不可持续的发展方式。因此，我们需要进一步加强环境保护的力度，调整经济结构转变经济发展方式，从粗放型经济发展方式转变为以环境保护为前提的生态型经济发展方式。要根据资源情况和环境承载能力，因地制宜，实施优化开发循环利用，打造节能环保、高效科技、有机绿色经济，为我国新农村建设可持续发展提供生态资源的有力支撑。

（三）生态文明是落实科学发展观，构建和谐社会的重要举措

党的十七大报告上提出的"科学发展观"是倡导我们人类可以和大自然和谐相处的，所以被称为全面协调可持续的方法论。它期许群众可以在良好的生态环境中工作、生活，为之后的子子孙孙留下大自然这一宝贵财产。而生态文明建设是提倡在保护自然资源的前提下，放弃眼前利益，使绿色生产价值最大化、长远化，最多地实现人类自身利益与自然的和谐。它的宗旨也是要保证自然、人类共同可持续发展。因此，从某种意义上讲，生态文明与科学发展观本质是一致的，都是"以人为本"及"发展可持续"。农村作为我国社会阶层中偏低的一个阶层，具有基础性地位，因此要想完成大社会的进步，就要从基础做起，新农村生态文明建设是落实科学发展构建和谐社会的重要抓手。

四、推进新农村建设与生态文明建设协同发展

由上述可看出，在中国特色社会主义大背景下的新农村建设，要着重从两方面入手，一个是生态文明建设，一个是新农村建设，并且确保两者协同发展。

（一）有效调整农业发展策略

在中国特色社会主义发展背景下实行的中国特色农业现代化道路，是中国有别于他国的创新发展模式。新农村建设与生态文明建设协同发展，是这一创新发展模式的必备要求，因为这可以促进农村可持续发展。加强农业生态文明建设，促进农业可持续发展是国家整体生

态文明建设的基础和重要组成部分,是现代农业的发展方向。尤其是大力提倡引导农业走上节约型、循环型和生态型道路,这不仅能够保证农产品产量继续提升,还能保证环境不被污染。例如,2014年绍兴市柯桥区大力示范推广粮田高效缓释,让不少农户尝到了甜头,尽管肥料成本略有上升,但由此提高三四成利用率,可节省35%的氮素投入,每亩可直接节约成本20~30元。

（二）有效促进农民过上幸福生活

目前科学数据表明,在一些曾经少有污染的农村,乡镇企业的生产污水或者其他方面都已经影响到了其环境。据调查,我国在农村仍有3亿左右的农民饮水还不健康,究其原因,大部分是由非自然因素造成的。这不仅威胁到了农民的健康,还造成了大量民事纠纷和冲突产生,影响到了和谐社会的建立。

（三）有效促进农村经济、社会、环境的协调发展

随着我国农民的环境权益受到威胁侵害的案件数量越来越多,已经很难真正地实现整个社会和谐发展的目标了,也和"以人为本"及"城乡居民基本公共服务均等化"的要求相背离。拥有良好的生活环境,才有可能实现农村的可持续发展,才会实现新农村建设的目标。所以,我们要积极响应农村生态文明建设的号召,从自己做起,从身边的事做起,为促进农村经济、社会、环境协调发展出一份力。

（四）有效丰富和完善建设中国特色社会主义理论体系

党的十七大将"生态文明建设"加入十六大提出的"物质文明、精神文明和政治文明建设",构成四位一体发展模式,之后十八大再次丰富了发展模式——"社会、政治、文化、经济和生态"五位一体发展模式。通过这一过程不难看出我党在不断摸索中前进,善于总结经验教训,能够及时转变发展方向,这种理论实践相结合的发展方式已经取得了很好的成绩,也丰富了中国特色社会主义理论体系,有效地推进了和谐社会的建立。

第六章 休闲农业与乡村旅游

第一节 休闲农业与乡村旅游概述

一、休闲农业与乡村旅游的概念与特征

休闲农业与乡村旅游是利用农民生活场景、农业生产劳作和农村景观环境而发展形成的一项具有多种功能,利用农业自然环境、田园景观、农业生产、农业经营、农耕文化、农业设施、农家生活等资源,为游客提供观光、休闲、体验等多项需求的农业经营活动的新型农业经营形态和旅游消费业态。

随着中国国民经济的持续增长和城市化的快速发展,城市居民对生活质量的要求越来越高,简单传统的观光旅游方式已不能满足他们的需求,人们开始将目光投向农村。目前中国对休闲农业与乡村旅游的研究主要集中在休闲农业与乡村旅游的概念特征、具体功能、主要类型、经营模式、发展特征、资源分析、休闲农业园区与乡村旅游景点规划设计,以及介绍国内外休闲农业与乡村旅游的发展现状和发展经验等问题上。休闲农业与乡村旅游既是休闲产业,也是以农业为基础、以休闲为目的、以服务为手段、以城市游客为目标,农业和旅游业相结合,第一产业和第三产业相结合的新型产业形态。

休闲农业与乡村旅游是一种城市人回归自然、贴近自然的生态旅游。**广义**地说,休闲农业与乡村旅游包含所有在城市市区以外、乡村地域范围内、以其有旅游价值的各种自然和人文因素为对象开展的旅游活动。**狭义**地讲,休闲农业与乡村旅游指在乡村地区,以特有的乡村人居环境、农业生产及其环境为基础开展起来的旅游活动。一般情况下,休闲农业与乡村旅游应该是指狭义的内涵,即不仅要求旅游活动落实到乡村地域,还要求以乡村特有的自然人文景观及乡村生产生活为旅游内容。

休闲农业与乡村旅游是以农业为基础、以城市游客为目标、以休闲为目的、农业和旅游业相结合的新型产业,是农业诸产业中的特殊产业。休闲农业与乡村旅游最初于 20 世纪三四十年代在意大利等国兴起,以后逐步扩展到美国、法国、英国等国家。20 世纪七八十年代,日本、新加坡和中国台湾陆续成为开发热点。中国大陆地区的休闲农业与乡村旅游在 20 世纪 90 年代开始发展,随着国民经济发展、居民收入提高,城乡居民对休闲消费需求高涨,休闲农业与乡村旅游已进入快速发展的新阶段。目前休闲农业与乡村旅游项目主要有农家乐、休闲农庄、农业科技观光园和民俗文化村等四种形式。

休闲农业与乡村旅游形式多样,其发展起源于农产品的生产,初始形态是以高科技农业生产的观光为主,在此基础上发展成为农产品采摘体验。目前休闲农业与乡村旅游产业的发展已由单一的农业生产内涵,扩展到乡村文化、乡村生活体验和度假等多项内容,这些变化标志着休闲农业与乡村旅游随着人们对其需求层次的提高而不断变化。

休闲农业与乡村旅游除了具备一般休闲旅游活动的共性特征之外，还具有其自身所独有的特征，主要表现在以下几个方面。

1. 地域性

总体上看，中国休闲农业与乡村旅游的发展水平与社会经济发展总水平存在着明显的正相关系。即休闲农业与乡村旅游起步早、发展好、技术高的地区恰是经济发展水平高的东部、东南部沿海地区和全国各地的大城市、特大城市周边地区。

2. 体验性

休闲农业与乡村旅游是现代旅游业向农业和乡村延伸的成功尝试，它将旅游项目由陈列观览式提升到参与体验式的层面，既使旅游者能够充分欣赏到优美的田园风光，又为其提供了众多实践和参与的机会，可以在大汗淋漓的农耕忙碌中体会到劳作带来的全新生活体验，最后还能如愿购得自己的劳动成果，有助于增进游客对农村生活和农业生产的认识。

3. 效益性

休闲农业与乡村旅游的开发投资少、见效快、效益好。出于保护乡村原真性的考虑，发展休闲农业与乡村旅游无需大兴土木、大刀阔斧地搞建设，只需做好科学规划，对可进入性进行适当改善，将现有的农业资源略加整修与管理，就可以较好地满足旅游者的需求。而且经济收益也较其他旅游形式多了一个进项，即来自农业本身的收入。

二、休闲农业与乡村旅游的理论基础

休闲农业与乡村旅游的理论基础主要包括产业融合理论和体验经济理论。

（一）产业融合理论

1. 概念及内涵

早在20世纪70年代，"产业融合"这一概念就以技术角度在信息技术领域提出。技术革命的驱使下，西方国家率先出现了产业融合，各领域进而开始对这一理论进行深入研究。经过数年的研究和论证，学术界形成了以下几种产业融合的概念（表6-1）。

表6-1 产业融合的概念（海笑，2015）

学者或机构	研究角度	概念
美国，1963年 卢森伯格	技术角度	不同产业通过相同的生产技术产生了密切的联系，从而形成了一个独立、专业化的机械工具产业
经济合作与发展组织（OECD），1992年	产品、产业角度	随着产品功能的改变，生产产品的公司或组织之间边界会逐渐模糊，由此形成产业融合
欧洲委员会绿皮书，1997年	产业、技术、市场角度	三个角度的重合，即产业联盟合并、技术网络平台重合和市场的重合，另外还涉及服务及商业模式乃至整个社会运作新方式

续表

学者或机构	研究角度	概念
美国 格里斯坦和卡恩	产业角度	产业边界的收缩或消失是产业融合的现象或方法；适应产业增长是产业融合的目的
日本，2001年 植草益	企业角度	通过技术创新和放宽制度限制，产业间壁垒逐步降低，产业企业间体现出竞争合作关系
中国，2002 厉无畏	产业角度	不同产业或同一产业内的各种产业相互渗透、相互交叉，最终融为一体，逐步形成动态发展过程
中国，2006年 刃刚、李玉红等	产业角度	产业融合是一个动态发展过程，包括各产业相互分立、各产业由分立走向融合、产业融合实现三个阶段

过去的十几年来，全世界各国学者分别从技术、企业、产业等不同的角度阐述了产业融合的内涵。总体来看，产业融合的本质是一种突破了传统范式的产业创新，其通常发生在产业内部或者具有一定关联性的产业之间，主要包括技术的融合、产品的融合、市场的融合和企业的融合等。

2. 动力机制

结合产业融合动力机制已有研究的分析，提出助推产业融合发展的四大因素，即技术和观念的创新、政府管制的放松、经济全球化的影响、市场需求的变化。其中，技术和观念的创新是产业融合的内在融合动力，其余三个因素则是推动产业融合的外在因素（图6-1）。

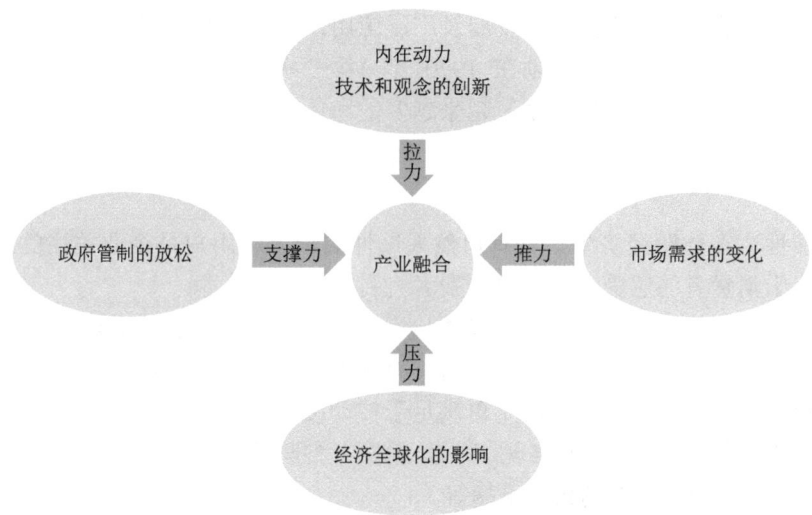

图6-1　产业融合动力机制图（张海燕，2010）

首先是技术和观念的创新。技术创新通过其特殊性质改变了传统产业边界，实现了技术的融合，是产业融合产生的主要动力。

其次是政府管制的放松。随着经济和市场的逐步发展，政府对于行业管制逐渐放松，行业间渐渐打破产业间存在的壁垒，寻求产业间和产业内部的互通商机，最终实现产业融合。

再次是经济全球化的影响。经济全球化的迅速发展，加剧了世界范围内的各产业间的竞争，企业多元化经济与合作从此产生，由此也直接推动了产业的融合。

最后是市场需求的变化。近年来物质生活的丰富使得消费者对于产品和服务的要求逐渐变高。市场助推企业产业融合，全面迎合客户不断变化的需求和想法，由此更好地激励企业发展。

3. 产业融合的效应

一是创新效应。产业融合是优化产业发展的重要渠道，是推动传统产业创新的实践。产业融合产生的新技术、新产品、新服务，刺激了消费需求的提升，从而拓展消费新市场，促进了原有的生产生活方式的改变，同时也激励了企业产品与服务的新一轮创新。

二是竞争合作效应。产业融合在无形中增加了企业间的竞争性，因此企业应充分利用资源的优化配置，促使市场结构趋于合理化，由此促使企业在竞争合作关系中均衡发展。

三是产业结构优化效应。产业融合既是产品的融合，同时也是产业链的融合。通过技术融合和先进的理念、服务等的融合，不同产业和产业内部形成革新式的变化，新的产品和产业链应运而生。

（二）体验经济理论

1. 概念

体验经济是从生活与情境出发，塑造感官体验及思维认同，以此抓住顾客的注意力，改变消费行为，并为商品找到新的生存价值与空间。体验经济是以服务作为舞台，以商品作为道具来使顾客融入其中的社会演进阶段。体验经济理论是在人类需求层次的逐级递升发展、市场竞争的加剧、信息和网络技术的发展及广泛应用，以及人们闲暇时间的增多等因素推动下产生的。著名学者阿尔文·托夫勒在 1970 年《第三次浪潮》一书中曾预言："服务经济的下一步是走向体验经济，人们会创造越来越多的和体验有关的经济活动，商家将靠提供体验服务取胜"。

2. 特征

一是终端性。在体验经济中，具有自然人属性的顾客和用户是企业关注的最终消费者。体验经济聚焦于消费者的感受，强调以消费者为目标的市场竞争。

二是差异性。在体验经济下，企业以体验为卖点和吸引力，通过差异化打造，满足消费者多元化和个性化需求，增加产品附加价值，有效实现体验价值的转化。

三是从消费实践来看，消费者已不再满足于被动接受诱导，而是通过创造性消费来满足自身个性化需求，促进自我价值的实现。目前，消费者参与的互动式消费主要为自助式消费，如自助餐、自助游、DIY、农场果园采摘等。

三、休闲农业与乡村旅游的发展理念

目前国内休闲农业与乡村旅游的发展模式大同小异，几乎都是几家农家乐、几间农房、花海果林，没有自己的特色，经营的项目绝大部分都是农家餐饮、垂钓、观光、休闲。在新的形势下，休闲农业与乡村旅游产业要从长远发展出发，加快产业提档升级。要以促进农民就业增收、满足居民休闲消费需求、建设美丽乡村为目标，以激发消费活力、促进产业升级、实施产业脱贫为着力点,依托绿水青山、田园风光、乡土文化等资源,坚持农耕文化为魂、美丽田园为韵、生态农业为基、创新创造为径、古朴村落为形,推进农业与旅游、教育、文化、健康养老等产业深度融合,加强统筹规划,强化政策创设,组织实施休闲农业与乡村旅游提档升级工程。所有这些理念总结起来有以下五个方面。

(一)主题理念

当代世界产业,特别是与旅游有关的产业主要概括为两大主题:自然生态休闲主题、人类文化观光主题。当代世界旅游产业首选目的地是自然生态休闲主题,尤其是城市居民,长期处于钢铁水泥丛林当中,积聚了极大的精神压力和身体负担,急切地渴望回归自然山水、乡野农田当中。在远离城市,亲近自然的环境中休闲是现代社会发展最为迅速的旅游主题之一。当代世界旅游产业的核心竞争力是人类文化观光主题。改革开放以来,中国经历了几十年的发展变迁,中国游客对旅游产品的心理预期越发成熟,单纯的自然风光已经无法满足游览的需求。要在如雨后春笋般出现的景区当中占得鳌头、脱颖而出,人类文化观光主题才是决定胜负的关键。既有优良的自然生态景观,又有深厚的人类文化基因的复合性旅游产业主题,是当代世界旅游产业的最佳主题。

(二)"三生"理念

"农业生产、农民生活、农村生态"的"三生"理念对于全面解决全国各地农村的"三农"问题具有普遍的指导意义,属于纲领性理念,而发展休闲农业与乡村旅游正是改善中国广大农村民生的重要途径。因此,以"三生"理念作为休闲农业与乡村旅游资源分类的基本依据,体现了对于国家政策的充分解读与运用,立足点较高;另外,由于"三生"理念可以简单并完整地涵盖休闲农业与乡村旅游的所有资源,以"三生"作为资源调查、分类的基础与依据和传统旅游资源的分类有所不同,具有适用范围广、优势突出、指导意义强等特色,具体的分类结构如下(图6-2)。

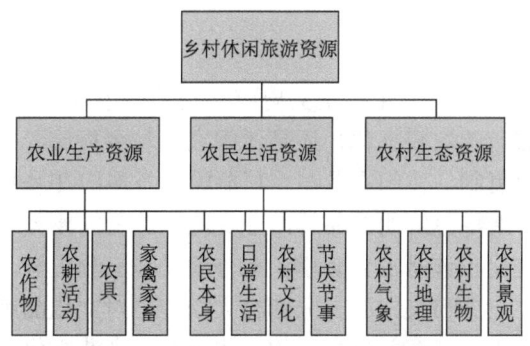

图6-2 乡村休闲旅游资源分类(杨岳刚,2014)

(三)原真性理念

原真性(authenticity)一词有诸多语境和用法,其自20世纪60年代被引入遗产保护领域,被世界遗产委员会明确规定是检验世界文化遗产的一条重要原则,他们认为原真性是指原来最初真实的原物及全部原初本真的历史信息。麦坎内尔（Mac Cannell）在20世纪70年代将原真性概念引入旅游社会学研究，由此原真性成为旅游学界研究的一大课题，并成为一种规划理念，特别对于国内休闲农业与乡村旅游规划思想影响至深。鉴于此，休闲农业与乡村旅游规划应体现出对乡村环境空间要素整合、塑造与提升的功能，是一个再创造的过程；而且休闲农业与乡村旅游并非乡村区域的遍地开花，而是在相对资源禀赋的乡村区域，对资源进行梳理与整合，不仅为城市游客提供休闲农业与乡村旅游产品，还要提供相关设施与服务，这需要在一定空间进行集聚，自然也存在着一个再建设的过程。只不过强调休闲农业与乡村旅游规划与开发必须在忠于乡村资源价值、又高于资源价值的前提下对乡村资源进行提炼，为城市游客塑造所需的乡村意境，并推动乡村环境的美化，以倡导与体现"无为而有为"的忠于环境又高于环境的规划与开发理念。

（四）"全域休闲农业与乡村旅游"理念

所谓"全域休闲农业与乡村旅游"理念，是指把一定区域的各个旅游景点、各种旅游资源当作一个整体来加以统筹的理念，也是以乡村环境为依托，使各行业、各部门、各居民等共同参与休闲农业与乡村旅游的建设，以此来推动休闲农业与乡村旅游的顺畅发展和农村产业结构的有效整合。当前，大量旅游景点迅速兴起，乡村以往的那种各个景点各自发展的旧观念已经不能适应社会发展的需要，所以休闲农业与乡村旅游业必须及早调整、与时俱进。而"全域休闲农业与乡村旅游"理念则是一种新的发展理念，此理念不仅能促进休闲农业与乡村旅游业的顺畅发展，还必定能够推动农村产业结构的转型升级。最重要的是，"全域休闲农业与乡村旅游"理念所推崇的目标，不仅仅只追求旅游人次的增长，其更注重追求人们生活品质的提升、旅游质量的提高。"全域休闲农业与乡村旅游"理念利用旅游地的各种资源，有效地将各行业融入休闲农业与乡村旅游的发展过程中，以此来为游客提供全方位的服务。虽然其在实施过程中，可能会遇到许多障碍，但因其良好的效应，必会有很强的吸引力，会被越来越多的人接受。

（五）文化理念

文化是产业的灵魂，但产业文化不是文史或文物的简单复制。以乡村文化的挖掘为例，无论是休闲农业与乡村旅游的农耕文化，还是休闲农业与乡村旅游中蕴含的民俗文化，都不仅仅是文史或文物的简单复制。休闲农业与乡村旅游的发展应在乡村本身的文史文化基础上凝练、提升，着力挖掘打造特色鲜明的品牌产业文化，这就需要具备广泛的社会关注性和巨大的市场经济性。产业文化应该是三分史学，七分演义。三分史学，即有一定的历史文化积淀，符合当地文化传统；七分演义，即充分迎合大众心理对文化品牌的关注取向，抓住最普遍、最基础的受众所能接受、理解并且喜爱的文化导向。产业文化的最高境界是能够保护历史遗留的文化瑰宝，能够创造当代社会的文化标志，能够成为未来人类的文化遗产。

四、休闲农业与乡村旅游的发展思路

休闲农业与乡村旅游以其投资少、见效快、产业带动性强等特点，受到投资者的广泛青睐，发展势头较为强劲。近年来，中国休闲农业与乡村旅游虽然呈现百花齐放的态势，但整体发展仍存在一些不容忽视的问题。从总体上看，中国休闲农业与乡村旅游相比发达国家起步较晚，各地发展也较为不均衡，政策措施也需逐步完善。为确保中国休闲农业与乡村旅游健康、快速、持续、均衡发展，中国学者从不同角度对休闲农业与乡村旅游提出了相应的发展思路。通过总结，中国休闲农业与乡村旅游主要应从规、品、扶、科、质、续六个方面进行后续的完善与发展。

（一）规

"规"的主要思路内涵为从本地角度出发，因地制宜，科学地规范、规划村庄发展。休闲农业与乡村旅游具有强烈的地域性特征，因此必须根据各地区的资源、条件和季节等特点，进行合理布局，充分发挥区域地方优势，有机整合休闲农业与乡村旅游资源，形成各区域的特色基地，打造主题观光和旅游模式。避免旅游区之间的产品雷同、恶性竞争。同时要科学规划，合理布局。在布局时要以保护资源、发展生产为主要目的，不能破坏田园风光和污染环境。在规划时，要根据当地的自然、经济、社会条件、市场需求状况，因地制宜，制订科学性和可操作性的旅游开发规划，在旅游地建设上，不可一拥而上，盲目地开发和重复建设，要建设具有当地特色的休闲农业与乡村旅游旅游基地。

目前休闲农业与乡村旅游主要围绕自然生态休闲和人类文化观光两大主题进行产业开发，远离城市、亲近自然的休闲旅游也成为发展最为迅速的旅游主题之一。随着改革开放和几十年的发展变迁，中国游客对旅游产品的心理预期越发成熟，单纯的自然风光和农事体验不能满足愈发增长的游览需求，因此乡土的、原生态的文化观光成为发展的关键。休闲农业与乡村旅游的发展思路应向充分挖掘本土文化、因地制宜、发展成为集自然生态和人文脉络于一体的复合型旅游产业为目标前进。

（二）品

"品"的思路内涵为充分挖掘地域特色，努力打造"一村一品""一村一业""一村一韵""一村一景"的品牌效应。当今时代已经进入品牌经济时代，城市居民选择在乡村休闲、度假，其目的是要观新赏异，体验清新洁净的乡村生态环境和特色鲜明的乡土文化，感受淳朴的乡情乡味。特色是休闲农业与乡村旅游产品的生命力所在，也是打造品牌的核心竞争力，有特色才能真正吸引旅游者。项目开发时应充分挖掘最富有特色和吸引力的农业景观、生产生活方式和文化习俗，形成具有文化生态、自然朴实、内容丰富、健康向上的特色产品。避免城市化和非自然化的倾向，做到"人无我有，人有我特"，最大限度地具备独特的地域性、广泛的社会性、丰富的文化性、活跃的经济性、鲜明的时代性、深远的历史性，努力达到"唯一性、垄断性、不可代替性"的最高标准。

（三）扶

"扶"的思路内涵主要是指以政府为主的扶持和以村民主导的村庄发展。休闲农业与乡村旅游的发展，要以促进农业和村庄的共同发展为目标，使旅游业成为农村重要的产业和经济来源。政府应积极引导和扶持，将当地休闲农业与乡村旅游的开发纳入区域旅游发展规划，制定具有扶持性质的政策，出台行之有效的管理办法、经营法规。但同时各级政府也应注意，产业的发展主体是村民和经营企业，各级政府在发展中应认清自己的角色定位。

各级政府应通过政策引领，加强宣传教育，提高广大村民对发展休闲农业与乡村旅游的认识，通过以奖代补等措施，激发村民、农户和经营企业的发展积极性和创造性，协调解决产业发展中的困难和问题。支持有条件的农业龙头企业、农民专业合作社，结合自身生产、加工、销售等经营情况，延伸产业链条，把农业生产、农产品加工与休闲度假、旅游观光有机结合在一起，推动融合发展。支持有能力的家庭农场、种养大户，改善基础服务设施，发展农家乐和小型采摘园等，带动传统种养产业转型升级，最终使农民成为利益最大获得者，促进休闲农业与乡村旅游的快速发展。否则，本末倒置的后果往往会事半功倍，耗费大量资金和人力却达不到预期效果。

（四）科

"科"的思路内涵为以科技为发展休闲农业与乡村旅游的强力支撑，从而形成线上与线下、旅游与服务等方面的市场联动。知识经济时代带来了高科技化和信息化，"互联网+"、精准农业、智慧农业层出不穷，传统农业已向现代科技农业逐步迈进。应持续引进国内外先进的农业科学技术，与高校、科研院所等联动发展，兴办科技型产业，建立高科技园区等高科技自主研发基地，着重于农业科技成果转化。开展高新技术在休闲农业与乡村旅游中的应用，向更多游客展示智能温室、节水灌溉、配方施肥、精准农业、良种培育等先进的农业设施和技术，充分调动游客的兴趣。

同时，应加大智慧化建设力度，整合优势资源，联动周边市场，建立资源节约型"智慧景区"。通过互联网、信息化、大数据改变休闲农业与乡村旅游的传统管理、服务和营销格局，对区域基础人气市场、国内中坚财气市场、境外高端名气市场综合组成的金字塔型多元市场进行整合，由此形成针对性较强的旅游客源市场分析，打造最有产业价值的多元化产业市场，最终达到兼具智能服务、数据能力、营销平台的一站式立体"互联网+旅游"智慧景区。

（五）质

"质"的思路内涵为通过提升休闲农业与乡村旅游的整体质量，由点到线及面，形成量变引起的质的飞跃，保障各方面品质的整体增强。这就要在发展中不断优化布局，不断提升发展质量，不断拓展功能领域，按照点线面结合的发展思路，通过宣传推介和优化整合，打造休闲农业与乡村旅游精品体系，全面打造一批天蓝、地绿、水净，安居、乐业、增收的美丽休闲乡村（镇）。同时，开展休闲农业与乡村旅游精品景点线路推介，根据季节特点和小长假时点分布，有步骤、有重点、分时段地向社会推出休闲农业与乡村旅游精品景点线路，充分发挥各种媒体作用，形成报纸有文章、网络有专题、广播有声音的立体宣传推介格局。

（六）续

"续"意为永续利用，其思路内涵为休闲农业与乡村旅游应着眼可持续的发展道路。发展休闲农业与乡村旅游，生态是基础，文化是灵魂。应牢固树立"环境兴游""生态兴村"的观念，坚持科学保护、合理开发和永续利用的原则，重视农村生态环境的保护，突出农村自然风貌，传承地域特色文化，先规划后开发。走休闲农业与乡村旅游、文化旅游相结合的道路，要求旅游者、开发者和管理者增强生态意识，保护农业生态景观、农村消费方式、生活方式，力戒开发过程中的工业化和城市化倾向，力保乡村的绿水青山。应充分尊重乡村的社会文化和风俗习惯，提高旅游地居民对所在地文化的自尊、自爱和自豪感。积极提倡在实现生态效益、社会效益的前提下，兼顾经济效益，做到保护与开发并重。

五、休闲农业与乡村旅游发展的一般经验及启示

（一）政府推动

对一个国家或者地区来说，宏观上的政策引导和推动对休闲农业与乡村旅游的发展起着十分关键的作用。目前，大多数国家把休闲农业与乡村旅游作为乡村脱贫的首选方法，将其作为政治任务或者公益事业来发展，把社会效益放在经济效益之上。政府在休闲农业与乡村旅游发展中的角色从管制（government）转化为治理（governance）。前者顾名思义是由当地政府强制性地管理，而后者则是地区内外的相关机构合作引导，落脚点在政府与非政府组织间的合作共赢。20 世纪 80 年代以前所流行的政府干预及之后的新自由市场（neo-liberal free market）方法逐步被"第三条道路"所替代，即把政府的再分配（state-sponsored redistribution）与市场经济（market led economy）整合起来发展休闲农业与乡村旅游。

政府在休闲农业与乡村旅游发生危机时总是起主导作用。按照政府对休闲农业与乡村旅游的干预程度，可以大致分为三类：高度干预、少量干预、很少干预。其中高度干预的代表国家有希腊、爱尔兰和葡萄牙等国，政府参与规划、经营、管理和推销。少量干预代表国家有法国、意大利和比利时等国，政府参与规划，提供制度保障与财政支持。法国农业部、旅馆信贷银行和农业信贷银行针对从事农业旅游 10 年以上的家庭农舍，给予平均每个农舍乡村建筑整修翻新补贴约 5 万欧元。很少干预代表国家有英国和德国等国，这些国家的政府对休闲农业与乡村旅游规划、经营等干涉很少，只对生态环境保护方面进行干涉。英国在《共同农业政策》中规定，政府承诺每年投入 5 亿英镑改善农村基础设施，其中 2007 年拨付 16 亿英镑来支持英国农村发展计划。

（二）协会扶持

成熟的行业协会是休闲农业与乡村旅游发展的坚强后盾。行业协会就是一个资源整合的超级大平台，这些组织协会本着自发展、自运营的宗旨，通过观察外部的环境变化来做出相应的战略调整，保证最大化的收益，协调并优化配置协会内部的人力和物力资源，有效地应对各种突发事件。

美国在 1992 年就出台了关于休闲农业与乡村旅游与小商业发展的国家政策，建立了非营利组织——国家乡村旅游基金（NRTF）。此机构从事项目规划，募集和发放资助，提供宣传。法国于 1953 年成立了法国农会（APCA），1998 年法国农会专门成立了"农业及旅游接待服务处"，同时联合其他社团成立了"欢迎莅临农场"的组织网络。爱尔兰于 1994 年成立农舍度假协会（Irish Farmhouse Holidays Association, IFHA），其主要功能有质量控制、培训、促销、互助，以及制定标准、监督检查、评估汇报等。西班牙的乡村旅游协会（ASETUR）是一个民间的联合体，它和政府的关系非常友好，对推进西班牙的休闲农业与乡村旅游有着

非常大的作用。加拿大于 1990 年成立加拿大土著旅游协会（CNATA）。

随着休闲农业与乡村旅游的蓬勃发展及各国对其重要性认识的增强，行业协会组织的眼光已经不再局限于某一个国家或者某一个行政区划内，而是放开视野、打开思路，以一种更加包容开放的姿态来经营，其中欧洲农场乡村旅游联盟就是这样一个跨越种族与国家的组织。

（三）产游互动

产游互动就是产品与旅游的互动。休闲农业与乡村发展过程中的产品类型有餐饮产品、住宿产品和游览产品。休闲农业与乡村旅游和其他形式的旅游类似，涉及吃住行、游购娱等诸多要素，要想让游客对旅途留下深刻的印象，发展二级客户市场就应该出奇制胜，打造有特色的产品，吸收其他国家的先进经验，同时避开低层次的同质化竞争。

1. 餐饮产品

匈牙利有各种果酒，正宗匈牙利农家菜肴有"古雅什"（土豆炖牛肉）和"豪拉斯雷"，法国有大名鼎鼎的葡萄酒庄。此外，法国乡村的葡萄酒园和酿酒作坊闻名遐迩，游客不仅可以参观酿造葡萄酒的全过程，还可以亲自入园采摘葡萄、参与酿造葡萄酒的活动。

2. 住宿产品

西班牙有特色的贵族古城堡，瑞典有"第二住宅"，这种别墅式房屋不是修建在乡下就是在水边，还有一种普遍的现象就是建在岛上。在"第二住宅"人们可以放下手头工作，暂时逃离都市生活，全身心地修养。

3. 游览产品

日本农场诗情画意的田园风光和多种多样的娱乐项目吸引了大量游客，此外在北海道等沿海地区安排有捕鱼观鸟等活动。在美国，每当瓜果成熟的季节，城里人都纷纷涌进各大农场，自租自种或参加摘水果的度假活动。匈牙利是休闲农业与乡村旅游的典范，其将休闲农业与乡村旅游、文化紧紧联合起来，使得游人在观光的同时品味几千年历史沉淀下来的民族文化，乡间的露天舞台上，经常会展示民间的服饰、民谣及风土人情节目，受到游客的欢迎。爱尔兰在卡洛郡休闲农业与乡村旅游的娱乐活动包括了五个部分，即参观农业园，步行游览与远足，自行车兜风，骑马，以及保龄球、桌球等活动。在捷克和斯洛伐克，遗产廊道成为一项富有特色的旅游项目。

4. 服务保障

顾客就是上帝，从某种意义上来说，休闲农业与乡村旅游也属于服务行业。从设备设施、清洁维修、环境安全、客服的态度等方面进行监督和管理，秉承游客满意的宗旨，为游客提供最标准、最称心的服务。

芬兰政府的旅游部门主要是保证旅游环境和旅游内容能够体现芬兰传统乡村文化及设备的完整性，强调保持乡村自然人文环境的原真性。德国农业协会于 1972 年制定了休闲农业与乡村旅游品质认证制度，经多次修订沿用至今。新西兰把住宿分为四个不同的等级：一类为假日住宿设施、公园及青年旅社，如大篷车和帐篷；二类为酒店宾馆；三类为汽车旅馆和自助餐厅；四类为主人自有的住宿设施，这四类都有自己的评估程序和考核因素（如是否热情、整洁、设备齐全）。

5. 营销推广

营销推广就是把优秀的休闲农业与乡村旅游产品推介出去，注重信息化管理和网络营销，建立完善的预订系统，为游客提供了解景区信息的渠道，搭建完整的信息化平台，如提供信息咨询、安排行程、提供超前服务，打造良好的"口碑"及"品牌"，借力营销的效果非常可观。例如，西班牙的 Paralelo40 项目是西班牙"乡村经济开发关联行动计划"所涉及的 14 个地区实施的休闲农业与乡村旅游产品营销网络，这个网络把乡村住宿点、节庆活动、旅行社系统整合在一起，使游客更直接和方便地获得休闲农业与乡村旅游信息，以提高项目支持的休闲农业与乡村旅游场所的知名度。

第二节 休闲农业与乡村旅游类型和模式

一、休闲农业与乡村旅游类型

关于休闲农业与乡村旅游类型的各种分类结果，目前均尚未得到广泛和普遍认可，有研究者将其分成农业生产活动、农业采摘活动、农业游憩活动、农业教育活动等。也有依据农园的类型将所提供的活动项目分为生鲜采摘、乡野畜牧、乡土民俗、教育农园、综合农园、观光游憩等类型。同时也有研究者从休闲农业与乡村旅游的经营形态上将其划分为采果尝鲜、民俗童玩、农家之乐、自然观察、牧野风光等几大类。这些分类基本上已经涵盖了中国休闲农业与乡村旅游的经典类型，但是随着时代发展，新事物层出不穷，前人的分类已渐渐不能适用于当下。笔者在前人分类的基础上，分别从资源类型和经营主题两个不同角度对当前中国的休闲农业与乡村旅游进行总结分类。

（一）以资源类型为依据的分类

1. 传统观光型

传统观光型休闲农业与乡村旅游是一种通过以不为都市人所熟悉的农产品生产（特别是一些特色农产品）和农作过程为卖点，吸引城市居民前往观光体验的类型。这种将传统农产品生产、加工与游客参与性娱乐相结合的休闲农业与乡村旅游发展模式是传统型观光休闲农业与乡村旅游发展模式的一大亮点。例如，台湾的"飞牛牧场"为台湾西部最受欢迎的休闲牧场，那里有绿野、房舍、成群的乳牛，提供乳制品 DIY、创作美学、自然生态探索、牧场活动竞技及欢乐动物农庄等都市民众休闲活动，让人亲近大自然，享受自然之美，感受牧场之趣。

2. 科技观光型

科技观光型休闲农业与乡村旅游，主要依托于规模较大的农业、林业、牧业、副业、渔业生产基地，是一种利用现代高科技手段进行观光农业项目开发的旅游类型。基地在生产农副产品的同时，又给游客提供了观光游览的场所。例如，位于东莞市道滘镇的龙洲湾都市农业观光园，将打造成为休闲农业与乡村旅游"迪士尼"，建设有太空种子生长培育基地、水乡农耕文化博物馆、都市农业科普教育基地、无公害蔬菜区、阴生花卉大棚培植区等 15 个功能区，让游客有的看、有的玩、有的吃。

3. 资源奇特型

资源奇特型休闲农业与乡村旅游，是利用当地具有优势的特色农业资源或自然资源（如地热）来提供休闲服务的。特色资源不同于一般的农业，作为旅游观光的对象，能满足游客求"特"的需求，所以此类休闲农庄对休闲旅游者具有很大的吸引力。资源奇特型休闲农业与乡村旅游所依托的特色资源十分丰富，包括地方、产业和文化特色等。例如，位于浙江西北部安吉县的"安吉大竹海"，就是以竹为产业特色的休闲农业与乡村旅游基地，它以浩瀚如海的大毛竹景观为主体，以"五女泉"为辅助，游客可望竹海、观竹王、听竹乐、嬉竹泉、玩竹戏、享竹疗、看竹业、学竹艺、购竹品、住竹居、食竹宴，尽享回归自然、返璞归真之乐。

4. 乡土文化型

乡土文化型休闲农业与乡村旅游，以乡村民俗、民族风情及传统民族文化为主题，将休闲农业与文化旅游有机结合。依托当地特有的民族风情或乡土文化开展旅游活动，让游客在饱览自然美景和参与农事体验的同时，也感受到当地浓郁的乡土特色和风土人情。例如，江苏省泰州市姜堰溱湖的"泰州溱潼会船节"，每年清明节的会船习俗都会吸引来自四面八方乡镇的数百船只、上万船民云集于此，这既使游客亲近了当地文化，也对乡土文化传播有一定的推动作用。

（二）以经营主题为依据的分类

1. 田园体验型

田园体验型休闲农业与乡村旅游，是一种以乡村田园景观、农业农事活动和特色农产品及其生产过程为亮点，开发一系列农业游、果林游、牧业游、花卉游、渔业游等各具特色的主题旅游活动，以满足游客（主要是城市居民游客）体验农业、回归自然的心理需求，主要形式如下。

（1）田园农业游。以农田为依托，开发以观赏田园风光、观看农业生产过程、品尝和购买绿色农产品、学习农事知识与技术等为主的观光体验活动，以满足游客体验农业、放松身心、发展自我的心理诉求。例如，位于河北省秦皇岛市北戴河的集发农业观光园，划分为特种蔬菜种植示范区、特种畜禽养殖示范区、名优花卉种植示范区、休闲餐饮娱乐区四个区域，形成了百菜园、奇瓜园、空中花园、戏水摸鱼等30多个观光景点。

（2）果林观光游。以森林和果园基地为依托，开发一系列水果采摘、观景、赏花、踏春等旅游活动，让游客亲近大自然，品尝绿色美味，体验丰收之悦。例如，内蒙古自治区科尔沁右翼前旗的玫瑰葡萄庄园，为国家级休闲旅游示范点，其"中秋葡萄采摘节"以中秋传统文化为主题，围绕团圆大主题，安排了"奔跑吧葡萄"、儿童瓜果蔬菜秀主题活动、葡萄寻宝大比拼等系列娱乐活动，吸引了数万名盟内外游客前来采摘品尝美味葡萄，体验乡村特色旅游风情。

（3）农业科技游。以现代农业科技园为依托，开发观看园区高新农业技术、温室大棚内的立体农业、设施农业、生态农业和有机农业等旅游活动，使游客增长见识、开阔眼界、科普现代农业知识。例如，位于山东省寿光市洛城镇的寿光蔬菜高科技示范园，其别具一格的欧式建筑、时尚潮流的现代温室、科技先进的克隆技术、智能管理的工厂化育苗、各种各样的品种展示及一年一度的国际蔬菜博览会，吸引着国内外游客前来观光旅游，已逐步形成了集科研、示范、推广、生态、旅游为一体的示范园区。

（4）参与体验游。游客通过亲自参加农事活动，吃农家菜、住农家屋、干农家活，让游客深入体验真正的农业生产、纯正的农耕文化和淳朴的乡土风情。例如，位于福建省福州市闽侯县白沙镇马坑村的白沙湾生态农庄，涵盖农耕文化、农业观赏、农俗体验及乡村娱乐休闲，将碾谷机、织布机、鼓风机、水车、草绳机等现在不常见的农具都被收集在一起，游客不仅可以参观，还可亲身体验。在果园，孩子可亲手给鸡、鸭、鹅喂食。

2. 科普教育型

科普教育型休闲农业与乡村旅游，是一种利用农业观光园、农业科技生态园、农业科普博览园、特色农产品展销馆等，为游客提供科普农业历史、农业知识与技术的旅游活动，主要形式如下。

（1）休闲观光农业教育园。利用当地农业科技园区、农业基地的环境资源、现代农业设施、优质农产品、特色农业种植、畜牧等农耕文化与先进农业技术等，让游客（包括中小学生游客）进行农业观光，参与体验休闲农事活动与 DIY 农业教育活动，形成集农业生产、科技示范、科研教育、农业观光、休闲体验为一体的农业教育园区。例如，位于江苏省泰州市的海陵现代农业科技示范园区，为省级现代农业产业园区，中小学生游客在此可开展科普知识学习，可举行主题班会，尽情徜徉在现代农业知识"海洋"里，农业园区成为中小学生感受现代农业文化，拓展农业科普知识的"特色课堂"。

（2）农业博览园。利用当地农业技术、农业生产过程、特色农产品、农耕文化等进行展览，供游客参观。例如，西安曲江农业博览园中有有机食品体验馆、农耕种植园、曲江菜园、低碳生活馆、秦岭花鸟园等 7 座现代化科技温室，汇集农耕文化传承、农业休闲体验、现代农业展示、生态康体康居、儿童游乐体验等功能于一体。

3. 农家乐型

农家乐型休闲农业与乡村旅游，是一种农业休闲、农家休闲的休闲旅游业态。农民就地取材，直接将自家庭院、自己生产的农产品及周围的自然景色或田园风光利用起来为游客提供服务，此种类型贴近农家生活风味，具有浓厚的乡土气息，成本低，是农民向城市居民提供的一种亲近大自然、贴近乡村、寻觅乡愁的生活体验，主要形式如下。

（1）观光休闲农家乐。利用当地农业生产活动、特色农产品、农业工艺技术、农家生活风味、周边自然风光及齐全舒适的设施服务等，吸引游客前来观光、休闲、娱乐、体验，为游客提供吃、住、娱、购等旅游活动。例如，位于湖南省益阳市的益阳花乡农家乐，依托当地优美的自然风光和便利的交通条件，吸引游客前来旅游，游客可在茶余饭后，或漫步曲径花丛之中，赏绿树红花；或立千年古树之下，谈古今中外；或于湖边把杆垂钓，品太公境界；或于东篱之下采菊，享陶公情趣。

（2）民俗文化农家乐。以当地民俗文化、特色美食、古村落和古宅院落为依托，吸引游客前来休闲旅游。例如，位于四川省理县桃坪乡的桃坪羌寨农家乐，凭借羌族很多古老的传承习俗和节庆活动、独具特色的民宅建筑、古朴宏伟的防御碉楼及当地特色山野美味，吸引了众多游客前往。

4. 乡土风俗型

乡土风俗型休闲农业与乡村旅游，是一种依托于农村民俗文化、风土人情，充分突出当地农耕文化、乡土民俗和民族文化等特色，而吸引城市居民游客前往进行旅游活动的旅游类型。其经营内容主要围绕当地独具特色的传统传承和风俗，如农耕展示、节庆活动、礼仪交际、时令民俗、民间歌舞、民间技艺、饮食服饰、居住等开展，主要形式如下。

（1）农耕文化游。利用当地农耕技术、农具、节气、农产品加工技艺等，开展农耕文化旅游。例如，位于福建省泉州市安溪县尚卿乡尤俊村的尤俊农耕文化园，以农耕与农业文化观光体验为主题，集科普性、趣味性、参与性、科研性与生产性为一体。

（2）乡土民俗游。利用当地风情民俗、民间艺术、传统饮食服饰、节庆节令民俗等，开展乡土民俗文化旅游。例如，位于湖南省怀化市中方县中方镇的荆坪古文化村，拥有20多处古文化遗址，是一个美丽而古老的村落，依托于淳朴的民风、优美的环境、悠久的历史及深厚的文化底蕴，吸引着八方来客。

（3）民族文化游。利用当地民族传统风俗、民族古村落、民族歌舞、民族节庆活动、民族宗教等，开展民族文化旅游。例如，内蒙古自治区呼伦贝尔市的金帐汗旅游部落，以具有蒙古族特色的古朴典雅的砖木结构蒙古包为亮点，有蒙古族搏克表演、骑骆驼摄影、套马表演、民族歌舞表演、篝火狂欢晚会等旅游项目，使游客在休闲、娱乐的同时，又可亲身体验到北方游牧民族特有的生产生活乐趣。

5. 特色村落型

特色村落型休闲农业与乡村旅游，以古镇、古村落、古宅院建筑或者新农村建设为旅游吸引物，开发特色村落型观光旅游活动，主要形式如下。

（1）古镇和古民居游。以地方古代（大多为清代和明代）村镇建筑、古寺庙、古镇街道等来开展旅游活动。例如，位于云南省丽江市的丽江古城，始建于宋末元初，古城内的街道依山傍水而建，以红色角砾岩铺就，有四方街、木府、五凤楼、白沙民居建筑群、束河民居建筑群等文化古迹景点。

（2）民族村寨游。利用民族特色的村寨开发休闲观光旅游活动。例如，位于云南省红河州元阳县箐口村的哈尼族民俗村，沿步行游览石板路，游客可在短时间内感受到哈尼梯田文化的深厚蕴含，还可观赏哈尼蘑菇房、寨神林、分水木刻、水碾坊、水磨坊、水碓坊等富有特色的农业生产和生活设施，并参观哈尼族的特色民族服饰及犁、耙、锄头和织布机等农业用具。

（3）美丽新村游。利用现代农村的民居庭院建筑、街道、文化礼堂、地方特色企业等开展观光旅游活动。例如，位于河南省漯河市临颍县城关镇的南街村，充分挖掘村子的文化内涵，大力打造特色品牌，形成以高新农业园区、工业园区、文化园区、村民住宅游览区等八大主题的大型红色观光旅游景区。

6. 生态休闲型

生态休闲型休闲农业与乡村旅游，依托于风景优美的自然乡野、青山绿水、独特的地热温泉资源、生态环保的舒适空间，结合周边田园景观与乡土民俗，配套休闲娱乐设施，开发登山涉水、森林浴场、休闲度假等旅游项目，为游客提供休憩、娱乐、餐饮、度假、健身等服务，主要形式如下。

（1）休闲度假村。利用山水、森林、温泉等自然资源，独特而优美的自然景观，齐全而优质的设施服务，配合周边的人文景观，为游客提供休闲、度假旅游服务。例如，位于浙江省杭州市淳安县的千岛湖开元度假村，依托麒麟半岛的层峦叠翠、三面环绕的盈盈碧水、齐全高档的休闲娱乐设施，深受中外休闲游客的喜爱，因其绝美风景和浓郁夏威夷度假风情而夺得"东方夏威夷"之美称。

（2）生态休闲农庄。依托优美的自然生态风光、独具特色的田园景观、绿色生态的农产品、优惠的餐饮与住宿条件，开发休闲、观光旅游活动。例如，位于湖南省衡阳市的南岳红叶寨生态休闲农庄，寨内免费提供球类、吊床、棋牌、钓鱼等休闲项目，种菜、制茶、蔬果采摘等农事体验项目，爬山、赏景等自然生态体验项目，拜佛坐禅、祈福养生、民俗文化、抗战文化体验项目，集餐饮、住宿、避暑、休闲、种植、大鲵驯养繁育加工、农事体验、自驾游为一体，深受广大游客欢迎。

二、休闲农业与乡村旅游的开发模式

（一）企业为开发经营主体的开发模式

由一个旅游企业统一开发休闲农业与乡村旅游基地并且经营的情况称为企业为开发经营主体的开发模式。针对企业的股份构成和当地社区居民参与旅游开发经营的程度，可将该类模式再细分为三类子模式。

1. 企业独立开发模式

适用于通过政府招标或者招租的方式引入对没有原住民的乡村基地进行开发经营，通常距离周围乡村较远，与周围农村居民没有直接的利益关系。

2. 企业独立开发经营、社区居民参与模式

多位于边远地区，居民多为少数民族，乡村基地内风景秀美但是基础设施较差，企业投入巨资进行环境整治及基础设施、旅游服务设施的建设，获得所有经营利润。同时，对当地居民给予经济补偿、工作机会及一定的利润分红。

3. 股份合作制企业开发模式

设立一个由外来投资者、当地社区居民和社区集体共同拥有股份的股份制旅游企业，由企业独立进行休闲农业与乡村旅游的开发和经营活动。乡村社区居民真正成为当地社区旅游开发的主人，他们作为企业的股东和员工，直接参与休闲农业与乡村旅游的开发决策、生产经营活动和利益分配。

（二）村集体为开发经营主体的开发模式

以村集体为单位投资当地休闲农业与乡村旅游资源开发旅游活动，由村民参与旅游服务及事务管理，享有决策及利益分配权。该模式又分为村集体经济体开发模式与村集体组织全民参与开发模式两种子模式。其中村集体经济体开发模式由村集体投资成立旅游公司，运营与企业为经营主体的方式相似；而村集体组织全民参与开发模式则是因为村集体经济不发达，只开发少数不对古民居建筑和民族文化带来危害的活动项目，经营收入按劳分配。

（三）村民自主开发模式

由政府牵头或者社区旅游机构组织的乡村农户居民自主开发经营的家庭旅游接待服务，享受旅游利益。政府以大力推动和示范户效应拓展"农家乐"旅游的广度，社区旅游组织机构则监管各农户的经营服务质量。

（四）政府主导、村民参与开发模式

该类模式主要发生在大型的、由政府组织开发的旅游景区范围内。政府统一征用了乡村社区大量土地对景区进行了统一的规划指导，出资建设了较为完善的旅游基础设施，然后派发部分旅游项目经营权，授予乡村社区居民经营。因此，村民自主开发经营的旅游项目只需交纳有关的税款和管理费，余下的旅游收益全部归经营者所有。由于旅游基础设施的维护和环境卫生管理由景区统一负责，大大减轻了农村居民的负担，同时确保了其利益收入的稳定性。

（五）混合型开发模式

混合型开发模式是指由多个开发经营主体联合或分工协作，开发、经营休闲农业与乡村旅游经济活动的休闲农业与乡村旅游开发模式。

1. 公司+农户发展模式

该模式的特点在于由旅游公司与农户组成休闲农业与乡村旅游开发经营利益共同体。旅游公司负责宣传促销及组织客源，而农户则为游客提供游览、餐饮和住宿服务获取收益。

2. 企业+村委会+农民旅游协会模式

该模式的特点是公司的控股权掌握在当地社区居民的手中，企业独立开发经营旅游地社区的旅游活动，社区的村委会、农民旅游协会和外地的旅行社在经营中合作。

3. 企业+村委+农户开发模式

其中，企业同样属于股份制企业，投资主体是外来投资者，当地村集体（村委会）以旅游资源和现金入股，与外来投资者共同组建旅游开发企业，参与社区旅游开发和收益分配。

4. 村集体组织村民自愿自主参与开发模式

其中，村集体制定规章制度对经营进行规范，旅游项目由村民自愿参加，而家庭旅馆及其他旅游服务则由村民自主开发经营。

三、休闲农业与乡村旅游的发展模式

（一）根据休闲农业与乡村旅游的推动与协调机制分类

1. 政府主导模式

通过加强国家或者各级地方政府对国家或者地区的乡村农业旅游的经济支持力度，以政府统一规划指导的形式，在适宜且有潜力开发的乡村范围内推动休闲农业与乡村旅游的浪潮，铺展休闲农业与乡村旅游的热情。在政府给予的积极规划指导意见及各方助力的配合之下，经过政府的官方渠道经营、管理与推销休闲农业与乡村旅游，从规划设计到投入使用的整个过程受到较为严密的监控，使得该模式具有比较强的针对性与落地性。

政府主导的模式使得政府机构享有较大的主动权，同时其本身拥有的乡村农业资料数据都较全面，在乡村农业的特色及弱点上有着决定性的优势，这些都使得针对与落实的程度大幅度提升。因此，该模式在农村经济发展落后地区开发休闲农业与乡村旅游的最初阶段有着

尤为显著的驱动效果。这也成为相当一部分地区开展休闲农业与乡村旅游开始阶段的重要模式，并在中国如贵州、安徽及云南这些经济较为落后的省份广为使用。在很大程度上，发展休闲农业与乡村旅游是农村经济稳步提升的关键手段。

2. 市场主导模式

顾名思义，这种模式的特征就是因市场的实际供需关系，由市场自动调节乡村休闲农业与乡村旅游成长与变动形势。市场主导模式并不代表政府的完全放开，在自然生态保护及重要的非物质文化遗产保护方面，政府会采取严谨的监管与指导手段。在市场机制较为完善的大环境下，具有保护行业利益且能维护行业准则的各种民间团体、行业协会等非政府组织机构本身在业界就拥有口碑，同时其专业专攻的特色可以快速并且准确地预测行业发展风向，做出正确的反应对接手段，促进行业的进一步发展。

城市居民对于乡村的好奇心及回归自然的本动机，以及很大程度上反差于城市的生活方式、乡村特产、民俗风情和生产活动等旅游需求形成了休闲农业与乡村旅游市场的强大新需求。各种之前存在的民间团体及协会与此新需求相辅相成，互相驱动发展，行业协会奠定需求的基底，需求促进行业协会的成熟发展，而行业协会的新发展又会成为商场的标杆。中国一部分休闲农业与乡村旅游发展成熟的地区使用的是该发展模式。中国乡村旅游协会在初步发展阶段，参照着国外较为成熟的协会，行业协会的发展正如火如荼地进行着。

3. 互动成长模式

将政府的干预机制与市场经济自我调节机制结合在一起来发展休闲农业与乡村旅游，政府和市场的两种力量互相呼应，彼此配合，保证休闲农业与乡村旅游健康有序发展。在成长初期，通过政府的干预效力促进乡村发展，在资金、宣传、基础设施建设、培训、规划及管理方面进行普遍干预扶持，打好休闲农业与乡村旅游的发展基石。随着行业协会及其他民间组织的成立与成熟，政府的管理职能弱化而监管职能加强。

目前，中国旅游业的开发较多采用政府主导、市场运作的模式。在中国广大农村地区，外部市场机制发育还不完善，政府力量的推动对于发展初期的休闲农业与乡村旅游业是非常必要的，但在初具规模后应适时地向混合型转变，逐步采用市场参数间接调节、鼓励农民成立相关民间团体、协会等组织以取代部分政府职能。

（二）根据休闲农业与乡村旅游的发展依托分类

郭焕成（2004）提出将大陆主要城市地区休闲农业与乡村旅游发展现状分为了五个模式，即深圳模式、北京模式、上海模式、广州模式、成都模式。每个城市都有各自的发展历程，从而形成了一定程度的优良发展模式。随着休闲农业与乡村旅游的发展逐渐成熟、依托类发展模式的不断扩充，据现有休闲农业与乡村旅游的发展情况就发展依托进行了以下分类。

1. 依托城市的发展模式

休闲农业与乡村旅游的分布围绕在主要城市的周边，以城市自身资源及城市作为载体吸收的资源为发展的"肥料"，促进休闲农业与乡村旅游的辐射型发展。

中国几个发展程度较高的大型城市，其城市居民本身的游憩需求带来的密集、高频出行机会和活动空间是一个特别突出的市场群体，这类群体还包括了相当数量的外来旅游者参与其中。因此，需要大量的支持该群体活动的游憩设施和游憩土地利用，从而更多地推向城市郊区，出现了环绕城市外围、处于近市郊乡镇景观之中的环城游憩带。旅游渐渐成为环绕城市乡村的主要功能之一，依托于城市的区位优势、市场优势，在现有环城市区域，发展前景较好的环城市休闲农业与乡村旅游圈。

2. 依托景区的发展模式

以休闲农业与乡村旅游基地距离成熟景区较近的先天优势，吸收景区庞大人流量的利益效应，提供不同的游览体验。同时，乡村本身借助景区基础设施及旅游服务的便利辐射，提高了整体的风貌。因成熟景区能为周围的旅游资源和市场方面带来发展契机，景区依托型乡村发展形势往往较为良好，同时能够成片发展，起到区域性的经济提升作用。该类发展模式在发展过程应该注意做到与景区文化特质的互补，在共享景观资源的同时存在特色。

3. 依托产业的发展模式

特色产业作为核心的发展动力，适用于农业产业规模大且经济效益显著的地区，因其产业化程度极高，可拓展农业观光、休闲、度假和体验等功能，开发农旅结合产品，实现第二、三产业的产业延伸，达到共同发展。台湾的休闲农业与乡村旅游多采用这种模式，如枫桦台一度假村，整体建筑设计采用环保的绿色建材，精心营造"春露""夏荷""秋枫""冬恋"等季节楼层，客房内由精致的花泉搭配着万千风景。73 间花泉客房均有大观景窗，客房内更是精心准备了具有不同特色的特制精油。这种模式确实达到了以第一产业促进第二、三产业发展，第二、三产业反哺第一产业的经济效益，带动了各个产业的联动发展。

4. 依托文化的发展模式

将乡村内保存的文化作为发展特色，从而吸引游客的眼球。文化的种类众多，包括古色古香的建筑、民俗文化及民间艺术等。对中国传统文化的保护与追求会吸引很大部分的文人墨客及普通游客，既可以升华文化特质，又能普及文化的力量，使得游客可以游而所学。而这些文化底蕴作为发展特色时有共通的特性，即需要可持续发展，探索出最大限度保持文化原貌，又能弘扬传统文化特色发挥经济效应的平衡点。

5. 依托科技的发展模式

当代科技在农业生产中具有越来越重要的作用，荷兰、新加坡、日本等地的科技引导的现代农业建设和休闲农业与乡村旅游发展为中国的休闲农业与乡村旅游指出了新的方向。近年来，中国启动的国家科技园区建设，促进了一批科技园区建设，也将加速中国现代农业发展。科技引导的休闲农业与乡村旅游将展现农业风貌，展示国家科技成果，同时对于农业教育、体验、观光、展示都有着不同程度的诠释。

第三节 国内外休闲农业与乡村旅游产业现状和发展趋势

一、国外休闲农业与乡村旅游的产生和发展

（一）产生与发展概况

1865 年，意大利成立了"农业与旅游全国协会"，这是世界上成立最早的农业与旅游相结合的专业协会。但农业与旅游业结合成为一个产业，并在世界范围内真正渐成气候是 20 世纪以

后的事。20世纪三四十年代，休闲农业与乡村旅游首先在意大利、奥地利等国兴起，以后逐步扩展到美国、法国、英国等国家和地区。20世纪七八十年代，日本、韩国、新加坡、澳大利亚陆续成为开发热点。

日本最早的休闲农业与乡村旅游点是1962年在岩水县小岩井农场开发的600亩的观光农园。1995年，日本通过法案支持农村地区发展旅游业。农林水产省认为，农村地区不仅是用于纯农业生产及农村人口居住之地，还是"国家的公共财产，是人们可以放松、修身养性的地方"，并积极推动发展农场旅馆和休闲农业与乡村旅游业，吸引越来越多的农业旅游者到农村来。在城市市民对农业、农村需求高涨的背景下，以体验农村生活为主题的电视节目、杂志和报纸的人气非常旺盛，到农村去休闲、度假、养生成为城市人的一种时尚。

1984年，韩国政府开始把发展休闲农业与乡村旅游作为振兴农村经济、提高农民收入的一项计划来推进。发展初期，旅游农场是其主要的产品类型。1988年以后，休闲农业与乡村旅游产品数量和形式开始丰富起来。到1997年，韩国有382个旅游农场，每个农场平均土地面积为2.5hm^2，投资价值为69万美元。此后，韩国旅游农场规模逐步扩大，根据韩国土地法律规定，旅游农场的最大面积可扩大到5hm^2。目前，在韩国各大城市周边的农林牧渔村都建有许多"观光农园"和"周末农场"，这些农园或农场集生产、休闲、体验、度假、养生为一体，兼具生产、生活和生态功能，吸引了大批市民，生意非常红火。

新加坡的休闲农业与乡村旅游是建立在农业园区综合开发基础上的复合型产业。从20世纪80年代开始，新加坡政府设立了十大高新科技农业开发区。在这些农业园区内，不但建有50个兼具旅游特点和提供鲜活农产品的休闲农业与乡村旅游生态走廊，主要有水栽培蔬菜园、花卉园、热作园、鳄鱼场、海洋养殖场等供市民观光，而且还相应地建有一些娱乐、休闲场所。农业园区不仅为新加坡人提供了休闲农业与乡村旅游场所，每年还吸引了500万～600万的国外游客。经过多年的建设，新加坡农业园区已建成集高附加值农产品生产与购买、农业景观观赏、园区休闲和出口创汇等功能于一体的科技园区，成为与农业生产紧密融合、别具特色的综合性农业公园，取得了非常好的经济效益、生态效益和社会效益。

澳大利亚的休闲农业与乡村旅游发展也很快，出现欣欣向荣的局面，在全国旅游总收入中，休闲农业与乡村旅游业收入超过35%。尤其自欧洲移民到澳大利亚开始，葡萄酒生产制作成为澳大利亚文化的重要组成。澳大利亚的葡萄酒产业已成为其休闲农业与乡村旅游的一大特色和亮点。在澳大利亚，州政府已明确葡萄酒庄园旅游的经济功能，州旅游管理委员会非常注重葡萄酒业旅游的宣传，特别是对新南威尔士、南澳和维多利亚葡萄酒业旅游的发展和宣传给予引导并采取一系列的举措。通过在新南威尔士和维多利亚成立葡萄酒业旅游组织，使乡村葡萄酒业发展和休闲农业与乡村旅游发展更加协调，互为依存、共同发展。

(二)典型发展模式

1. 美国：市民农园——分时度假发展模式

分时度假就是把酒店或度假村的一间客房或一套公寓的使用权分成若干个周次，以会员制的方式一次性出售给客户，会员获得每年到酒店或度假村住宿的一种休闲度假方式。并且通过交换服务系统，会员把自己的客房使用权与其他会员异地客房使用权进行交换，以此实现低成本地到各地旅游度假的目的。分时度假作为一种新兴旅游度假方式，最早出现于法国阿尔卑斯地区。随后迅速传遍欧洲，并在美国得到更快的发展。美国的休闲农业与乡村旅游以分时度假为特色，其对分时度假立法的最初尝试可以追溯到20世纪70年代中期，经历了20世纪70年代初期到80年代初期的投资救助阶段，当时的立法者不了解什么叫作分时度假，也不予重视。该阶段在分时度假立法研究方面取得显著成绩的仅有佛罗里达州，该州颁布了当时整个美国国内唯一一部分时度假法规——《1976年分时度假规章》（Vacation Timesharing Rules 1976）；20世纪80年代初到80年代中期，分时度假模式在实践中不断成长，该时期参与该行业的企业越来越多，行业规模不断扩大，而在许多州，不规范的销售与营销行为伤害了很多分时度假购买者；20世纪80年代中期到90年代中期，分时度假模式趋于稳定；20世纪90年代中期至今，行业制度和法律保障都不断成熟，分时度假模式已稳步健全。

2. 法国：专业农场——非政府组织型发展模式

法国休闲农业与乡村旅游的发展得益于多个非政府组织机构的联合，具体是指休闲农业与乡村旅游行业协会、社团组织、商会联盟等多元化的休闲农业与乡村旅游中介机构主导，组织农户、企业等产业参与主体，整合休闲农业与乡村旅游资源。在法国休闲农业与乡村旅游发展初期，政府部门与行业协会的合作便应运而生。自从1954年法国联邦国营旅舍联合会主办"法国农家旅舍网"以来，各类农业旅行社团组织和协会等中介机构相继成立，有力地加强了法国休闲农业与乡村旅游发展的经验交流、信息传播、理论研究和业务培训。这些农场基本上都是专业化经营，主要以农场客栈、点心农场、农产品农场、骑马农场、教学农场、探索农场、狩猎农场、暂住农场及露营农场等形式存在。随着休闲农业与乡村旅游的发展，行业协会也不断壮大，行业自律和规范管理作用逐渐凸显，在这种情况下，法国政府对于休闲农业与乡村旅游的发展也开始由组织指导转向监督管理，行业协会在休闲农业与乡村旅游的发展过程中逐渐占据主导作用。

3. 澳大利亚：葡萄酒庄园——产业协同型发展模式

澳大利亚作为开展休闲农业与乡村旅游最早的国家之一，其休闲农业与乡村旅游特别重视葡萄酒旅游产业的"产、学、研"紧密结合。澳大利亚休闲农业与乡村旅游发展过程中非常注重澳大利亚风情文化旅游主题，内容特色明显，形式生动活泼，强调参与性和体验性密切相关，其中以澳大利亚葡萄酒旅游最为典型，主要依托葡萄庄园的田园风光、酿造工艺生产设备、特色美食、葡萄酒历史文化吸引游客，同时开发观光、休闲和体验等农业旅游产品，带动餐饮、住宿、购物、娱乐等产业延伸，促使休闲农业与乡村旅游向第二产业和第三产业延伸，实现了特色农业产业与旅游业的结合，为地区带来了巨大的综合效益。其主要特征是"以农促旅，以旅带农"，促进本地特色农业与旅游业的有机结合。

4. 日本：绿色观光——都市农业旅游发展模式

日本是一个多火山、地震的岛国，气候高温多雨，国内资源贫乏、人均土地资源紧缺，农业规模小，因此政府希望通过政策和制度来引导休闲农业与乡村旅游的发展，希望通过当地的自然景观、历史文化内涵和风土人情来吸引游客。日本的休闲农业与乡村旅游有自然景观、高品质农产品和体验三种基本形态，主要集中在东京、大阪和名古屋三大都市圈，以城郊互动著称，有市民农园、观光果园、观光渔业、自然休养村、观光牧场、森林公园、自助菜园、农业公园等多种类型。为了有效推动绿色观光旅游体制、景点和设施建设，政府制定了一套完整的农业土地法律体系，在硬件配套设施、税收、补贴等方面给许多优惠政策。

二、中国休闲农业与乡村旅游的发展与成效

作为一种新型农业经营形态和旅游消费业态，休闲农业与乡村旅游是农业经营与休闲活动的有机结合。中国休闲农业及乡村旅游产业的有序发展离不开吸收国外优秀发展经验，对于国外休闲农业与乡村旅游发展模式和经验借鉴研究方面，魏会廷（2014）对信息化对世界休闲农业与乡村旅游的重要作用和国外发达国家休闲农业与乡村旅游信息化建设的成功经验进行了研究，认为美国休闲农业与乡村旅游信息化战略和重视市场机制、法国非政府组织促进休闲农业与乡村旅游信息化建设、日本政府主导及创新休闲农业与乡村旅游信息化展示等宝贵经验具有很好的借鉴意义。在此基础上，结合中国休闲农业与乡村旅游信息化发展的现状，提出中国休闲农业与乡村旅游信息化发展的合理性对策和建议。

（一）中国休闲农业与乡村旅游的四种主要模式

1. 农业娱乐模式

以农业生产作为主要收入来源，同时通过在开花、收获季节吸引游客观光、采摘、垂钓、野餐等，获得生产以外的收益，如浙江省余姚市的杨梅节、杭州市塘栖镇的枇杷节等。

2. 农业旅游模式

利用当地的农业资源和人文资源，通过规划、设计，调整农业生产布局，使农业生产服务于旅游业，或向旅游业方向发展，以旅游收入作为农业的主要收入来源，如国家 AAAAA 级旅游景区——浙江省奉化市的滕头村等。

3. 高科技农业引领模式

农业示范园型高科技农业示范园是引进先进的现代农业设施，通过展示无土栽培等农业新技术和名特优新农产品品种，向参观者或游客宣传现代农业风貌的园区，如上海市的孙桥现代农业开发区、北京市的锦绣大地、杭州市的传化大地等。

4. 农家乐型模式

利用当地特有的自然资源、农业资源和独特的民俗文化，提供购物、垂钓、民俗节庆和农家菜品尝等配套服务，以获得旅游活动、农产品销售、餐饮等方面的综合效益，如浙江省桐庐县的"外婆家"等。

（二）中国台湾的发展模式

中国台湾的休闲农业与乡村旅游发展模式为"百花齐放——观光休闲模式"。

中国台湾的休闲农业与乡村旅游发源于 20 世纪 60 年代末和 70 年代初，是在农业面临国际农产品冲击，农产品成本高、价格低、农民收益少、农业发展处于衰退、萎缩的历史背景下，通过农业转型、结构调整，主要以乡村民宿、休闲农业为主体发展起来的。全岛目前共有 1000 多家休闲农业园区与乡村旅游景点，提供了近 20 万个就业机会，2010 年休闲农业与乡村旅游产业产值达 20 亿元人民币以上。台湾休闲农业与乡村旅游产业涉及的范围很广泛，如农园体验、森林旅游、乡野畜牧、教育农园、农庄民家、乡土民俗等，从成型的模式看，主要有乡村花园、乡村民宿、观光农园、休闲农场和市民农园、教育农园、休闲牧场等几种

模式。

对比国外休闲农业与乡村旅游发展模式，中国休闲农业与乡村旅游在政府主导、法律法规方面还需要不断完善，为了推动中国休闲农业与乡村旅游的健康持续发展，需要在立足中国国情的基础上，学习国外先进立法经验，建立健全有关休闲农业与乡村旅游法律制度，出台一系列相关法律法规和政策措施，保障农民的收入、游客的合法权益和农业的稳定发展。

三、中国休闲农业与乡村旅游的发展趋势

2015 年休闲农业与乡村旅游的研究报告显示，到 2014 年末，中国国内的休闲农业与乡村旅游的数量达到 12 亿人次（表 6-2），占全国游客人数的 1/3，休闲农业与乡村旅游收入达到了 3200 亿元，占国内旅游收入的总收入的 10%，休闲农业与乡村旅游实际完成投资 2612 亿元，同比增长 60%。随着社会的进步与发展，休闲农业与乡村旅游必将成为国内城市居民一种常态型的休闲方式，这符合中国旅游发展的趋向。

表 6-2 中国休闲农业与乡村旅游收入概况（2007~2014 年）

年份	旅游人次/亿	旅游收入/亿元	农家乐/万家
2007	3.00	400	—
2008	3.85	573	—
2009	4.10	800	128
2010	5.40	1000	135
2011	6.00	1500	150
2012	7.20	2160	164
2013	10.00	2800	180
2014	12.00	3200	—

资料来源：山水网易研究中心.中国休闲农业与乡村旅游投资规模不断扩大，休闲农业与乡村旅游市场规模持续增长.http://www.shsee.com/

中国休闲农业与乡村旅游起步较晚，也同样经历了类似欧洲早期休闲农业与乡村旅游发展的背景。中国正处于工业化向后工业化过渡时期，城市居民深受工业化所带来的负面影响，这强化了人们对乡愁的向往，以及中国乡村凋敝背景下的以政府为主导的拯救乡村活动等综合因素的共同影响，加速了中国休闲农业与乡村旅游的发生与发展，并在早期出现了中国特色的农家乐乡村旅游雏形。在经历了二十多年的以早期成都农家乐为代表的自发发展阶段，到外来资本主导的乡村景区化发展阶段，中国的休闲农业与乡村旅游正在进入规模化和转型发展期，并成为旅游重要的发展趋势。

（一）政府的大力推动，为休闲农业与乡村旅游升级发展提供了机遇

政府在休闲农业与乡村旅游发展中扮演了积极的角色，起到了巨大的推动作用，并确定了中国休闲农业与乡村旅游发展现阶段是以政府为主导的。因为休闲农业与乡村旅游作为乡

村振兴的一种新兴的经济力量,在促进乡村就业率、乡村经济收入、经济多元化发展、农业结构调整、新农村建设及城乡间的交流等方面起到积极的作用。在休闲农业与乡村旅游发展初期,面对以家庭为单位自发组织的松散而无序的农家乐发展现状,为了更好地规范、提升与促进休闲农业与乡村旅游的长远发展,政府开始施加公共力量的优势,颁布了一系列政策,极大地推动了休闲农业与乡村旅游规范化、规模化及产业化的发展(表6-3)。

表6-3 中国休闲农业与乡村旅游发展相关国家政策

年份	政策	核心内容与意义
1999	《全国年节及纪念日放假办法》	将春节、"五一""十一"的休息时间与前后的双休日拼接,形成了三个七天长假,造就了中国特色的"黄金周"。有效推动了中国大众旅游的蓬勃发展,为日后休闲农业与乡村旅游的快速发展奠定了旅游基础
2002	《全国农业旅游示范点、工业旅游示范点检查标准(试行)》	对农业旅游点的内涵与标准进行了界定。农业旅游是休闲农业与乡村旅游的一个重要组成部分,其标准化的发展标志着中国休闲农业与乡村旅游开始走向规范化、标准化与特色化
2006	"中国乡村旅游年"	提出了"新农村、新旅游、新体验、新时尚"的发展口号。进一步明确了休闲农业与乡村旅游在建设社会主义新农村中的作用,将休闲农业与乡村旅游纳入城乡统筹体系,提出休闲农业与乡村旅游是"以工促农,以城带乡"的重要力量
2007	《关于大力推进全国乡村旅游发展的通知》	提出了"中国和谐城乡游""魅力乡村、活力城市、和谐中国"等口号。进一步完善旅游合作社章程、保障农民以各种方式投资旅游开发经营的所有权和实际收益,改善乡村基础设施与环境,探索休闲农业与乡村旅游发展模式及各种模式间的优势互补的路径等措施
2008	《中共中央关于推进农村改革发展若干重大问题的决定》	鼓励土地合法流转、扶持农民合作组织、探索农业多元经营模式,为休闲农业与乡村旅游的多元化发展及产业升级提供了政策依据
2009	《全国乡村旅游发展纲要(2009—2015年)(征求意见稿)》	确定了2015年休闲农业与乡村旅游发展目标:接待人数达到7.71亿人次,旅游收入达1145亿元,直接就业989万人,间接就业3680万人,每年旅游从业农民人均纯收入增长5%的目标。再一次强调了大力发展休闲农业与乡村旅游业是统筹城乡经济社会发展,破除城乡二元结构的重要着力点
2010	《全国休闲农业与乡村旅游星级示范创建行动实施方案(试行)》	通过休闲农业与乡村旅游的发展带动传统农业产业结构的调整,向生态、高效、休闲农业转变,注重走内涵式可持续发展道路

中国政府对休闲农业与乡村旅游的推动作用还体现在对乡村公共产品的供给、完善及乡村环境的综合治理等方面,特别是对落后的乡村交通条件的改善,提升了乡村的可进入性。另外,政府倡导的乡村环境整治不仅促进了新农村的建设,同时也为休闲农业与乡村旅游提供了良好的生态环境。休闲农业与乡村旅游已成为国内一种重要的旅游模式得以蓬勃发展,由于其较好的经济、社会与环境功能及与乡村紧密的关联性,休闲农业与乡村旅游成为乡村变革的一种重要力量。休闲农业与乡村旅游的可持续发展需要来自政府及其政策的支持,而重在促进乡村变革的城乡统筹政策的颁布与实施为休闲农业与乡村旅游升级发展提供了机遇。

（二）由传统观光旅游向深度休闲旅游渐变

目前，中国旅游发展仍处在大众旅游为主导的阶段。其核心特征为观光游，出游目标主要以知名旅游目的地或景区为主，出游方式多为团队旅游，对旅游目的地的游览一般为一次性旅游。大众观光旅游的兴起与发展使旅游者的旅游经验与阅历不断积累，使人们的旅游兴趣日趋多元化，加之中国独特的相对固定的休闲时间段，造就了特定空间与固定时间的叠加引发中国特有的"黄金周现象"，导致游客在相对固定的休闲时间段跻身于相对有限的旅游空间中，人满为患的大众旅游并没有给人们留下美好的印象。正是出于替代效应，城市居民旅游动机开始转变，由过去以风景名胜区为主要目的地进行较大空间尺度转移的观光旅游，向以乡野环境为旅游目的地进行较小空间尺度转移的休闲娱乐旅游过渡。并且这种近距离的休闲旅游逐渐成为旅游者特别是城市居民日常生活中的一种常态，这体现出中国旅游发展的一种趋势变化，即由传统的观光旅游向以体验、度假为主的深度休闲旅游渐变。

（三）产业迈向"精、强"，集群创新意识增强

产业"做精做强"已经成为区域休闲农业与乡村旅游的支撑与基础。首先，"精、强"产业是吸引旅客、提供旅游服务的主体，体现区域特色的基础。其次，产业集群创新是满足游客多样化需求的产业依托。当下，市场的多元化是产业集群创新的市场原动力。传统的旅游产业开发过分强调"食、住、游、娱、购"等生理性的市场满足，过分强调单一旅游功能如休闲、观光等，而弱化整体的产业集群创新，难以体现区域性休闲农业与乡村旅游特色。现在人们开始意识到休闲农业与乡村旅游产业集群需要创新，要树立区域性、整体性休闲农业与乡村旅游发展观。突出休闲农业与乡村旅游以农业产业资源、生态资源及文化资源为基础，满足大众的精神文化需求的市场特点，以满足多样化的精神文化需要为导向，从事产业集群创新；突出农业产业的多功能性特征，与自然生态资源、乡村文化资源的结合，以精神文化多样化需求为导向，开展产业集群创新。

（四）突出精神体验和文化消费

休闲农业与乡村旅游在发展过程中越来越突出精神体验和文化消费，文化是区域休闲农业与乡村旅游发展的灵魂。乡村文化在产业创新及其与文化的融合过程中得到传承与创新。第一，在区域定位中提炼文化，以区域品牌展现文化内核；注重塑造区域旅游发展的"灵魂"，提炼区域发展的文化内涵；注重围绕区域休闲农业与乡村旅游的文化特点，配置综合性的旅游文化资源，塑造区域特色、提升文化感召力。第二，以产业创新推动文化创新是大趋势。休闲农业与乡村旅游产业创新，可以充分体现文化精神，展现文化风采，挖掘乡村文化内涵，让文化元素充分展示在开发乡村农业特色旅游产品中。第三，引进外来文化，推动文化融合。通过与外来文化的嫁接，推动与本土文化的融合，是促进区域本土文化的创新与发展的必然方向。

（五）迈向休闲农业与乡村旅游4.0时代

休闲农业与乡村旅游的火热，已经成为中国旅游经济的一个非常重要的增长点，也是提

高大众创业、万众创新非常重要的阵地，休闲农业与乡村旅游能否发展得好，影响着一个地区的旅游经济。

中国的乡村实际上经历了4个时代，即1.0时代、2.0时代、3.0时代、4.0时代，每一个时代都有它不同的特点。1.0时代实际上是休闲农业与乡村旅游的萌芽时候，当时主要以农家乐采摘为主，最早出现在成都的郫县。2.0时代就进入乡村休闲了，不只是吃农家饭、住农家屋了，可能还有相应的配套的旅游服务和旅游项目。3.0时代是乡村度假的时代，实际上就是把一个村子当作一个景区来建设，把一个村子当作一个度假区，或者把一个村子当成一个精品的度假酒店进行建设的时代。在经济比较发达，或者说旅游产业比较发达的地区，出现了另外一种业态，叫作乡村生活的时代。大量的乡村创客融入乡村、住在乡村，建设了乡村，乡村就成为目的地了，不只是短暂地停留而是生活在乡村，发展为一个休闲生活的圈子，我们把它称为休闲农业与乡村旅游的4.0时代。

第四节　当前休闲农业与乡村旅游存在问题及发展对策

一、当前休闲农业与乡村旅游发展过程中存在的问题

近年来，休闲农业与乡村旅游在中国如雨后春笋般涌现，这是一种值得欣喜的好现象，但也有很多令人担忧的地方。概括起来，中国在休闲农业与乡村旅游发展过程中主要存在以下四个方面的问题。

（一）盲目建设，遍地开花

很多地方的投资者为当地的农民，当他们认识到身边的环境资源能作为"摇钱树"时，便按照自己的理解或单纯模仿别人的模式仓促上马、开山修道、急于求成。为了降低成本，许多人省略前期的可行性研究、评估审查。由于缺少科学规划及市场定位，造成后期农业旅游经营和管理的困难，更难以进行深度开发。

（二）档次不高，缺乏特色

目前，中国许多休闲农业与乡村旅游所在的地方都是在原有的农业基础上自发形成的，经营人员主要以当地农民为主，文化水平较低，服务质量较差。中国疆域辽阔，农业旅游资源类型多样，地域性明显，有利于各地形成自己的特色。但是目前具有地方特色的农业旅游项目尚不多见，同一区域内休闲农业与乡村旅游项目开发的模式雷同。

（三）规模较小，项目单一

国外研究表明，当休闲农业与乡村旅游的半径达到29.5km时，才能发挥最佳效益。但由于受短期利益的支配，中国的休闲农业与乡村旅游项目大多规模较小，项目单一，没有形成完整的产业链和产业体系。例如，有的观光果园、垂钓园除供游人观光、采摘、垂钓之外，缺乏必要的休息、娱乐、餐饮等配套设施和服务，致使游客在园区逗留时间短，休闲农业与乡

村旅游的旅游、休闲、度假功能未能得到充分发挥。

（四）规范不够，潜力不足

总体来说，中国休闲农业与乡村旅游还处于起步阶段，相应的政策法规还没有出台，或有些地方性的政策法规已经出台，但还不够完善。在一个地区，如果政府部门不对其进行很好的规范，让其自由发展或自生自灭，势必潜力不足。

中国是一个农业大国，农业和乡村分布着全国70%以上的休闲旅游资源。对于休闲农业与乡村旅游的概念认识，不同的学者曾经给出过多种定义。杜江和向萍（1999）认为，休闲农业与乡村旅游是以乡野农村的风光和活动为吸引物，以都市居民为目标市场，以满足旅游者娱乐、求知和回归自然等方面需求为目的一种旅游方式。

二、休闲农业与乡村旅游发展对策

（一）保障合理开发

1. 规划引领，奠定生态基调

科学的规划是发展旅游项目的前提，区域旅游总体规划、景区详细规划的编制是休闲农业与乡村旅游建设的重要一环。概括来说，区域总体规划和景区详细规划需要有机衔接起来，统筹规划、环环相扣、分步实施、务求实效；在规划的编制过程中，要加强指导和监督，切实提高规划的科学性、前瞻性和落地性；在规划的实施中，要树立规划的权威性，制定翔实的推进计划，明确工作内容和时间进度，分期、分阶段落实规划要求。

规划编制，首先要全面系统地梳理乡村资源现状，对乡村的自然、人文、生态、旅游等资源进行现状整理，总结区域资源的特色与价值，并进一步针对生态环境与旅游承载力、开发条件与发展潜力等进行客观评价，根据资源特色和市场情况进行有序开发，确保农业和旅游项目开发的可行性和科学性。之后，再从区域空间上进行统筹安排、全面规划，进行功能区划与项目策划。

规划编制的另一部分重要内容是明确发展方向、进行合理定位、确定目标市场、制订营销策略。在现状梳理和分析的基础上，确立乡村与周边市场或竞争或合作的关系，并进行优劣势对比，最终形成区域协调、独具特色、错位发展的规划定位；并结合客源市场的情况，找准本地客源增长的市场突破口，集中力量，形成组合拳，实施广覆盖、全方位、多层面的叠加营销策略。

规划的日常管理与实施也十分重要。首先，对于相关规划的管理，应设立专职部门，负责重点项目的规划申报、审批，保证规划的科学性、合理性、落地性，使其在休闲农业与乡村旅游发展的过程中可以起到积极的指导作用。其次，应引导项目主体尊重规划、信赖规划，通过项目主体与规划单位的沟通与协调，得到双方都认可的规划成果，并严格按照规划建设，并通过专职部门对重点项目建设进行监督、考核，以实现设定的规划目标。

2. 组织保障，护航生态发展

政府的高度重视，是不少国外休闲农业与乡村旅游发展的成功经验之一。根据中国政府在休闲农业与乡村旅游中起显著作用的特点，应建立和完善政府在休闲农业与乡村旅游中的政策、资金、营销等方面的组织保障体系，强化政府的调控作用。同时，政府的决策、引导、调控中应充分体现生态文明的理念。

（1）在政策扶持方面，发展休闲农业与乡村旅游是一种具有较强外部性的农业经营模式，很多国家都把休闲农业与乡村旅游项目作为政治任务或公益事业来发展，而休闲农业与乡村旅游也需要通过政府有效的扶持、引导，以实现健康发展。例如，在美国曾颁布的《农业住宿法案》中明文规定，农家旅馆可以低于商业旅馆的最低规模和要求，对申请发展休闲农业与乡村旅游的村庄或个人在手续上给予简化等；中国台湾地区，对于经批准建立的休闲农场，当地将拨出专项经费扶持道路、水利工程和教育农园等建设。通过诸如此类的政策扶植、激励措施、程序简化，将大大提高社会参与休闲农业与乡村旅游事业的积极性，带动产业发展。

（2）在资金方面，休闲农业与乡村旅游会受到市场风险和自然风险的一定影响，因此各国在发展过程中，都会在加强立法保障的同时，通过金融、财政信贷、保险等多种手段支持休闲农业与乡村旅游的发展。例如，美国农业部设有多个专项基金专门鼓励休闲农业与乡村旅游的发展；韩国政府则在休闲农业与乡村旅游项目上给予可观的贷款支持及宽松的还贷政策，但在申请旅游农园管理、农园的发展规模及可行性评估方面较为严格，其目的是促进休闲农业与乡村旅游健康发展。休闲农业与乡村旅游产品的公共性特征决定了政府扶持的必要性，发达国家的迅猛发展与他们财政金融的大力支持是密不可分的。

（3）在营销方面，要充分发挥政府的统筹作用，调动企业主体的积极性。通过多途径、多手段，构建多层次、多类型的宣传促销网络和形象推广体系，如利用现代信息技术传播快、覆盖面积广的优势，大力开展电视、广播、报刊、互联网等媒体促销；利用乡村各种节庆活动，策划集体旅游、展览会、科普培训等活动，大力宣传休闲农业与乡村旅游产品等。形成政府、部门、企业、社会有效联动的促销机制，提高休闲农业园区与乡村旅游景点的知名度，以吸引更多的游客，扩大市场。

（二）推进规范管理

1. 建立行业标准

随着休闲农业与乡村旅游的快速发展，应及时由政府牵头，研究机构、行业协会、经营主体等多方参与，共同建立管理标准和评价体系，充分考虑各利益相关者的意见，构架一个多方参与、共同监督的有利于标准化发展、规范化管理的制度体系，使行业发展、评价有据可依。各省市曾颁布的《湖州市乡村旅游示范村认定办法》《上海市乡村旅游促进和管理办法》《江苏省乡村旅游区（点）质量等级划分与评定》等规范标准，均有效促进了当地休闲农业与乡村旅游的规范化管理、标准化发展。

所建立的行业标准，一应提出针对项目规划、项目开发建设、环境监测治理、旅游安全管理等方面明确的工作要求和主体责任；二应从环境质量、服务水平、建设水准等方面给出休闲农业与乡村旅游发展评价、认定标准，推动其标准化发展，健全规范旅游接待服务体系。

此外，在促进标准化发展、规范化管理的同时，也要防止统一标准对休闲农业与乡村旅游特色性、乡村性的侵蚀，合理把握标准制定、政府调控的程度，保证经营主体可以充分发挥其自身活力，实现区域产业发展百花齐放。

2. 开展有效监管

加强政府监控职责，特别是对关系游客生命与财产安全的公共安全、环境卫生问题。工商、税务、卫生、旅游、环保等相关部门需进行联合专项整治，检查旅游经营主体的"营业执照""卫生许可证"和从业人员的"健康证"等行业许可是否齐全，以及旅游场所的卫生设施、安全设施是否达标等内容，规范农户家庭的接待设施、安全保障、接待条件、卫生状况、接待能力等接待服务标准。通过政府监控，逐步完善和配套"吃、住、行、游、购、娱"旅游六要素，保证游客安全、愉悦的旅游环境，优化游客旅游体验，树立正面的旅游形象，提高对潜在游客的吸引力。

同时，应加强行业监管与企业自律。支持成立农业旅游、民俗旅游等休闲农业与乡村旅游协会，提高经营管理水平；发挥各级旅游协会在建设诚信旅游中的作用，制定、落实行业自律公约，建立行业监管制度，形成协会与企业、企业与企业的监督网络；通过倡导和鼓励行业精神文明建设，保护、表彰诚信经营企业。同时，引导旅游企业、从业人员自律自控，做到一要守法经营，不违法违规；二要信守合同，杜绝不按合同办事的行为，如随意减少服务项目，随意增加收费项目等；三要公平竞争，遵守行业道德和职业道德，不做虚假广告，不削价竞争；四要优质服务，树立以人为本、顾客至上的观念，提供标准规范的服务。

（三）普及生态教育

休闲农业与乡村旅游的本质是为游客提供原汁原味的乡村自然人文景观和农业生态体验，这些都依赖于良好的生态环境。而游客的涌入，往往对当地的生态环境产生巨大的压力和威胁。作为一个地方休闲农业与乡村旅游发展的核心竞争力，生态环境的维护需要当地居民、从业人员、来访游客的共同努力。应充分利用电视、网络、报刊等各种媒体，广泛开展多层次、多形式的舆论宣传和科普教育，积极引导村民、经营者、游客从自身做起，强化生态知识和环境意识，培养其生态学人格，为旅游发展的良性循环奠定坚实的基础。

1. 开展当地居民的生态教育、生态生活

生态意识是人类在处理自身活动与周围自然环境间相互关系及协调人类内部有关环境权益时的基本立场、观点和方法。从长期来看，要使当地居民形成科学的生态意识，需要通过从幼儿园、小学、中学、高中以至于高等教育建立起生态意识教育体系，把生态教育贯穿于国民教育的全过程。从短期来看，需要结合各种宣传途径传播低碳生活、绿色生产、循环经济、生态治理等知识，具体如能源的适度开发、节约与保护，水资源和土地资源的高效利用，生活垃圾的分类与无害化处置，适度消费等。通过生态教育，使他们掌握与生态有关的一系列知识和理论，树立牢固的生态观念，掌握一定的生态技能，同时通过制定和实施乡规民约，进一步提高他们的自我约束能力和生态保护意识，实现村民生活方式的生态化。

2. 开展从业人员的教育培训，生态经营

1）培养专业人才，优化服务水平

（1）专家队伍和技术人员培育。首先应重点考虑培育专业化的休闲农业与乡村旅游专家队伍,加强科技创新体系建设,在全国范围内扶持一定数量的休闲农业与乡村旅游规划设计机构和科技创新机构,鼓励高等学校和科研机构组建科技创新团队,为休闲农业与乡村旅游的进一步发展提供科技创新支撑力量。同时,休闲农业与乡村旅游覆盖全国各地,需要大量的基层技术人员,所以应鼓励高等学校开设休闲农业与乡村旅游的相关专业,培养一大批符合基层发展需要的技术人员,直接服务于基层经营实体,促进休闲农业与乡村旅游的整体提升。

(2) 管理队伍素质提升。目前,农业部乡镇企业局成立了休闲农业处,国家旅游局也有专门的机构管理休闲农业与乡村旅游,对规范休闲农业和乡村旅游发展起到了重要的推动作用。长远来看,各级地方政府也需设立专门机构,配套专业人员,对休闲农业与乡村旅游进行规范化管理。为此,必须考虑管理队伍建设问题:一是选聘具有一定管理经验和休闲农业与乡村旅游专业知识的人才进入管理队伍,高起点构建管理队伍;二是依托行业内具有较高理论水平和实践经验较丰富的专家,根据各级地方政府和基层干部的实际情况,对休闲农业与乡村旅游管理人员进行专业化培训,全面提高管理人员的素质,提升管理水平和管理效果;三是鼓励管理人员广泛开展调查研究,及时掌握休闲农业与乡村旅游发展情况及其动态变化,与时俱进地开展管理活动。

(3) 经营业主素质训练。经营业主必须拥有较高的素质,才能提供高品质的产品和高质量的服务,才能实现高效益经营。目前,中国休闲农业与乡村旅游经营业主素质整体偏低,高中(或中专)及以下文化程度的经营业主占多数,具有管理学知识或经验背景的经营业主较少,这严重制约了行业的进一步发展和整体提升。为了提高经营业主的整体素质,休闲农业与乡村旅游管理部门应组织经营业主进行专业化培训:一是加强企业经营管理知识培训,提升企业经营管理水平;二是开展旅游学及游客心理学培训,规范企业的休闲农业与乡村旅游服务;三是鼓励经营业主之间加强经验交流和学习考察,取长补短,提升经营业主的总体素质。

(4) 业务人员工作培训。与经营业主相比,业务人员的素质相对更低,考虑当前行业从业人员素质提升的需要,应通过编写通俗易懂的培训教材,依托地方行政主管部门和企业对业务人员进行针对性培训:一是对企业的管理干部进行企业经营管理知识培训,提升企业的管理水平;二是对生产性项目的从业人员实行劳动准入制度,或选聘具有相应技术专长的员工从事生产性项目;三是对餐饮服务人员实行劳动准入制度和健康状况准入制度,切实保证餐饮服务的规范化和卫生标准;四是对各类接待服务人员进行礼仪培训,提升服务水平和质量。

2) 注入生态服务理念,提升服务层次

随着休闲农业与乡村旅游的规模不断扩大,游客对产品质量和服务要求也越来越高。从业人员树立生态文明意识是推进休闲农业与乡村旅游可持续发展的关键环节。休闲农业与乡村旅游经营者应采用先进生态科技,使用各种无污染的设施设备,大力开发绿色产品、生态产品,发展循环经济(图6-3),最有效地利用资源和保护环境,做到生产和经营的污染排放最小化、废物资源化和无害化,以最小成本获取最大的经济效益、社会效益和环境效益,实现生态化经营。

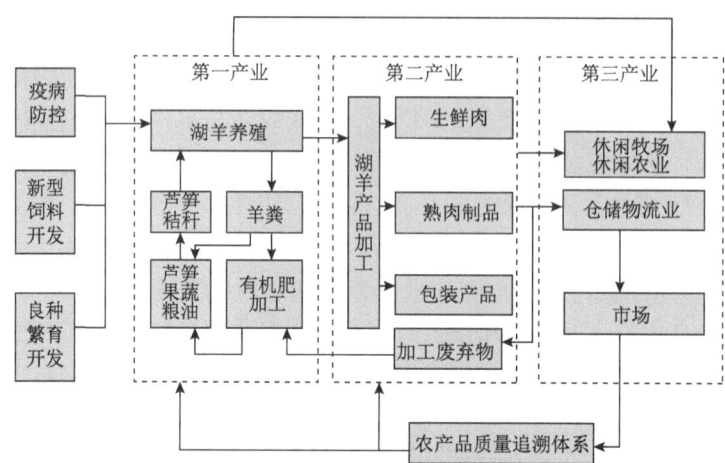

图 6-3 湖羊产业循环经济示意图

3. 开展来访游客的生态教育，生态消费

休闲农业与乡村旅游是为旅客提供亲近自然、了解自然的机会，游客在欣赏田园风光、感受淳朴民风的同时，也能充分认识到生态环境保护的重要性。因此，可以适当地安排让游客认识到生态环境保护重要性的项目内容，引导游客树立生态消费观。传统消费观忽视消费行为带来的社会影响与生态后果，往往以满足个人需求为目的。生态消费观更重视人与自然关系的协调，提倡消费产品是未被污染或采用生态技术生产的绿色健康产品；消费的过程符合环保要求，不造成资源的浪费；消费者在健康适度的绿色消费观念下，追求简朴的生活方式。生态消费观使人们在购买某种商品时，越来越多地关注对环境的影响。因此，在休闲农业与乡村旅游发展过程中要注重对游客消费方式的引导，通过导游解说系统、项目选择、活动安排及说明牌、指示牌、警示牌、讲解牌、广告牌等一系列标识标牌内容等，向游客传递生态文明理念，引导其树立生态消费观，同时通过制定法律制度及差别定价等方式进一步约束奢侈浪费、产生污染的消费行为。

（四）优化旅游品质

1. 积极运用生态科技，提升环境品质

在休闲农业和乡村旅游发展的过程中，生态环境的保护与改善尤为重要。首先，要在维护现有生态环境水平的基础上，加强休闲农业园区乡村旅游景点及周边的环境治理，通过生态修复技术、污染处理工程等手段，保护植被，新建绿地，打造湿地，推进村庄生态环境的改善，实现"村容整洁、环境优美"的目标。在一些具有重要生态意义的地区，还可通过设立生态保护区，加强生态环境的保护和景观的培育。

其次，各级政府要创造良好的发展环境，提供良好的农业科技研发平台，促进农业科技创新进步，改善乡村生产环境，在高效生产的同时保护生态。以资源循环利用为特征，研究应用沼气、食用菌、腐生动物养殖，不仅可以提高经营实体的经济效益，还能实现园区内的无污染、无废物生产。以立体生产为特征，立体种植技术、立体养殖技术、立体种养和混养，乃至屋顶农业等生态农业建设，在休闲农业与乡村旅游领域具有极大的发展空间。以自净生产为特征，通过生态农业技术的合理组配、食物链加环和循环利用农业生产和居民生活废弃物，可以为另一生产项目提供原料或资源，从而实现系统内部的自净生产，有效地改善农村区域环境，使乡村特有的美丽景观和整洁的村容、村貌给人以愉悦感。运用食物安全为导向的绿色食品生产技术，认证和生产无公害果蔬、绿色食品、有机食品。以农产品就地加工为重点的产业联盟发展技术，巧妙结合第一、二、三产业，利用经营实体及附近农户生产的农产品为原料，通过农产品就地加工甚至深加工，提高农副产品的附加值。

最后，提升旅游环境，包括道路环境、建筑风貌、食宿环境等，满足旅游产业的发展需求。以生活设施绿色标准，完善乡村信息、光纤、卫生、服务、道路等基础设施建设。实现自来水全部入户；加强电力设施的更新、改造和维护，确保用电需要和安全；实现休闲农业与乡村旅游点信号全覆盖；推进有线电视和互联网宽带进村；实现道路建设标准化，保证村庄内各休闲农业园区与乡村旅游景点的可达性；确保农房改造景观化，按照"宜散则散，宜聚则聚"的原则，运用生态学原理和遵循生态平衡及可持续发展的设计理念，对农房进行设计改造，加强局部生态平衡和环境保护，使民居形成一道靓丽的风景线。

2. 充分挖掘乡土风情，传承原真文化

乡土性是休闲农业与乡村旅游实现可持续发展的核心与灵魂所在。乡村意象是乡村在长期的历史发展过程中在人们头脑里所形成的印象，其主要表现为乡村景观意象和乡村文化意象。鲜明的乡村意象是休闲农业与乡村旅游得以发展的巨大财富，是一项对城市旅游者具有巨大吸引力的无形旅游资源。乡村秀丽的田园风光，与城市截然不同的悠闲、自在的生活方式和宁静祥和的生活氛围是都市旅游者参加休闲农业与乡村旅游的主要动机。

在休闲农业与乡村旅游进行的过程中，游玩者参与休闲农业与乡村旅游活动时，其自身文化和习惯会对当地的乡土文化带来冲击影响，同时经营者受市场经济的影响和现代文明的冲击，会对本土的文化和习俗产生疑惑和抛弃，因此发展过程中很可能出现当地在享受旅游经济带来益处的同时面临着当地风俗及文化改变的风险。这样就会使得乡村风俗的原真性和环境的原始性遭到破坏，吸引力也会随之降低，旅游发展也会停滞不前。因此，必须采取措施维护乡村民俗民风及自然景观的传统性和原始性。

首先，必须认真分析乡村的历史发展过程，从中探寻乡村发展的文脉、生活习惯的演变、民俗风情的沿革，挖掘乡村的特色魅力及其表现形式，在保护的前提下开发出具有浓郁乡土气息的休闲农业与乡村旅游产品，如特色民居、特色餐饮、特色民俗、传统演艺等的开发运用等，使乡村朴实清新的环境氛围、趣味横生的旅游体验、绿色生态的农耕场景更具有独特的魅力。

其次，在乡村环境营造上，需加强对乡村景观的保护，使旅游地尽量保持原汁原味。针对乡村景观的生态层次，制定不同标准，对设施配制做出规定，严格控制规模、数量、造型、色彩、用料和风格等，要充分体现与自然景观相协调的原则，展现乡村的天然风貌和本地特色，尽力减少人工色彩，多使用乡土材料，注意保留原有的农耕景观、古房旧屋，真正做到人工建筑的"斑块""廊道"和天然景观的斑块、廊道相协调。要强化自身的特色和差异性，突出农村天然、朴实、绿色、清新的环境氛围，强调天趣、闲趣、野趣，尽力展现休闲农业与乡村旅游的吸引魅力。

再次，在旅游活动策划上，注重乡村文化的挖掘和提炼，重点突出农家特色，体现农耕文化精髓，提高旅游产品的参与性。以乡村为舞台，以生态美景为核心，以文化为灵魂，开发旅游产品，既满足休闲农业与乡村旅游市场的需求，也提高休闲农业与乡村旅游附加值。可以整理乡村在戏剧、绘画、音乐、器具、生活方式、特殊民俗、特色餐饮、特色民居、传统手工艺等方面的文化材料，通过建设纪念馆、展览馆宣传展示当地的乡土文化。开展深度的主题文化游，变单一的农业生产为吸引市民体验、休闲的文化活动，使文化产业与农业产业相得益彰，使游客在参与中感知文化精神。举办节庆活动，既有利于扩大知名度，又有利于延续地方文化传统。此外，还可以通过申报文化遗产保护和宣传文化资源，如江苏和浙江联合江南六镇申报世界文化遗产，对其传承与发展产生了极大的积极作用。

最后，淳朴的村民是乡村氛围营造的关键。休闲农业与乡村旅游对乡土民俗文化、乡土地域特征强烈的依附关系，决定了休闲农业与乡村旅游的发展最终离不开当地居民的积极参与。这就需要淳朴的民风来创造一个对旅游者具有亲和力和吸引力的氛围环境，以合理的利益分配机制来保障休闲农业与乡村旅游可持续发展的生命力。让当地居民普遍参与到休闲农业与乡村旅游活动中，成为休闲农业与乡村旅游可持续发展的主体，让居民真正从休闲农业与乡村旅游中受益，实现休闲农业与乡村旅游强村富民的功能。一方面，农民通过经营农家乐等旅游活动，提供旅游服务，掌握旅游管理知识，提高服务水平和文化素质，成为有文化、懂技术、会经营的新型农民。另一方面，通过参与和经营休闲农业与乡村旅游活动，增加自身收入，提高生活水平，树立生态消费观。

3. 切实发挥生态优势，打造特色品牌

休闲农业与乡村旅游的特色产品或特色项目是乡村提质增收的重要途径。经营者非常重视"人无我有、人有我特"的经营思路，切实将乡村特有的生态优势转化为旅游资源优势，在打造特色品牌方面具有极高的积极性。经营者通过将自然景观、农耕体验、乡土文化、生态文明、创新科技等结合起来，为游客创造丰富的旅游产品，满足市场需求，科学合理地延伸休闲农业与乡村旅游的产业链。

打造特色农业项目，拓展生产性项目的特色产品。以多功能农业品牌的树立为基础，充分发挥多功能农业的多种用途和功能的非经济品产出，如保障粮食安全、就业增收、农业景观、生物多样性、生态保护、观光休闲、文化传承和社会福利等。通过塑造特色生态体验场所及生态体验景观，通过引进、开发、培育特色种植项目或养殖项目，配套采摘、认养、领养、体验园开发、会员协议制等形式，形成休闲农业与乡村旅游的特色产品，增强对客源市场内游客的吸引力，提高其生态体验旅游产品的购买欲望，最终凝聚成休闲农业与乡村旅游品牌和休闲农业与乡村旅游地的无形资产。

打造特色服务项目，更好地满足城乡居民休闲消费和文化生活的特色需求。广大休闲农业与乡村旅游经营者积极打造特色服务项目，将休闲农业与乡村旅游与中小学教育结合，形成特色化的教育基地；休闲农业与乡村旅游迎合城镇居民消费心理，积极推出素质拓展项目、会员制生产模式、生产体验园区、农家度假等特色服务项目，进一步拓展休闲农业与乡村旅游的内涵和外延。或是通过应用高新技术，不仅指农业高新技术，还包括现代工业技术、现代信息技术和现代传媒技术，提升购买体验，拓展销售渠道。例如，特色农产品在承载休闲农业与乡村旅游服务时，通过消费者的现场考察可以获得认可从而实现农副产品直销。如果利用现代通信技术，以视频监控信息通过互联网发送，终端用户也可以直观地考察农产品生产过程和现场，再通过物流配送实现网络营销。

第七章　农业信息化与精准农业

第一节　农业信息化的概念及其在生态文明中的作用

现代农业是伴随人类经济社会变革和科学技术进步而不断发展的,其具有突破传统农业从事初级农产品供给和原料生产的局限性,从而实现原料供给、就业增收、生态保护、观光休闲、文化传承等多种功能。而支撑现代农业发展的主要技术是信息技术,利用以信息技术为主的现代科技改造传统农业,用现代农业科技知识培养和造就新型农民,并创建生态友好环境型的产业。因此,发展农业信息化与精准农业,是发展现代农业、节约劳动成本、提高生产效率、创建农业生态文明的重要内容。

一、信息技术

信息是客观实体运动状态和运动过程的抽象描述。信息技术(information technology,IT),是一种对信息进行管理和处理的技术总称,主要包含计算机科学技术、现代通信技术和传感技术。其研究内容为如何获取信息、处理信息、传输信息和应用信息。

20世纪中期,诞生了信息科学,信息的获取、处理、传输和利用被广泛研究,并迅速渗透到人们的生产及生活等领域。计算机及互联网的发展标志着信息技术时代的来临,也意味着人类的发展步入了信息新时代。从此,人类社会的生产及生活方式发生了巨大的变革,特别是通信技术的发展,使信息的传播实现了不同时空的穿越,实现了数据的实时交换,实现了文字、图片、动画等不同媒体的多形式展现,为人类的进步、时代的发展开创了新的里程碑。

二、农业信息化

计算机技术和通信技术的不断发展,使信息技术被广泛应用于人类社会的各种领域,包括农业领域,使传统农业的手段不断被更新、改变,即农业信息化。

农业信息化是指以农业信息科学为理论基础,应用信息技术对农业生产过程中的信息进行采集、处理、传输、管理、控制等系列操作,从而实现农业高效、健康、持续发展,因此农业信息化是将信息技术应用于农业领域的一个过程。具体而言,是应用信息技术使农业数字化、定量化、智能化、精确化、高效化和科学化。

根据农业生产过程的不同环节,农业信息化的内涵主要包含农业生产管理信息化、农业经营管理信息化、农业科学技术信息化、农业市场流通信息化、农业资源环境信息化、农民生活消费信息化。农业生产管理信息化包括农田基本建设、农作物栽培管理、农作物病虫害防治、畜禽饲养管理等,目的是及时收集信息,帮助农户解决生产管理问题;农业经营管理信息化主要是及时准确地向广大农民提供与农业经营有关的经济形势、固定资产投资、物价变动、资金流向等各种信息，指导他们的生产经营活动；农业科学技术信息化主要是收集并传递与农业生产、加工等领域有关的技术进步信息，包括农业栽培技术、畜禽养殖技术、农副产品加工技术及农业科研动态；农业市场流通信息化实现农业生产资料供求信息和农副产品流通、收益成本等信息电子化；农业资源环境信息化实现发布与农业生产经营有关的资源和环境信息；农民生活消费信息化实现向广大农民提供生活消费方面的信息服务，介绍主要消费品的性能、价格和供求趋势等。

三、农业信息技术

农业信息技术（agricultural information technology，AIT）是指利用信息技术对农业生产、经营管理、战略决策过程中的自然、经济和社会信息进行采集、存储、传递、处理和分析，为农业研究者、生产者、经营者和管理者提供资料查询、技术咨询、辅助决策和自动调控等多项服务的技术总称，它是利用现代高新技术改造传统农业的重要途径。

现代农业信息技术中典型的技术包括遥感技术（remote senor，RS）、地理信息系统（geographic information system，GIS）、全球定位系统（globe position system，GPS）、专家系统（expert system，ES）、决策支持系统（decision support system，DSS）、农业自动化技术（agricultural automation technology，AAT）、互联网技术、多媒体技术，等等。

农业遥感技术是应用传感器接受来自地球表层各类地物的各种电磁波信息，并对这些信息进行加工、处理，从而对不同的地物及其特性进行远距离的探测和识别的综合技术，因此农业遥感技术是一种主要用于信息采集和识别的技术。地理信息系统是一个获取、存取、编辑、处理、分析地理数据的系统，是一个设计空间信息的处理分析工具。全球定位系统能精确计算出位置空间坐标，用于定位具体的地址和精确位置。专家系统是一个用于大量权威农业专家的经验、资料、数据与成果构成的知识库，它能模拟专家思维，对存在的问题进行判断、推理，以求得解决农业生产问题结论，其最大的特点是具有智能性、权威性并具有推理功能。决策支持系统是用计算机帮助决策者做出决策的一种系统。农业自动化技术就是通过计算机对来自于农业生产系统中的信息进行及时采集和处理，以及根据处理结果迅速地去控制系统中的某些设备、装置或环境，从而实现农业生产过程中的自动检测、记录、统计、监视、报警和自动启停等。互联网的主要目的是提供多种形式的信息服务。随着信息技术的发展，互联网已经深入国民经济发展的各个领域，对国民经济发展的影响越来越大，对农业和农村经济的发展也是如此。多媒体技术与通信技术、计算机网络技术相结合，在农业信息领域已得到大量的应用，并且有着广阔的应用前景。

四、农业信息系统

农业作为最古老的产业，在现代科技革命的浪潮下，信息技术已经深深地影响着农业科技和农业生产的方式。农业信息化就是应用信息技术对农业科技领域、农业生产领域和农业流通领域进行提升和改造的一种活动；农业信息技术就是在这种改造活动中所应用和发展的农业技术和信息技术相结合的交叉性横断技术；而农业信息系统则是农业信息技术的具体应用形式之一。

农业信息系统是用现代数学工具、信息手段和计算机技术，辅助管理者实现管理功能的一种工具。它从属于农业系统，为农业系统的一个子系统，其本身又由组织子系统和信息子系统所构成。其以农业产业的应用领域为服务对象，以农业信息流为主线，定量描述整个农业生产系统的过程及其与环境资源与社会经济的关系，实现农业生产系统分析、涉及管理、决策调控的信息化和智能化，并广泛应用于优化资源配置、动态监测农情、预测作物产量、升级生产方案、实施精确管理等多个农业产业领域，是农业管理信息系统、资源与生态环境监测信息系统、生产与执法过程管理调度系统、农业决策支持系统、农业专家系统、精确农业系统、农业流通电子商务系统和农业教育培训等的综合。

五、农业信息化在生态文明建设中的作用

生态文明是实现经济、社会和自然环境可持续发展的一种文明形式。农业生态文明建设是我国生态文明建设的重要组成部分，其与农业信息化相互依存、相互发展。农业信息化是农业发展的必然方向，其服务于生态文明建设是促进农村生态文明建设的有效途径之一。农业信息化要更好地服务于农业生态文明建设，必须立足于农村，服务于农民，有利于农业的可持续发展。要走出一条科技含量高、经济效益好、资源消耗低、环境污染少、人力资源优势得到充分发挥的农业生态文明建设之路，加速农业信息化进程是主要途径。

因此，要加大农村信息基础设施建设投入力度，加快农业信息化相关体系的建立，如加强全国农业科技信息网络和资源数据库建设，为农业生态文明建设过程中农业信息资源的共享和交流提供平台；建立农业信息动态监测与速报系统，对资源和生态环境加以监测；发展精准农业，提高农业资源的利用率；建立废弃物资源化系统，在现有的企业规模水平下，提高资源利用率，减少污染，变废为宝，为农业生态文明建设提供重要的保障；建立计算机农业决策支持系统和农业专家系统，提供不同层次的服务，促进农业生产的科学管理和先进技术的推广利用，为农业生态文明建设提供切实的指导。同时，研究农业信息化模式下生态文明村样板模型，通过研究，找出其在生态文明建设的技术支撑，培养和提高人们生态意识的方式，合理利用清洁能源的方式与建设过程等方面的特色和经验及其存在的不足。取其精华，在提出农业信息化服务于生态文明建设的一般性要求的同时，鼓励中国各地结合自身条件因地制宜、积极开展农业信息化与精准农业的建设活动。

第二节 精准农业及其实践

一、精准农业的提出

精准农业（precision agriculture）技术自 20 世纪 80 年代初提出，90 年代初开始实际应用，发展虽快，但还没有形成完善的体系。随着空间信息技术的迅速发展，农业机械也向机电一体化、智能化发展，加上生物工程、作物栽培、病虫害的监测和预报，种子化肥作物栽培模拟与仿真等技术在农业生产中的应用，极大地促进了农业技术的进步。美国专家研究委员会（National Research Council）专门立项对农业高新技术发展战略进行研究，经过美国科学院、美国工程院的院士讨论，在 1997 年发表了题为"21 世纪的精准农业——农作物管理学中的地学空间与信息技术"（*Precision agriculture in the 21st century—Geospatial and information technologies in crop management*）的报告，全面分析了地学空间技术在农业生产中应用的巨大潜力，确立了以全球卫星定位系统（GPS）、地理信息系统（GIS）、遥感系统（RS），即"3S"技术为支撑的精准农业技术体系，直接推动了美国精准农业的发展。国际上对农业的"精准"方面研究出现"precision agriculture""precision farming"等词，中国相应地翻译为"精准农业""精准农作"等。目前国际上的研究基本上仍是集中于利用"3S"空际信息技术和人工智能技术为主的生产管理决策支持技术为基础，面向大田作物生产的精细农作技术，即基于信息和先进技术为基础的现代农田精耕细作技术。其技术思想主要包括以下三点：①认识农田作物生长环境条件和产量的差异。例如，田间条件和收获量的空间差异性，年间产量的时间差异性，预测与实际产量的差异性。②分布式投入，实现农业资源潜力的均衡作用。其过程可以描述为农田空间变量数据采集与作物产量图生成→数据分析→信息处理与经营管理决策→处方图生成→智能卡控制农业机械实施调控投入。③优化经营目标，实施目标投入。以获取高产为目标，以适度投入、获取最好经营利润为目标，以减少环境危害为目标。

二、精准农业的内涵

精准农业的内涵是根据作物生长的土壤性状，调节对作物的投入，一方面查清田块内部的土壤性状与生产力空间变异，另一方面确定农作物的生产目标，进行定位的"系统诊断、优化配方、技术组装、科学管理"，调动土壤生产力，以最少的或最节省的投入达到同等收入或更高的收入，并改善环境，高效地利用各类农业资源，取得经济效益和环境效益。

精准农业在核心技术层面上，是将现代信息技术与农业技术、工程技术集成地应用于农业的生产过程，其核心是在"空间差异"及"时间差异"的数据采集和处理的基础上，通过全球定位技术和田间信息采集技术适时测知农田空间变量数据，根据农田地理信息系统提供的田间小区地理信息综合决策者的生产经验、专家知识和作物最佳生长模型，决定如何处理小区间的条件差异，按各小区的精准位置制订科学的、有针对性的投入（肥、水、药等）方案。在此基础上，再利用全球卫星定位系统、智能机械及计算机自动控制技术，根据空间每一操作单元的具体条件，精细准确地调整土壤和作物的各项管理措施，最大限度地优化使用各项农业投入，以获取最高产量和最大经济效益。同时，保护农业生态环境、保护土地等农业自然资源，达到增加产量、减少投入、保护农业资源和环境质量的目的。精准农业并不过分强调高产，而主要强调效益。

图 7-1 显示了构成精准农业不同要素间的相互作用。

精准农业的效益主要表现为两个方面：①减少投入，提高农作物产量和品质；②保护环境，减少因农业化学物质的滥用造成环境污染的风险。

实施精准农业可以在减少投入的条件下增加产量或维持较高的产量，并提高产出品的品质，在最大限度地利用各种农业资源的同时保护生态环境，实现经济效益和生态效益的协调增长。1995 年，美国一些地区农场开始采用装备了全球卫星定位系统的联合收割机，通过电子传感器和全球定位卫星，这些农机在收获季节可以不间断地记录下几乎每平方米的产量及其他信息。有些数据可以利用专门的电脑软件由农场的计算机加以处理，农场就可以据此绘制出农场各地块产量的地图,从而剔除一些产量低的作物品种。由于精准农业实行了因土而异、因时而异、因作物而异的耕作方法,它在节约各种原料的投入、降低农业生产成本、提高土地收益率和环境保护等方面都明显优于传统农业。全球卫星定位技术在农业生产中应用,标志着精准农业技术的真正诞生和发展。

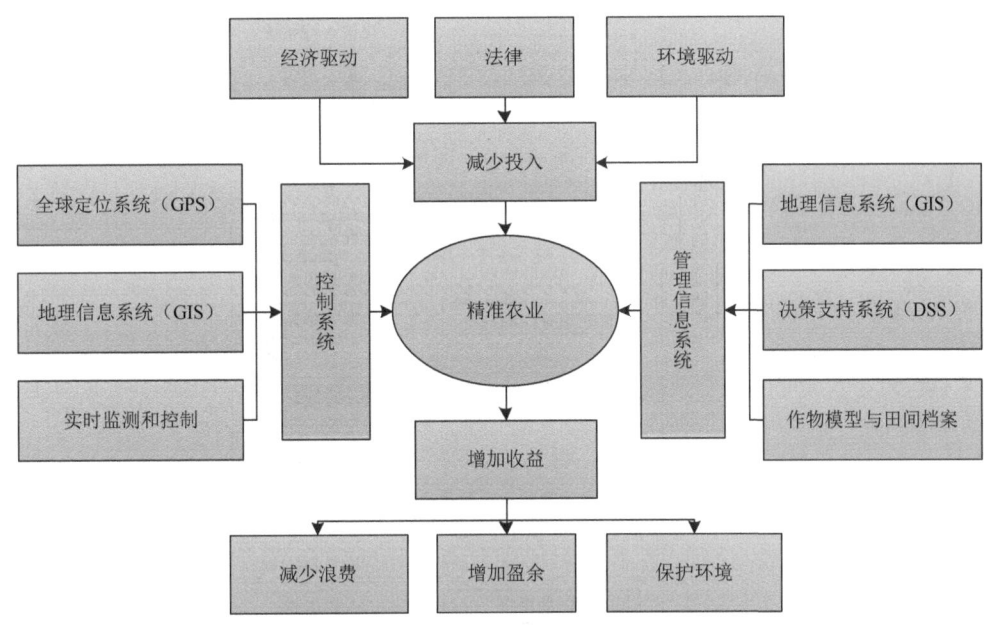

图 7-1　精准农业不同要素间的相互作用

国际精准农业理论与实践的研究成果表明,精准农业是一种基于信息和知识的现代农业管理系统。首先是基于信息,即需要利用全球定位系统(GPS),地理信息系统(GIS),遥感(RS)技术,农田作物产量空间分布、信息采集与产量分布图自动生成技术,先进的土壤水分、肥力、气象、病虫草害和旱情分布信息的实时采集技术等来获取客观信息。通过实时获取空间分布信息和快速准确进行数据处理,精准调控作物生长,提高农产品品质。然后是基于知识,即利用获得的信息,运用科学的管理决策和技术手段,包括农学、专家系统、智能装备、技术经济评估等,在信息平台上进行信息的识别、集成处理和系统分析,进一步做出科学的农业管理处方决策。为此,精准农业是一个不断融合多学科的知识化、智能化集成系统。

三、精准农业技术体系构成

精准农业技术是现代信息技术、生物技术和工程技术等一系列高新技术在最新成果的基础上发展起来的一种重要的现代农业生产形式,主要由以下各系统组成,即全球定位系统(GPS)、农田遥感监测系统(RS)、农田地理信息系统(GIS)、农田信息采集系统、农业专家系统、智能化农机具系统、环境监测系统、系统集成、网络化管理系统和培训系统,其核心是"3S"技术和计算机自动控制系统。精准农业技术体系构成如图7-2所示。

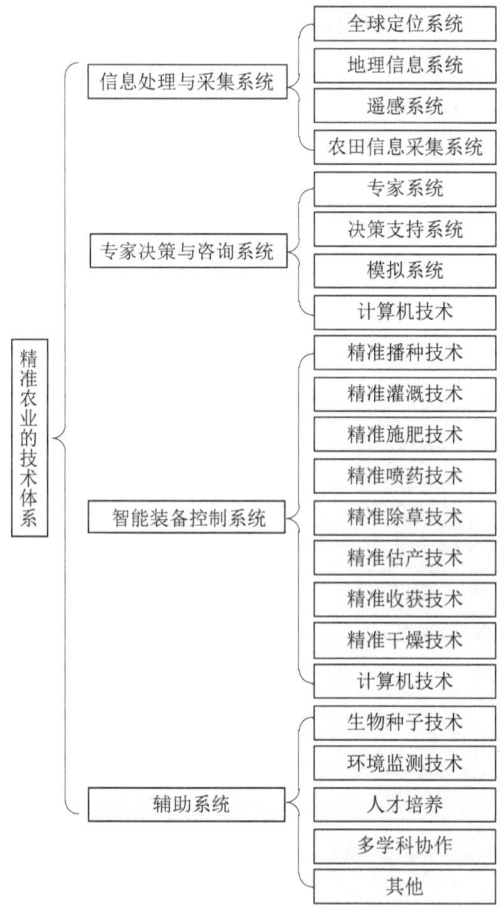

图 7-2 精准农业技术体系构成

精准农业的核心技术主要包括了"3S"（GPS、GIS、RS）系统、决策支持系统（DSS）、专家系统（ES）和智能化变量农业机械装备技术等，具体介绍如下。

1. 全球定位系统（GPS）

GPS 是精准农业的关键技术之一，由空间星座、地面控制和用户设备等三部分构成，GPS 测量技术能够快速、高效、准确地提供点、线、面要素的精确三维坐标及其他相关信息，具有全天候、高精度、自动化、高效益等显著特点，广泛应用于军事、民用交通（船舶、飞机、汽车等）导航、大地测量、摄影测量、野外考察探险、土地利用调查、精确农业及日常生活（人员跟踪、休闲娱乐）等不同领域。该技术在农业上主要是对农业机械田间作业和管理起导航作用。

2. 地理信息系统（GIS）

GIS 就是一个专门管理地理信息的计算机软件系统，它不仅能分门别类、分级分层地去管理各种地理信息；还能将它们进行各种组合、分析、再组合、再分析等二次开发应用；还可以查询、检索、修改、输出、更新等。地理信息系统还有一个特殊的可视化功能，就是通过计算机屏幕把所有的信息逼真地再现到地图上，成为信息可视化工具，清晰直观地表现出信息的规律和分析结果，同时还能在屏幕上动态地监测信息的变化。总之，地理信息系统具有数据输入、预处理功能、数据编辑功能、数据存储与管理功能、数据查询与检索功能、数据分析功能、数据显示与结果输出功能、数据更新功能等。通俗地讲,地理信息系统是信息的大管家。地理信息系统一般由计算机、地理信息系统软件、空间数据库、分析应用模型图形用户界面及系统人员组成。

GIS 是精准农业的大脑。它主要用于建立农田土地管理、土壤数据、自然条件、作物苗情、病虫害发生发展趋势、作物产量等的空间信息数据库和进行空间信息的地理统计处理、图形转换与表达等,为分析差异性和实施调控提供决策方案。GIS 的功能模块和运作流程分别如图 7-3 和图 7-4 所示。

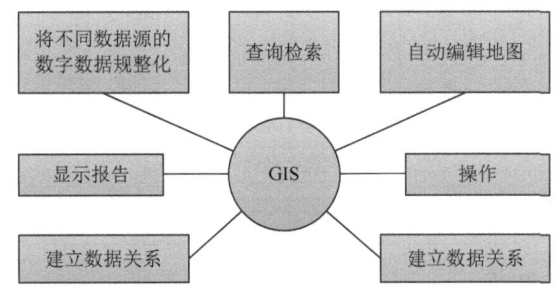

图 7-3　GIS 的功能模块

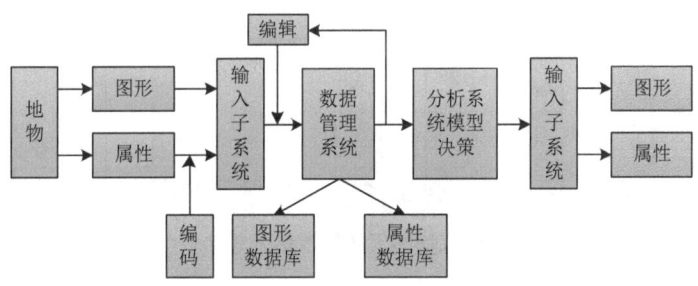

图 7-4　GIS 的运作流程

地理信息系统技术现已在资源调查、数据库建设与管理、土地利用及其适宜性评价、区域规划、生态规划、作物估产、灾害监测与预报、精确农业等方面得到广泛应用。

3. 遥感技术（RS）

它是精准农业技术体系中获得田间数据的重要来源,其构成如图 7-5 所示。RS 是指从高空或外层空间接收来自地球表层各类地物的电磁波信息,并通过对这些信息进行扫描、摄影、传输和处理,从而对地表各类地物和现象进行远距离探测和识别的现代综合技术。遥感技术可用于作物产量估测、病虫害预测、农作物类型的识别、土壤和作物水分的探测、作物养分的测量、作物长势的监测、播种面积的统计、植被资源调查、气候气象观测预报、环境质量监测、交通线路网络与旅游景点分布等方面。例如,在大比例尺的遥感图像上,可以直接统计烟囱的数量、直径、分布及机动车辆的数量、类型,找出其与燃煤、烧油量的关系,求出相关系数,并结合城市实测资料及城市气象、风向频率、风速变化等因素,估算城市大气状况。同样,遥感图像能反映水体的色调灰阶、形态、纹理等特征的差别,根据这些影像显示,一般可以识别水体的污染源污染范围面积和浓度。该技术在农业领域主要是利用高分辨率传感器、采集地面空间分布的地物辐射或辐射信息,在不同的作物生长期实现全面监测,根据光谱信息,进行空间定性、定位分析,为定位处方农业提供大量的田间时空变化信息,用于作物长势、水分、养分、产量等的监测。

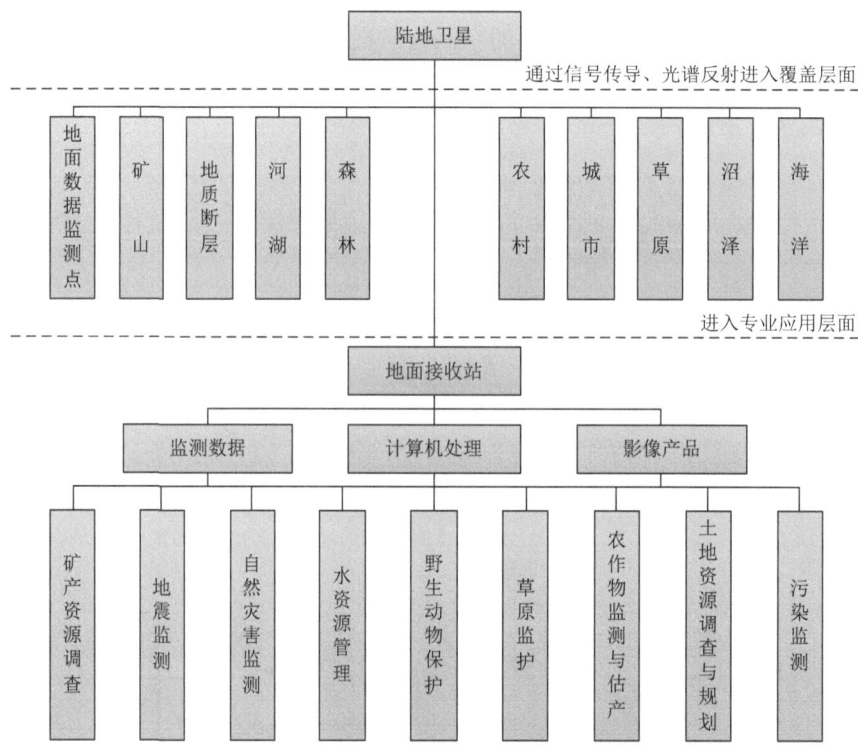

图 7-5　现代遥感工作技术系统总体示意图

4. 决策支持系统（DSS）

它是用来提供战术的、战略的及方针目标的决策支持,图 7-6 展示了一个简单的精准农业中决策生成的概念图。

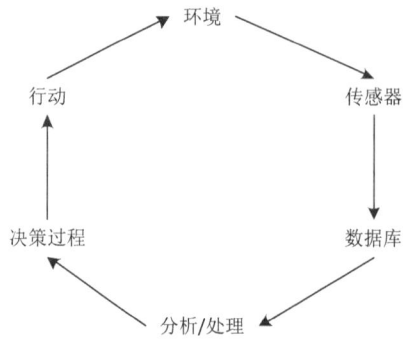

图 7-6　精准农业中决策生成的概念图

精准农业实践中，DSS 根据作物生长、作物栽培、经济分析、空间分析、时间序列分析、统计分析、趋势分析及预测分析等模型，综合土壤、气候、资源、农用物资及作物生长有关的数据进行决策，结合农业专家知识，对不同的决策目标分别给出最优方案，用以指导田间操作。

5. 专家系统（ES）

专家系统是一个智能计算机程序系统，模拟专家在相应领域的决策过程，并在很短的时间内对问题得出高水平的解答。专家系统简化结构如图 7-7 所示。

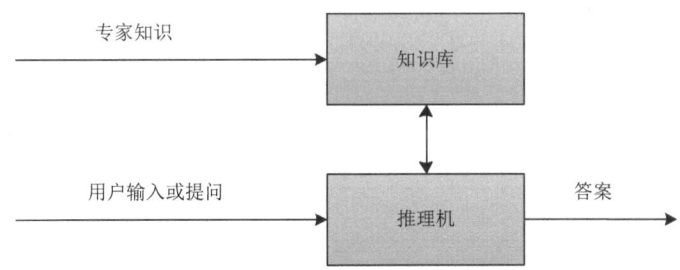

图 7-7　专家系统简化结构图

6. 智能化变量农业机械装备技术

国外已研发出多种智能化自动控制机械，主要包括带田间车辆定位系统和平均产量传感器及生成小区产量分布图的谷物联合收割机、智能喷雾机、变量施药机、变量施肥机、变量处方灌溉设备等，以及智能化农业机械配套的空间定位与通信系统。

四、农业物联网与精准农业

所谓农业物联网，是在农业生产、经营、管理和服务过程中，充分利用各类感知设备，如传感器、射频识别技术（radio frequency identification，RFID）、视觉采集终端等，对田间种植、畜禽养殖、水产养殖、园艺、农产品物流等领域的信息进行采集，并对采集的数据进行传输、格式转换，利用各类现代信息传输通道，如无线传感器网、互联网、电信网等，进行农业信息的传输，并对海量的农业数据进行处理、融合，通过智能终端实现农业的自动化生产、最优化控制、智能化管理、系统化物流、电子化交易，达到和实现农业集约、高产、优质、高效、生态和安全的目标。

农业物联网分为信息感知层、网络传输层和处理应用层三个层次，如图 7-8 所示。信息感知层的主要任务是将大范围内的现实世界农业生产等的各种物理量通过各种手段，实时并自动化地转化为虚拟世界可处理的数字化信息或者数据。即通过传感器对数据进行采集、"感知"，来获得土壤肥力、作物长势、动物行为等精细化管理的参数，其主要由各类传感器节点组成。网络传输层在获得各类传感器采集的数据后，依据多种通信协议，通过有线传输或无线传输方式，向局域网、广域网发布或将数据传送到数据处理中心或平台，以实现数据的传输。处理应用层的主要任务是将信息汇总层汇总而来的信息进行分析和处理，从而对现实世界的实时情况形成数字化的认知。处理应用层是农业物联网的"社会分工"与农业行业需求结合，实现广泛智能化。

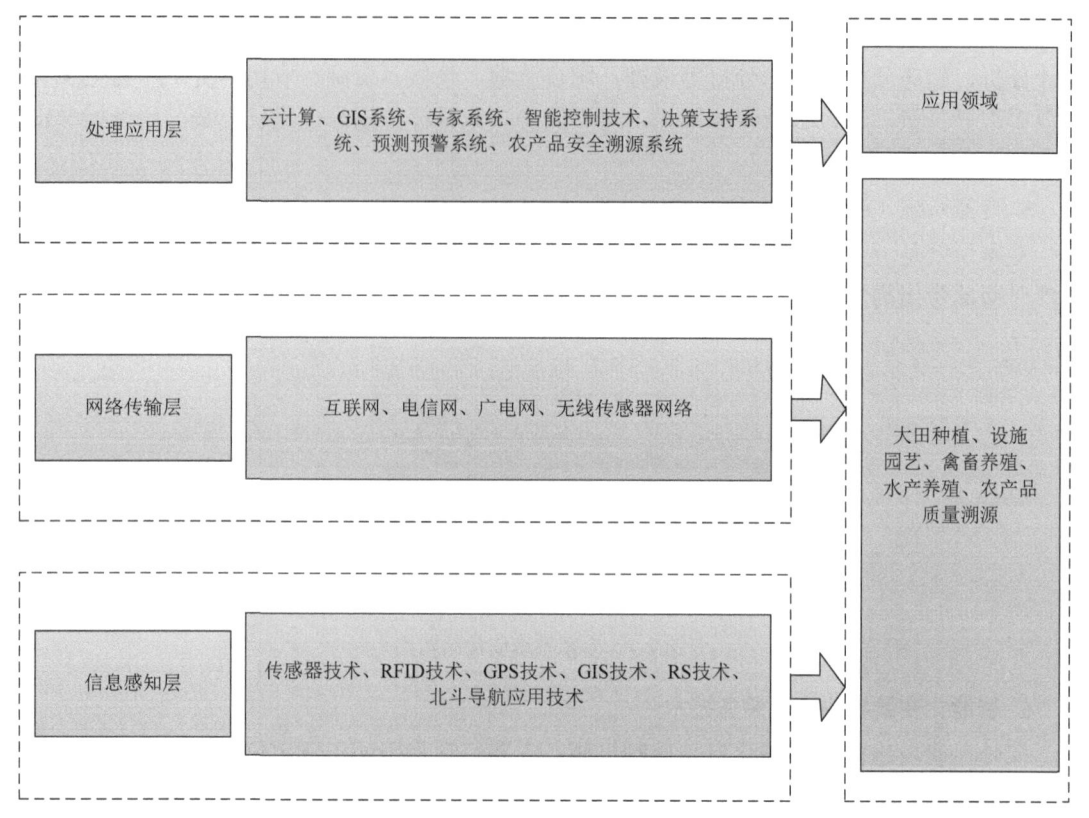

图 7-8　农业物联网结构及其应用

在过去十多年中，一些发达国家和地区，如美国和欧洲，在农业领域相继开展了物联网技术领域化的研究和示范性应用，在农业生产、农产品流通等多个领域实现了物与人之间、物与物之间信息的交互与精细农业的实践和推广，促进形成了一批良好的产业化应用模式，并带动了一批相关新兴产业的发展。同时，还增进互联了农业物联网与其他领域物联网，为实现物联网"无处不在"的目标奠定了基础。我国农业的发展处在从传统农业向现代农业的过渡过程，要实现这一体系的转变和过渡，网络信息化技术将以独特、重要的方式和手段为现代农业的发展提供前所未有的机遇。农业现代化发展的又一重要手段将由智能信息管理技术提供，这使其成为各发达国家农业发展的又一热点。世界发达国家将"5S"技术（GPS、RS、GIS、ES、DPS）、环境监测系统、气象与病虫害监测预警系统等应用在农业生产中，通过对农作物生产过程的精细化管理和控制，来提高农业的生产水平。此外，通过建设农业信息网络、开发农业信息技术及利用农业信息资源来加快农业网络信息化的步伐，并在整体水平上促进了农业的发展和提高。中国在20世纪90年代对互联网技术进行了普及，这也促使计算机和互联网步入农业领域。互联网的普及为农业工作者随时、快捷地获取农业生产中的各类信息奠定了基础。互联网与计算机信息技术结合，克服了农业生产分散、时空变异大、无法量化、规模形成困难、不稳定、可控性低等缺点，在农业领域推广、应用网络信息化技术，实现了"电脑上也能把地种"。伴随着建设中国传感信息中心战略设想的提出，也为"农业物联网"的发展提供了良好的契机和动力。

第三节 精准农业信息获取技术

农业生产活动中所表现出来的客观农业物质运动形式即农业信息，它既不是物质，也不是能量，它在物质运动过程中所起的作用是表述其所属的物质系统，在同其他任何物质系统全面相互作用（或联系）的过程中，以质能波动的形式所呈现出来的结构状态和历史。农业生产活动由传统的粗放型耕作管理模式转向精细精准化劳作管理，在精细精准农业生产管理中，农业信息的获取是至关重要的因素，起着决定性的作用。

一、农业信息的获取技术

农业信息主要是通过传感网络、RFID 条码、"3S"等技术在任何时间和任何地点对农业领域信息进行采集和获取。

传感网络主要由传感器和通信网络、信息处理系统三部分构成，具有实时数据采集、监督控制等功能。凭借这种技术，通过网络实时监控各种环境、设施及内部运行机理等成为可能。传感器正由传统的传感器逐步实现微型化、智能化、信息化、网络化，正经历着一个从传统传感器、智能传感器、嵌入式 Web 传感器的内涵不断丰富的发展过程。随着单片机技术及系统微机电系统、片上系统、无线通信和低功耗嵌入式技术的飞速发展，无线传感网络技术应运而生，并以其低功耗、低成本、分布式和自组织的特点带来了信息感知的一场变革，这也成为当前农业信息应用研究领域内的新热点。农业传感器技术是农业信息工程的核心，农业传感器主要用于采集各个农业要素信息，包括种植业的光、温、水、肥、气等参数；养殖业中的二氧化碳、氨气、二氧化硫等有害气体含量，空气中的尘埃、飞沫、温湿度等参数。

射频识别技术（RFID），是一种无线通信技术，可以通过无线电讯号识别特定目标并读写相关数据，而无需识别系统与特定目标之间建立机械或者光学接触。无线电的信号是通过调成无线电频率的电磁场，把数据从附着在物品上的标签上传送出去，以自动辨识与追踪该物品。某些标签在识别时从识别器发出的电磁场中就可以得到能量，并不需要电池；也有标签本身拥有电源，并可以主动发出无线电波（调成无线电频率的电磁场）。标签包含了电子存储的信息，数米之内都可以识别，与条形码不同的是，射频标签不必处在识别器视线之内，也可以嵌入被追踪物体之内。一套完整的 RFID 系统，是由阅读器（reader）、电子标签（TAG）也就是所谓的应答器（transponder）及应用软件系统三个部分所组成。其工作原理是阅读器发射一特定频率的无线电波能量给应答器，用以驱动应答器电路将内部的数据送出，此时阅读器便依序接收解读数据，送给应用程序做相应的处理。条码技术以其独特的技术性能（如实时生成或预先制作均可、操作简单、成本低廉、技术成熟等），广泛应用于各行各业，迅速地改变着人们的工作方式和生产作业管理，极大地提高了生产效率。条码技术是集条码理论、光电技术、计算机技术、通信技术于一体的一种自动识别技术，主要应用于农产品质量追溯领域。

"3S"技术即地理信息系统（GIS）、全球定位系统（GPS）、遥感系统（RS）等技术的统称，是空间技术、传感器技术、卫星定位与导航技术和计算机技术、通信技术相结合，多学科高度集成的对空间信息进行采集、处理、管理、分析、表达、传播和应用的现代信息技术。本章第二节已经进行了介绍，此处不再赘述。

二、ZigBee 无线传感网田间信息采集

由电气和电子工程师协会（IEEE）和紫蜂协议（ZigBee）联盟共同制定的 ZigBee 标准是一种双向无线网络接入技术，工作于 2.4G/915M/868MHz 自由频段，传输距离为 10～75m，特别适用于低数据速率和短传输距离的无线通信场合。ZigBee 的响应速度迅速，收到激励信号从休眠到激活只需 15ms，设备连接进入网络只需 30ms。ZigBee 技术具有网络容量大、组网灵活、支持多种网络拓扑结构、功耗低等优点。ZigBee 网络中按设备功能的强弱可分为全功能设备（FFD）和半功能设备（RFD）。FFD 工作于任何拓扑结构的网络中，可作为网络协调器（coordinator）承担网络信息汇聚功能，也可作为路由器（router）参与路由选择与转发。而 RFD 不能作为协调器和路由器，只能作为终端设备（end-device）。FFD 和 RFD 在硬件结构上没有任何差别，但是在网络协议栈软件上存在差异。ZigBee 网络支持星状、网状和簇状 3 种拓扑结构，具体如图 7-9 所示。

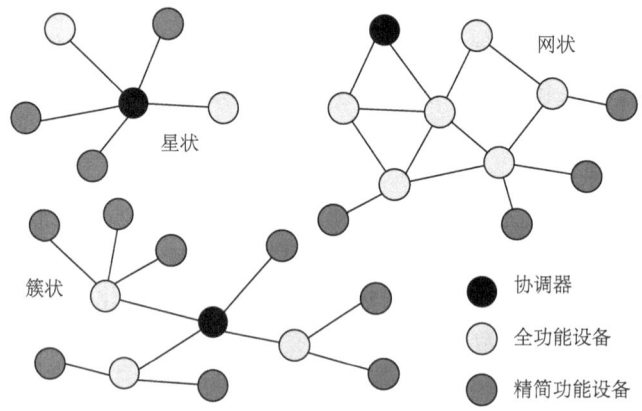

图 7-9　ZigBee 网络结构及其类型

星状结构拓扑简单，协调器组网形成一个由中心节点向终端节点辐射的系统。网状结构终端节点间存在多种数据通道，一旦某路径故障，可以自组织选择其他路径通信，可靠性高。簇状结构由以上两种结构组合形成。

ZigBee 田间信息采集系统由主控服务器、ZigBee 协调器节点和 ZigBee 终端节点组成，其核心是由大量 ZigBee 节点组成的无线传感网络，通过其感知、采集、发送网络范围内的农业要素信息，并发送给主控服务器。将一片试验农田作为一个独立的 ZigBee 星状网络，整个网络设置一个 ZigBee 协调器节点，可起到汇聚数据与主控服务器通信功能。将农田按照不同的农作物品种或处理方式划分成若干小区，小区之间相互独立，不承担通信路由功能，所以只需为每个小区配置 ZigBee 终端节点，并挂载各类传感器。这些 ZigBee 终端节点在各自信号覆盖的小区内，将感知到的农田要素信息汇集到 ZigBee 协调器节点，并通过有线（RS232 串口、以太网）或者无线（GPRS）方式传送至主控服务器，由上位机软件对农田要素信息进行记录并存储。传感网络的系统整体架构如图 7-10 所示。

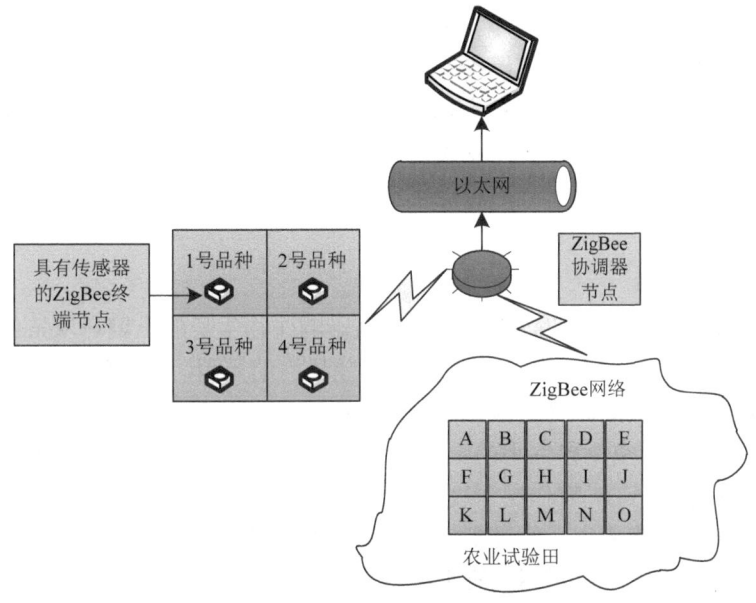

图 7-10 传感网络的系统整体架构

三、典型农业信息的获取

1. 农田作物产量空间分布信息获取

获取农作物小区产量信息，建立小区产量空间分布图，是实施"精细农作"的起点，它是作物生长在众多环境因素和农田生产管理措施综合影响下的结果，是实现作物生产过程中科学调控投入和制定管理决策措施的基础。因此，需要在收获机械上装置 DGPS 卫星定位接收机和流量传感器。通用的 DGPS 接收机，可以每秒给出收获机在田间作业时 DGPS 天线所在地理位置的经纬度坐标动态数据，流量传感器在设定时间间隔内（即机器对应作业行程间距内）自动计量累计产量，再根据作业幅宽（估计或测量）换算为对应时间间隔内作业面积的单位面积产量，从而获得对应小区的空间地理位置数据（经纬度坐标）和小区产量数据。这些原始数据经过数字化后存入智能卡，再转移到计算机上采用专用软件做进一步处理。实际上，产量空间分布数据的处理是一个复杂的过程，但可以通过专用软件快速完成。例如，GPS 接收机指示的天线位置动态数据与割台收割作物的即时位置，按机器结构不同而有空间上的差异，而流量传感器通常是安装在脱粒、分选、清粮过程后的净粮输出部件上，要反映作物田间对应位置的产量计量数据，需要考虑到收获机的结构尺寸内物流工艺设计、作业速度等多种因素，通过建立数学模型来做出估计。由于收获时谷粒的含水量不同，收获时还需要同时测量谷粒的含水量，以便在数据处理时换算成标准含水量对单产水平进行评估。迄今，用于小麦、玉米、水稻、大豆等主要作物的流量传感器已有通用化产品，其他如棉花、甜菜、马铃薯、甘蔗、牧草、水果等作物的产量传感器近几年已做了许多研究，有的已在试验使用。目前应用的谷类作物产量传感器主要有冲击式、γ 射线式和光电式容积三种。它们分别用于 John Deere 和 Case、AGCO Massey Ferguson、欧洲一些公司的精细农作相关机械作业产品上。冲击式流量传感器计量误差在 3% 以内。基于 γ 射线穿过谷粒层引起射线强度衰减测定谷物流量的传感器,据报道,其计量误差不大于 1%。收获机上应用的谷粒含水量测量,均按极板式电容传感器原理设计。收获机上采集数据的存储器件,已转向应用通用智能 IC 卡技术,Massey Ferguson 和 Case IH 系统中的存储卡可连续存储 30h 收获作业数据,John Deere 系统中的智能卡可存储连续 250h 收获作业数据,各公司都专门开发了结合自己产品的数据处理与小区产量分布图生成软件和配套的智能化虚拟电子显示仪器,可直接在驾驶室内向操作手及时显示有关信息。

2. 农田土壤信息获取

"精细农作"中土壤信息的采集,是为了从影响作物生长的土壤环境条件与营养水平角度获取信息,以分析产量图显示的产量空间分布差异性的原因,制定有关施肥、改土、耕作、种植等分布式定位处方决策。这类信息,因其时空变异性,可分为两大类。

(1) 相对稳定、时空变异性小的土壤信息。例如,地形坡度,土壤类型、结构,P、K 和有机质(SOM)含量,pH,耕作层深度等。这些数据的采集可在"精细农作"项目实施前,列为必要的基础信息采集内容。经过多年后可对这些参数做选择性复测。有些数据,如土壤类型、土壤微量元素含量可以引用原有土壤普查数据作参考;与精细农作处方决策紧密相关的参数如 P、K、SOM 含量,耕作层深度等,宜尽可能在技术、经济合理条件下采用较小空间尺度的标准栅格式定点采样法获取土样,在实验室进行分析或用适当仪器进行实地测量。采集的数据,可在 GIS 平台上,选用适宜的地学统计处理方法,建立主要参数空间分布图,存入数据库供分析产量空间差异原因,制定管理处方决策时调用。

(2) 时空变异性大的农田土壤信息。如 N 含量和土壤含水率。它们除需要在施肥、播种或灌溉作业前进行基本数据的测量和空间分布图生成外,还需要根据生长期需要,进行必要的抽样测量,以适时调控投入,这需要能实时快速采集与数据处理仪器的支持。迄今,对农田土壤营养成分的检测,基本上仍大多沿用实验室化验分析方法,耗资、费时,因而使农田土壤栅格式采样的空间尺度偏大、采样点密度偏于稀疏,难以建立较为精细的土壤参数空间分布图。国家土壤普查建立的土壤参数分布图,基本上是支持从地理学角度去研究土壤分布,为服务于社会经济和农业发展的宏观管理的需要,不适应从农学角度实施精细农作管理的需求。20 世纪 90 年代以来,围绕精细农作发展的需要,对土壤采样测量新技术、新仪器和数据处理新方法已开展了许多研究,提出了一些新的采集土壤空间信息的技术思想和商品化产品开发成果,若干发展趋势可列举如下。

基于土壤理化分析原理的土壤溶液光电比色方法,开发智能化土壤主要营养元素快速测定仪,在我国已有若干实用化产品推广应用。

基于新的物理原理如近红外(NIR)多光谱分析技术、极化偏振激光技术、半导体多离子选择场效应晶体管(ISFET)的离子敏传感技术等的土壤营养元素快速测定先进传感器的研究已取得初步进展或研究成果,有的已可装置在移动作业机上支持快速信息采集的试验。

利用 NIR 多光谱分析技术开发的土壤有机质含量实时采集传感器,在 20 世纪 90 年代中期已出现商品化产品;开拓新的技术思路、开发支持精细处方农作的实时快速土壤参数综合评价测量技术,如一种机载移动作业土壤电导率测定与农田电导率空间分布图自动生成系统(The Veris 3100 model)已由美国堪萨斯州的一家公司生产,向国际市场销售,它可用于间接评价土壤含水率、SOM含量、土壤耕作层深度、土壤结构、土壤阳离子交换能力（CEC）等的空间分布，期待可以将采样点空间分辨率减小到5m左右。

土壤含水量快速采集传感器技术，近年来也有了快速发展，可以预期在技术与经济上得到较为满意的解决。众所周知的基于微波测量技术的时域反射法（TDR）土壤水分快速测量仪已大量进入农业研究实验室；同类性能价格比较优良的便携式TDR土壤水分测量仪也已有商品化产品；根据类似测量原理开发基于驻波比和频域分析原理，性能价格比有明显改善的产品在近期将可实现其市场价值。

支持"精细农作"主要土壤参数快速测量技术的开发研究是当今科技创新的一个热点。目前，土壤参数的空间采样密度仍受制于测量技术的实时性和经济性，需要提倡新的技术思想的探索。基于现有技术进行土壤栅格式定点采样测量的空间尺度一般为2～5亩1个采样点，这种采样密度通过数据处理建立的土壤参数空间分布图还不可能较为精细、客观地实现处方农作。因而近几年科技界提出一种基于新的物理原理的机载快速实时土壤参数近似传感技术的研究方向，它不追求达到与实验室理化分析方法可能达到的个体测量精度，但可以快速、实时、经济地采集大量原始数据，通过现代数学方法和数字信号处理芯片技术，对原始数据进行快速分析处理，去粗取精，达到满意的效果，这可能成为今后支持"精细农作"农田空间信息采集与处理的主要研究发展方向。

3. 农田作物苗情信息获取

这类信息包括作物长势、苗情、病虫草害空间分布信息的采集。传统农田精细农作实践中，有经验的农民对农田作物苗情例行查田定性观测，实施定位管理。现代化的"精细农作"，要求采用可定量化的定位测量手段，在DGPS引导下进行巡回观测，采集量化信息，在GIS平台上经处理后，叠加或标志在产量图上，支持管理决策分析。例如，现有联合收获机上装置的产量信息检测系统，在驾驶室内具有操作键，当进行收获作业时，驾驶员可以观察出杂草与成熟作物间的明显区别，通过操作键可标出不同杂草空间分布的区域位置，并自动将杂草分布信息迭加到最后生成的产量图上。利用LED加窄带滤波片组成的窄带多光谱农田杂草识别检测技术，已在若干国家进行试验研究。积累的大量基础数据，将支持其产品开发技术取得突破。病虫害与作物长势苗情的定量化检测与评估技术尚待开发研究，目前还主要是采用DGPS引导下的查田抽样检测。计算机视觉支持下的生物对象模式识别技术、遥感系统中应用的高分辨率多光谱近地测量技术，在这一领域将具有广阔的应用前景。

第四节 精准农业信息处理技术

一、农业数据库系统

数据库是信息处理的基础，农业数据库建设是农业信息技术工作的基础、核心和重要组成部分。农业信息量大、面广而分散，目前国际上最普遍、最实用的方法是将各种农业信息加工成数据库，并建立农业数据库系统。农业数据库建设能够为农业生产管理、农业政策制定、农业科研、教育和推广等提供信息服务。

从适用范围上，可以把农业数据库分为以下6类：①农业资源数据库主要包括地理资源数据库、种质资源数据库、基因资源数据库和人力资源数据库等；②农业技术数据库主要包括作物栽培技术、动物养殖技术、农副产品加工技术、农业资源综合开发利用技术、专利项目等；③农业统计数据库主要包括企业与产品数据库、生产信息统计数据库、农业气象资料数据库等；④农业生产数据库主要包括农业企业与产品数据库、农业市场信息数据库；⑤农业政策法规数据库包括农业政策与法规、技术标准、国际条约与公约等信息；⑥农业科技文献数据库包括各类农业期刊发表的农业科技论文全文数据库等。

二、农业专家系统

专家系统是人工智能中的一个重要分支，是一种具有推理能力的智能程序系统，是根据某一特定领域内专家的知识和经验，按照一定格式建成的。建立专家系统的主要目的是利用某一特定问题领域的专家知识，支持和帮助该领域的非专家去解决复杂问题。

在农业领域中应用的专家系统称为农业专家系统（agricultural expert system），也可叫作农业智能系统，它是一个具有大量农业专门知识与经验的计算机系统，它将人工智能技术应用于农业领域，依据一个或多个农业专家提供的特殊领域知识、经验进行推理和判断，模拟农业专家就某一复杂农业问题进行决策，是农业信息技术的重要组成部分。图7-11为农业专家系统总体结构图。

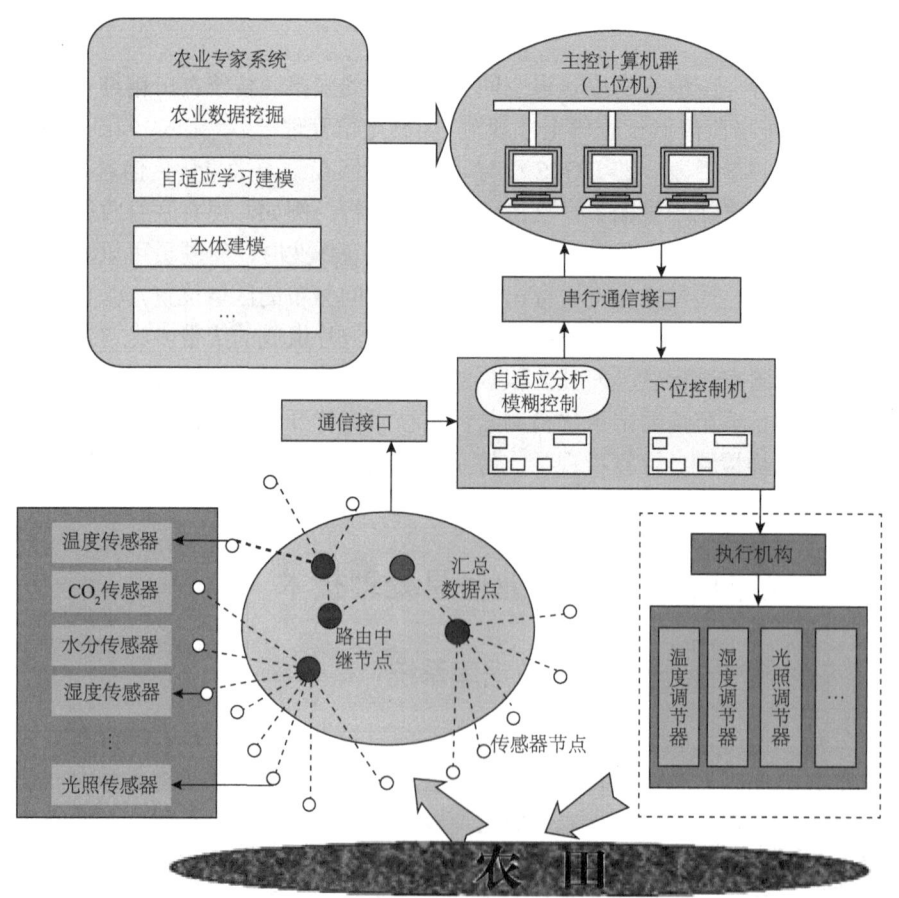

（扫码见彩图）

图7-11 农业专家系统总体结构

农业专家系统一般具有以下几个主要特征：①启发性。它能利用规范化的判断性知识及已确立的理论知识对问题进行推理和判断并求解。②透明性。它能向用户解释其本身的推理过程，通过回答用户提出的问题，使用户了解知识的内容和推理思路。③灵活性。它能以不同的方式接收新的知识，调整有关的控制知识和领域知识，使新的知识与整个知识库相容。④非时空限制性。它可以不断拷贝，可以作为一个计算机智能程序永远保存，并能高效、准确、周密、迅速而不疲倦地工作，使人类专家的专长不受时间和空间的限制。⑤权威性。它拥有人类专家所具有的丰富知识和高超技巧，能在权威专家水平上进行工作。

三、作物管理知识模型

作物生长模拟模型是将作物及影响作物生长发育的环境和技术因子作为一个整体，应用系统分析的原理和方法，综合大量的作物学、气象学、土壤学、系统学、计算机科学、数理统计等学科的理论体系与研究成果，对作物的阶段发育、光合生产、器官建成、同化物积累与分配及产量与品质形成等生理过程及其环境和技术因素的动态关系进行量化表达和数学建模，然后在计算机上对作物生长系统进行数字化的动态预测和模拟分析。作物生长模型具有较强的系统综合和动态预测功能，克服了传统作物栽培研究中的时空局限性，但难以表达作物栽培理论和技术方面的量化关系，不能直接进行生产系统的智能化管理决策，需要农业专家系统弥补作物模拟模型在推理决策方面的不足。

专家系统求解的是不良结构问题，没有可供使用的数学模型和现成算法，唯有凭借经验的、尚未完全形成科学体系的知识，使用弱方法进行搜索求解。农业专家系统动态性弱、适应性窄、知识库大，其知识表达方面亟需改进和创新，应用系统工程原理和动态建模技术来研究作物栽培管理中的知识表达体系，可兼得模拟模型、专家系统和栽培模式的优点，实现作物生产管理模式的动态化和数字化。据此，曹卫星教授（2008）创立了新型作物管理知识模型概念和构建思路（图7-12）。

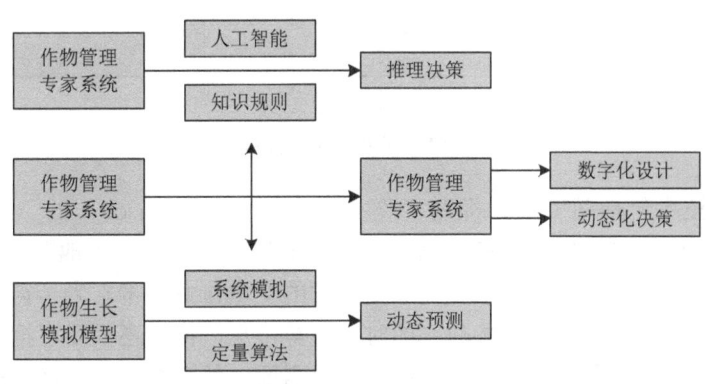

图7-12 新型作物管理知识模型的构建思路

作物管理知识模型是基于作物管理的理论和经验，通过试验支持研究和文献资料分析，对作物生育及栽培管理指标与品种类型、生态环境及生产水平之间的关系进行系统化的提炼和综合而建立起来的定量化和动态化设计模型。

作物管理知识模型具有较高的数字化程度和较广的适用范围,可用于不同条件下不同作物生长的精确管理方案或者定量栽培模式,如产量和品质的确定、品种选择、播栽期确定、基本苗和播种量设计,氮、磷、钾肥运筹,水分管理及生育调控动态指标等。其中,作物栽培学理论与技术是建立概念化知识模型甚至量化模型的关键。作物管理知识模型的研制需要综合作物模拟模型和农业专家系统的特色与优势,运用系统建模的方法来研究系统中的知识表达体系,创立具有动态决策功能的作物知识管理模型新体系。通过综合分析作物生育指标、环境因子技术措施之间的定量化动态关系,突出模型的结构化途径、时空化规律、数字化算法和组件化设计,建立具有时空规律的作物管理动态知识模型,可用于生成不同条件下的作物生产管理方案,实现作物生产管理的动态化和数字化决策。

第五节　精准农业信息田间实施技术

一、变量作业技术

精准农业技术思想的核心是基于时空变异的农业管理与投入,即在获取农田小区作物产量和影响作物生长的环境因素差异性信息的基础上区别对待,按需实施定位调控。因此,变量作业技术(variable rate treatment,VRT)是精准农业的核心,变量作业机械是实现这一技术必不可少的关键手段,其实施技术框架如图7-13所示。

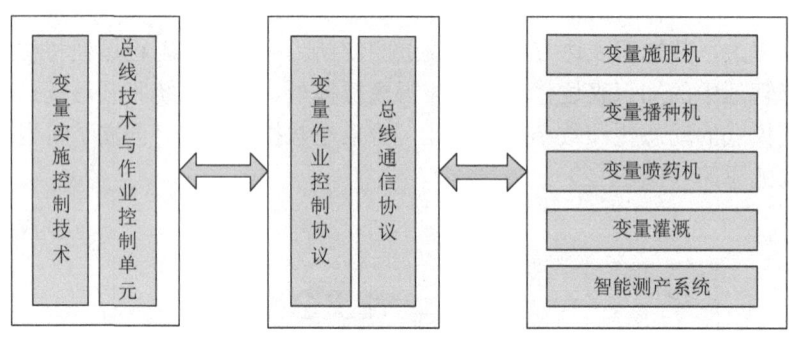

图7-13　变量作业实施技术框架

变量作业技术包括两大类,即基于作业处方图(map based)的VRT和基于传感器(sensor-based)的VRT。它们的变量目标分别采取先前生成的电子地图和实时(机具在工作时)生成的决策数据两种形式。基于作业处方图的变量作业技术,为了得到作业处方图,首先必须全面获取作物产量、土壤参数等的时空变异信息,接着还需要根据植物生长模型及气象等环境条件,预测作业的发芽率、长势及养分需要,然后综合以上两步的分析结果,再利用GIS and DDS,就可以得到最终所期望的作业处方图,根据处方图采用不同的手段或相应的处方农业机械按小区实施变量投入。由于处方图是建立在先前分析基础上的,它与实际农田的当前需要(如施肥量需求量)总是存在一定差异。因此,人们期望在条件允许的情况下,应用现代传感技术和智能决策技术实时控制机器进行变量作业,从而实现更为精细的因时、因地、按需施肥,但这种变量作业技术需要具备实时监测作物需要或土壤养分或病虫草害分布的技术与设备,应用到实用生产中还有一定难度,截止到目前尚有许多探测技术和实时决策技术有待开发。

在精准农业的实践中,变量作业技术目前已应用于农作物的播种、施肥、喷药、灌溉等环节。精准播种时将精细种子工程与精准播种技术有机结合,要求精准播种机的播种量、播种深度都处于最佳状态。精准施肥要求能根据地区、土壤类型的不同及土壤中各种养分的盈亏情况、作物的类别和产量水平,将 N、P、K 和多种微量元素与有机肥加以科学配方、适量投入,从而做到合理施肥。化学农药精细喷洒是根据田间杂草的分布,通过计算机视觉或者人工半自动方法按照喷洒处方图实现化学农药的喷洒。精准灌溉是自动监测控制条件下的精准灌溉工程技术,如喷灌、滴灌、微灌和渗灌等,根据不同作物不同生育期间土壤的墒情和作物需水量,实时按时按需灌溉。

二、智能农业机械装备

农业机械化一直在农业现代化中担当主角,社会的发展对农业生产机械化提出更高的要求,即实现农业机械智能化。农业机械智能化能提高生产效率、节约资源、降低农业生产成本、提高产品的品质、强化农产品的国际竞争力,必将在未来的机械化生产系统中起核心作用。继续推动和实现农业机械智能化,是农业机械化工程技术工作者所面临的长远课题和挑战。

智能农业机械装备是精准农业技术体系中的重要组成部分,从 20 世纪 70 年代开始,国外先进农业机械装备已开始融合现代微电子技术、仪器与控制技术、信息通信技术,向数字化、信息化、自动化和智能化方向快速发展,实现精准农业信息采集,拖拉机精准导航,精准耕整、种植、田间管理、收获、加工等智能化农业生产工作(图 7-14)。

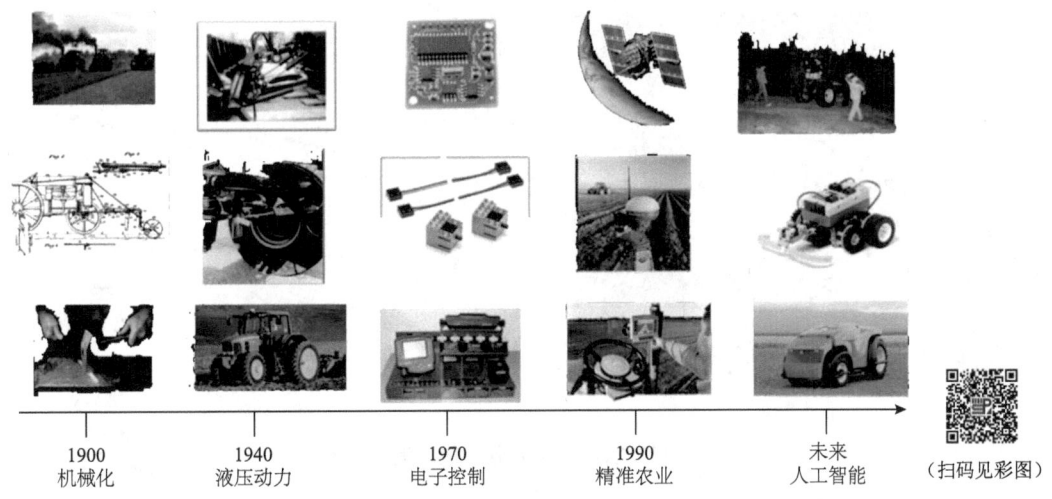

图 7-14 农业装备技术 20 世纪发展情况

1. 田间信息采集装备

快速有效地采集和描述影响作物生长功能的空间变量信息,是精准农业实践的重要基础。田间信息主要包括地理环境、土壤环境、小气候、水环境、与作物生长状况相关的信息及管理信息等六大要素，具有量大、多维（信息多种多样）、动态、不确定（系统的噪声或随机噪声）、不完整、稀疏性、时空变异性强等特点。在精准农业研究中，目前优先需要考虑的是土壤水分、土壤养分、土壤压实、耕作层深度和作物病虫草害及作物苗情分布信息等，要求能够定位、快速、精确、连续地测量。传统的实验室分析方法已很难满足这一要求，因此需要开发适用于精准农业的农田信息快速采集装备。

目前国内已有不少科研院所开发了相应的智能田间信息采集装备，在土壤参数采集方面：华南农业大学基于GPS技术开发了土壤耕作阻力测量装置和可适用于不同采样深度的土壤采样器；中国农业大学开发了车载式系统和田间移动式土壤水分、压实复合传感器，基于电化学技术开发了土壤营养成分传感器，基于NIR光谱学原理的土壤养分实时传感器；浙江大学综合应用光谱技术、GPS定位技术和嵌入式系统，研发了农田土壤养分的快速测试仪器，提高了仪器的预测精度和普适性（图7-15）。

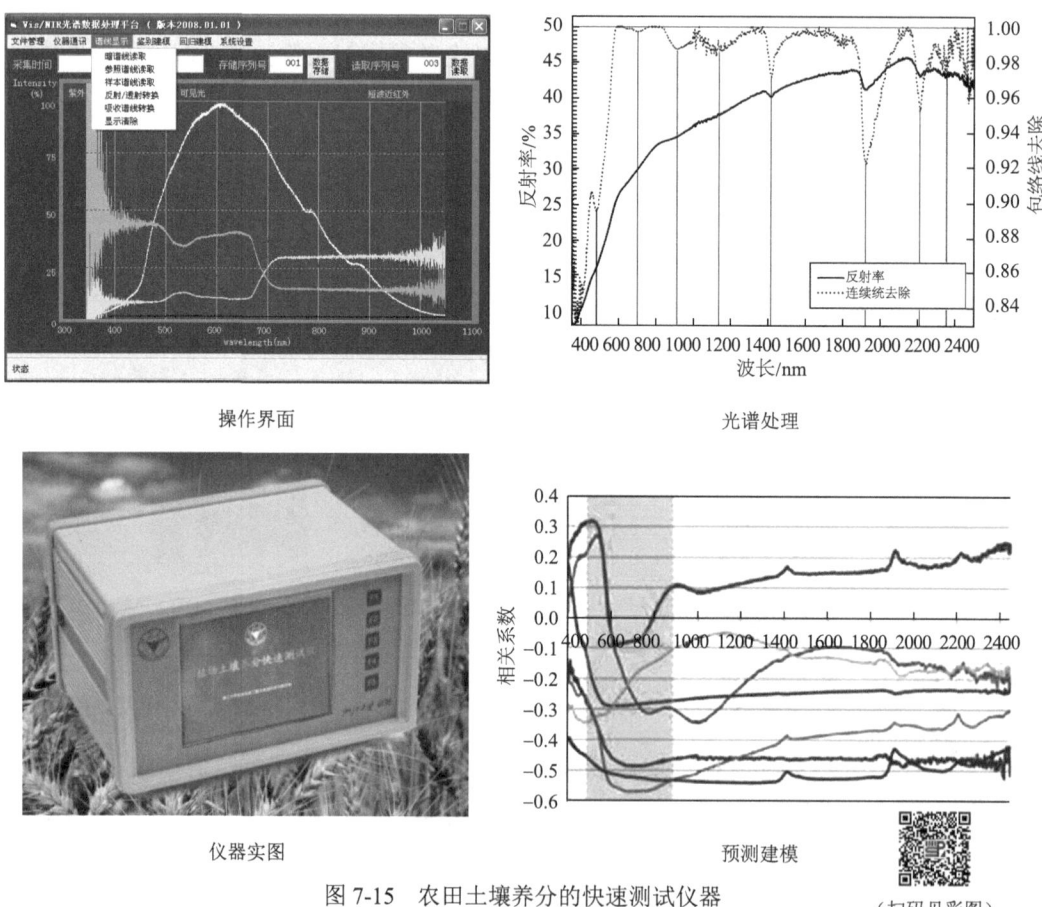

图7-15 农田土壤养分的快速测试仪器

在作物生长及病虫害信息采集方面：南京农业大学开发了低成本、便携式、高可靠性的作物生长监测诊断设备——CGMD302作物生长监测诊断仪（图7-16）；华南农业大学采用MS3100多光谱摄像机和ASD Fieldspec 3地物波谱仪构建了水稻病虫害信息快速获取试验研究平台；中国农业大学开发了适用于户外安装，由太阳能供电的作物长势测量传感器。

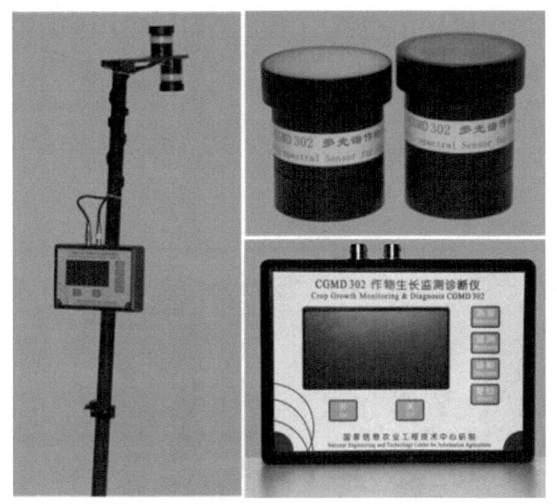

(扫码见彩图)

图 7-16　CGMD302 作物生长监测诊断仪

2. 农业机械自动导航技术

作为精准农业的一项核心关键技术，农业机械自动导航广泛应用于耕作、播种、施肥、喷药、收获等农业生产过程。导航系统的作用是使农业机械按照优化的作业路径工作，减少重复作业区和遗漏作业区的面积，提高农业机械的田间作业质量和效率、降低驾驶员劳动强度。

农业机械的自动导航控制主要是对农机进行横向位置控制，即控制农机跟踪事先规划好的作业路径，使其与路径之间的横向位置偏差保持在一定的精度范围之内，从而满足农业生产的需要。现代农机自动导航系统一般由检测单元、控制单元、执行单元及监控单元四部分组成（图 7-17）。

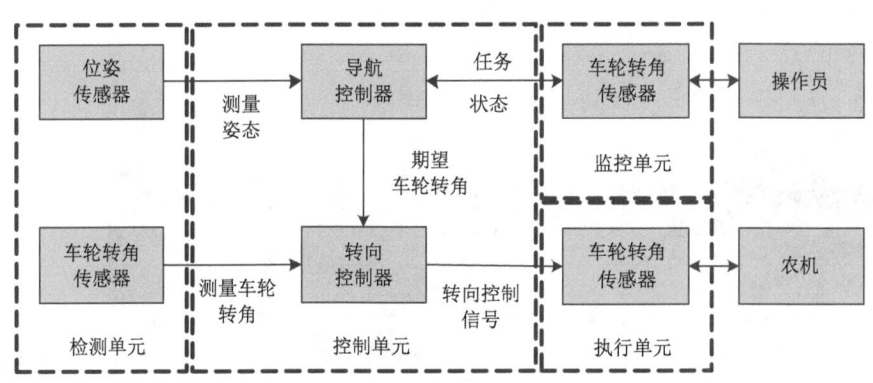

图 7-17　现代农机自动导航系统的典型结构

目前包括中国农业大学、华南农业大学、国家农业信息化工程技术研究中心、中国农业机械化科学研究院等多所国内科研院校（所）对拖拉机、收割机、插秧机等不同的农业作业机械在自动导航领域的导航定位技术、导航控制技术、转向轮偏角检测技术、遥控离合与启动技术、油门自动调节技术、作业机具自动操控技术、遥控熄火停车控制技术、自动避障技术、系统集成控制技术和监控终端技术等方面开展了全方位、多层次的研究，农业机械自动导航目前已在我国东北、新疆等大型农田区进行了推广应用，图 7-18 为新疆生产建设兵团使用拖拉机自动导航技术播种棉花。

（扫码见彩图）

图 7-18 拖拉机自动导航技术用于棉花播种（新疆生产建设兵团）

3. 农业自动化作业装备

农业自动化作业装备用于耕整、种植、田间管理、收获、加工等各农业生产阶段的自动化作业，目前此类农业装备逐渐向大型化、专业化、通用化、智能化、一体化发展，且在操纵性能方面也日趋舒适安全。主流自动化农业装备举例如下。

耕整地方面有带有自动导航系统的无人驾驶旋耕机，利用液压自动调整耕深、角度的双向翻转犁和深松联合整地机，分别适用于水田和旱地的激光平地技术与机具等（图 7-19）。

（扫码见彩图）

图 7-19 激光平地机（中国农业大学）

种植方面有能够实现均匀精播的电控排种器、带有分布式监控系统的变量播种机、基于处方图的精准粒距控制技术的变量免耕施肥播种一体机、无人驾驶水稻插秧机、自动播种覆膜一体机等。

田间管理方面有基于作物生长、病虫害状况监测变量喷药，机器视觉技术应用于果树对靶精准喷药，无人直升机用于喷药和辅助授粉，自走式田间喷雾机，基于机器视觉的田间除草机，变量自动配肥施肥机，自动变量喷灌机等（图 7-20 和图 7-21）。

（扫码见彩图）

图 7-20　玉米变量免耕施肥播种机　（中国农业机械化科学研究院）

（扫码见彩图）

图 7-21　无人直升机用于喷施农药

收获和加工方面有带有自动调整割台高度的大型联合收割机，同时可以针对不同作物，通过在线测产系统生成粮食产量分布图（图 7-22），还有水果采摘机器人、谷物自动化干燥系统等。

（扫码见彩图）

图 7-22　智能测产技术（吉林大学）

第八章 农业产业结构调整策略

第一节 农业产业结构的概念和内涵

一、农业产业结构的概念

农业产业结构又称为农业生产结构,是指在一定地域(国家、地区或农业企业)范围内农业各生产部门及其各生产项目在整个农业生产中相对于一定时期和一定自然条件与社会经济条件所构成的特有的且相对稳定的组合方式。简言之,农业产业结构就是指农业各产业部门和各部门内部的组成及其相互之间的比例关系。农业产业结构是农业生产力的合理布局和开发使用的基本问题之一,它合理与否对农业的发展具有极其重要的作用。因此,优化调整出合理的农业产业结构,已成为农业的发展和农业现代化实现的必然要求。

农业生产的本质,是以动植物为载体,把生态环境的物质和能量转化为动植物产品,来满足人类的需要。作为农业资源配置的基本问题,农业产业结构是否合理,直接影响农业和整个国民经济的正常发展。**农业产业结构**主要包括以下四个方面内容:**一是农业生产结构**,是指农、林、牧、副、渔各部门及它们内部组成的联系及结构关系;**二是农业产品结构**,是指农产品的质量种类等结构关系;**三是农业经营结构**,是指农业经营主体的经营形式与规模和区域化布局之间的联系及结构关系;**四是农业形态结构**,就是农业经营业态(生态循环农业、精准农业、休闲农业、创意农业等),即农业产业形态之间的有机联系及比例关系,以及其第一、二、三产业融合关系。

农业产业通过整合分化,每个国家农业产业结构中所包含的产品或产业形态都不同,这是由该国对农业的定义所决定的,不过无论定义如何,所分的产业都存在多层次性。在中国农业结构可分为第一、二、三、四级结构,这些结构就是我们通常说的农业生产结构、农业产品结构、农业经营结构、农业形态结构等。随着产业分工不断发展,产业划分越来越细。

二、农业产业结构的特点

农业产业结构主要有三个特点,即相关性(图8-1)、动态性、多层次性。

农业产业结构的动态性是指在自然环境、市场、经济等条件不停变动情况下,也必然会导致农业产业结构随之产生相应的变化。因此,这就需要经常性地对农业产业结构进行优化调整,使之与各种客观影响因素的变化相适应、相匹配。农业产业结构的优化调整也不只是停留在优化调整农业这个层面上,还包括优化调整农业内部的农、林、牧、副、渔的内部结构,所有的调整都要依据客观影响因素的变化而进行。农业产业结构是一个客观存在的经济现象,必须按照经济规律和自然规律办事,不能凭借自己主观的意愿去摆布结构,而是要结合社会经济的实际情况,按照客观的发展规律进行合理的优化调整,协调好全局和局部的关系,达到整体大于部分之和的结果。

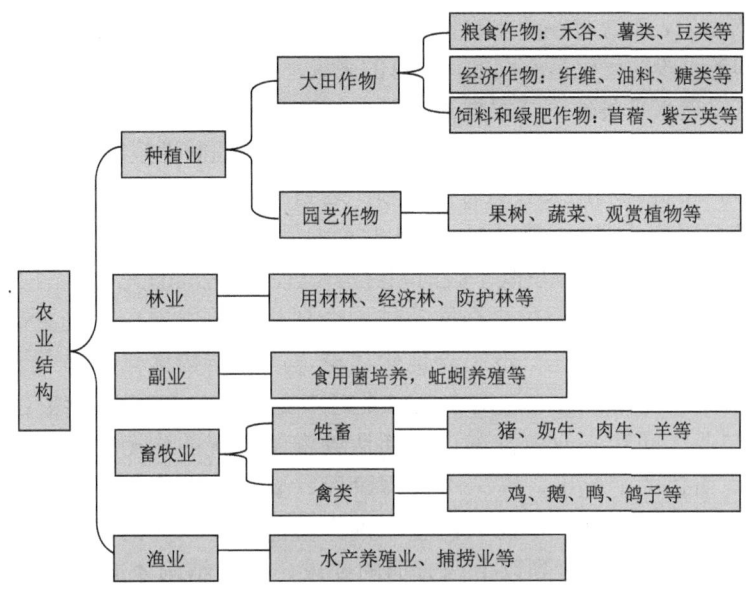

图 8-1　农业结构中的相关性

农业产业结构具有多层次性是指一个产业组成之间相互紧密联系，相互影响，具体表现：由农、林、牧、副、渔五个产业组成了第一级结构；在第一级结构四个产业内部再按相关性质和生产过程的区别，划分出了若干种类，这是第二级结构，如畜牧业又分了鸡、鹅、鸭等家禽饲养和猪、肉牛、奶牛、羊、兔等家畜饲养等；在第二级结构中的各个部门，再根据产品的用途不同，细化分成各种项目，这就是第三级结构，如经济作物类分为纤维作物、油料作物、糖料作物等。同样，随着社会分工的细化，农业产业结构根据各种更细致的需求要求，形成了不同的新的部门或项目，这些部门和项目在前三级结构的基础上还可细分为第四、五级等的产业结构。各层次的产业结构随着市场经济不断发展，社会对农产品的需求不断变化，对农产品的种类、质量甚至于产出时间等方面有了更多、更细、更复杂的需求，进一步产生多层次复杂化、针对性强的产业结构内容。

依据农业产业结构具有相关性、动态性和多层次性，以及各种农业产业结构内部不同特点和比例，就形成了职能不同、满足需求不一的各种类型的分类，如平衡发展型、专一结构型及混合结构型等。农业产业结构的这些不同的类型，就直接反映着农业各产业、生产部门、生产项目、商品之间，在资源利用、市场供求、劳动力分配和技术含量等方面的区别和比例。由于各类型模式之间形成条件、满足要求都不相同，这就决定了它们所产生的效益也就不同。

第二节　生态文明建设中农业产业结构调整的基本原理

一、产业结构优化理论

产业结构优化是指通过调整产业结构，使其达到产业与相关产业及产业内部之间的协调发展，并能满足社会日益增长的物质需求。产业结构优化是一个相对概念，而非一成不变。根据条件的变化，全面考虑影响因素，协调各影响因素资源之间的关系，通过调整使得产业结构达到最佳的效果，实现对各产业的和谐发展、互促互进是产业结构优化的主要特征。虽然在发展的内容和各阶段的优化是不同的，但总的来说，主要包含如下内容。一是**产业结构合理化**。在一定经济发展水平条件下，根据消费需求对资源进行最理想化的配置，取得最大化的利用率。二是**产业结构高级化**。产业发展过程中都会遭遇间断性限制瓶颈，这时往往需要依靠科学技术进步，使资源利用突破原有的瓶颈，达到一个新的发展阶段，从而推动产业结构向高一层的资源配置模式演变，获得超过历史时期的最大化利润。产业结构合理化与高级化是辩证统一的，它们之间的关系就反映了眼前利益与长远利益之间的关系，结构合理化是结构高级化的基础，而结构的高级化反过来会推动结构合理化向前发展，达到更高层次。然而，随着社会经济的发展，为了进一步完善优化理论，产业结构优化又加入了产业**均衡发展**和产业**发展效率**两个优化要求，这两个要求是对产业合理化和产业高级化进一步的解释，它们的要求是产业之间和产业内部门之间达到资源配置的均衡化，不能出现短板；在结构合理化、均衡化的情况下，在一个发展阶段，要做到速度、质量和效益的相互协调发展，实现整体效率的提高，不能只侧重个别方面的发展。这两方面内容反映了全局利益与局部利益的关系。只有达到以上四方面的要求，产业结构才能算得上优化发展。

二、影响农业产业结构调整的主要因素

影响农业产业结构的因素是极为复杂的，主要影响因素可以归纳为如下几个方面。

（一）局域生产力

一个局域内生产力水平决定了这个局域农业产业结构。生产力水平越高，对产业结构层次的要求越高。因为农业生产力水平越低，社会分工越单一，此时生产结构易形成单一的以粮食为主的情况。农业产业结构调整一般是在生产力水平发生变化的情况下进行的，往往生产力水平提高了，随后才进行农业结构调整。因为生产力提高就会出现相对过剩的农产品，才会出现剩余产品的转移交换，从而形成新的分工和合作，并推动农业产业之间及各产业内部结构关系发生变化，寻求新的合理比例关系，此时客观上就要求进行调整，而这样的农业产业结构调整才有意义。

（二）科学和技术条件

科学技术是第一生产力，是最能直接体现生产力的重要部分，是推动农业产业结构发生变化的最强大的驱动力之一。因为只有通过科学技术的发展，才能出现产业的创新，才会出现新兴产业和产品，从而引起产业结构的变化。同时，技术的推广会影响到农业生产的产量和质量，引导产业结构向前发展。可见，科学技术能够直接影响并决定区域的生产力水平和各部门之间的资源分配情况。

（三）区域自然资源

农业生产主要依靠动植物的自然特征进行。农业生产具有明显的地域性特点，如晏子所说"橘生淮南则为橘，生于淮北则为枳"。各地的光温水条件、地形地貌、土壤等自然条件

有较大差异，从而形成不同区域的农业生产结构和农业产品的差异，导致各不相同的农产品加工产业。人们对自然条件的干预与改造，会带来农业产业结构的深刻变化。

（四）经济资源条件

经济条件包括劳动力、资本和基础设施等的基本条件。区域农村劳动力的分布情况会对农业产业结构产生重要的影响。劳动力分布情况包括人数和素质两个方面。人的因素是农业生产的根本，因此劳动力人数和素质的组成情况，直接决定着农业产业结构的构成。劳动力人数和素质在农业内部的不同比例组合会直接影响农业产业的结构类型。另外，在市场经济条件下，资金对农业产业结构调整有很大的影响力，在一定条件下，充足的资金能够弥补在劳动力等生产要素方面的不足。特别是在现代科学技术快速发展中，区域农业生产内部和外部资本的注入，以及所带来的消费和投资之间的关系变化，直接影响着农业产业结构的发展。

（五）社会需求情况

在市场经济条件下，社会需求决定了生产产品的质量和种类。市场作为社会需求的指向标，直接影响一个农业产业的发展。因为市场的刺激，才有了农产品的相对过剩，同样还是市场的刺激使得过剩的农产品发生变化或者被取代。同时，人口的数量及组成、生产力和生活水平等因素对社会需求有着重要影响，人口数量和素质不同，需求量和需求结构就会有很大的差异。中国人口基数大，对农产品需求量很大，而人口基数小的国家，对农产品数量的需求相对较小，可能就更多地偏重于对质量的需求。生产力、生活水平的变化，引起人们不同的社会需求，随着生产力水平和人民生活水平的大幅度提高，必须满足人们小康生活的多方面需求，农产品需求就由数量型向质量型和质量安全型方向转变，对有营养、更绿色环保的安全农产品越来越关注，这就要求农产品从质量和花样上进一步调整，加强优质安全农产品供给，提高供给结构适应性和灵活性，使供给体系更好适应需求结构变化。

（六）经济体制政策

经济体制和政策决定了一个区域的分配制度及生产组织形式，分配制度的区别和生产组织形式的差异，会对农业产业结构产生很大影响，经济体制的变化就会对产业结构产生翻天覆地的改变。中国先后经历了计划经济和市场经济两种截然不同的经济体制。在改革开放初期，农村改革最早发生变化的就是在农村，这就说明了经济体制改革对农业的影响是最早、最直接的。另外，区域内的经济政策对农业产业发展有很大的限制和引导作用，为了经济全面发展，政府制定的经济政策都很有针对性，如为发展不足的产业提供保障，或对发展过快的产业进行限制。具体到农业方面，像是产业政策、价格政策、人口政策、土地政策、户籍政策、税收政策等，对农业产业结构的影响都是最直接且最显著，特别是产业政策更为突出。中国自古对农业发展就很关注，为了解决温饱，历来十分重视农业，在封建社会从事工商业的人是社会最底层的，但是随着经济发展和历史环境的变化，发展的重点已经不只是农业这一个面，而是第一、二、三产业共同发展，所占比例更偏向于第三产业，这就决定了我们现在农业产业结构调整的大方向。

（七）对外贸易

贸易是结构产业的源动力，就区域之间来说对外贸易就是区域产业调整的直接动力。对外贸易是不同区域之间通过进出口来进行的买卖活动，有贸易活动就会带来利益驱动，就使得资本、技术、人才、劳动力等资源在各区域之间的流动，如果能够直接影响农业结构的农产品有关的对外贸易结构发生变化，就会对社会需求和资源状况产生影响，进而对贸易双方的农业产业结构产生影响。

（八）文化传统

文化传统是由一个区域内的历史所决定的，其影响人们的商品需求、消费传统和饮食文化，进而对农业产业结构影响巨大。例如，中国农业自古以来都是以农耕为主，粮食种植业一直处于农业产业结构的主导地位，虽然目前随着改革发展，粮食种植在产业结构占的比例在减小，但是由于传统文化中"民以食为天"的影响，粮食的种植比例不会急剧减少，仍然会是中国农业生产结构的主体。

除了上述几种主要的因素以外，一个区域内的历史、政治、社会、稳定因素也会影响农业产业结构的变动。例如，战争与和平年代对农业产业结构的影响就很明显。上述各因素综合起来就产生了具有局域特性的农业产业结构，这一系列影响因素并不是孤立存在的，而是相关联并相互影响的。整个农业产业结构调整是一个复杂的问题，不能单凭一个方面来进行分析，在某一特定时间段，对某一类的农业产业结构来说，其影响因素也有主次之分，这就为我们研究农业产业结构调整指出了方向，在分析一个时间段、特定区域内农业产业结构调整时，要分清主导因素和非主导因素，重点研究分析主导因素带来的影响，对非主导因素简要分析得出结论，对研究进行微观的补充即可。

三、农业产业结构调整的原则

（一）农业产业结构调整的一般原则

农业产业结构应根据特定的社会经济环境、自然资源、科技水平和市场供应、需求形势的变化进行调整，不断寻找最佳的结构方案。按照绿色发展、循环发展、低碳发展，建设"美丽中国"的总体要求，农业产业结构进行优化调整需要遵循以下五项原则。

1. 以市场为导向

市场对社会需求起到了决定性作用，因此农业产业结构的调整就必须以市场为导向，根据市场供需变化，对农产品的种类和质量进行优化，通过优化调整使其达到符合市场变化的要求。

2. 比较优势原理

比较优势原理是一切产业结构调整的基础理论和核心，农业产业对自然环境等客观因素依赖性很强，因此就必须以该理论为指导，根据不同区域资源优势等条件，确定调整的重点和方向，确保产业结构调整能够使区域内资源优势最大化。

3. 整体协调原则

因为农业自身多层次的特点，它的调整和优化一定是一个复杂的过程，牵一发而动全身，不能只在一个层面上对农业结构进行调整,要站在全局角度,在对某个方面调整时,一定要分析好其他相关产业或者其他部门对这项调整的影响,做到同步协调进行,确保调整不失衡,农业发展可持续。因此,农业产业结构优化调整应注意各产业之间的协调发展,上游和下游产业要相互联系,密切合作,以充分发挥产业结构的整体协调功能。

4. 最佳利益原则

农业结构调整的目标之一就是各类资源的最佳配置,这就要求农业产业结构必须处于最合理的发展状态,按照最佳的比例对资源进行整合,使土地、资源和资金投入获得最大的收益,实现经济、社会和生态文明和谐统一增效。

5. 长远利益与眼前利益相结合的原则

农业产业结构的优化调整是个复杂的过程,在推进时应符合每个层面多种需要,因此必须要处理好全局与局部、长远利益与眼前利益的关系,正确处理两者之间的矛盾,使农业产业结构能够达到最优的搭配,满足最大限度的需求。

(二)农业产业结构调整的基本原则

1. 坚持底线思维,落实国家粮食生产责任

坚持底线思维,实行严格的耕地保护制度,以口粮产能建设为重点,加强生态高标准农田建设,提高耕地质量,确保基本农田不减少,粮食生产不滑坡,对国家粮食安全贡献和地位不变。

2. 坚持理念创新,挖掘农业发展的广度深度

创新思维,树立大生态理念,促进可持续发展;树立大食物理念,全方位、多途径开发食物资源;树立大市场理念,统筹利用两个市场、两种资源;树立大农业理念,开发农业多种功能;树立大科技理念,发展"互联网+农业",推进农信农机农艺融合、政产学研推协同。以新理念引领农业向广度、深度进军,促进农业结构不断优化升级。

3. 坚持因地制宜,有所为有所不为

综合考虑资源禀赋、产业基础、区位优势、市场条件等因素,发展主导产业和特色品牌,避免产业同构、同质竞争。在稳定粮食产能的基础上,统筹抓好棉花和油料生产,培育具有比较优势的蔬菜、茶叶、水果、渔业等特色农业,大力发展绿色畜牧业,着力促进农牧结合、种养结合、粮经饲兼顾。加快发展农产品加工业和农业服务业,促进农业第一、二、三产业融合发展。

4. 坚持市场导向,尊重农民意愿

遵循经济规律,以市场需求为导向,消费引导生产,重视供给侧结构调整,尊重农民意愿和经营自主权,发挥市场配置资源决定性作用。发挥政府在规划引导和服务中的作用,加大政策扶持,创造良好市场环境,不搞强迫命令和行政瞎指挥,不搞一刀切和大跃进。

四、农业产业结构调整的合理性评价

所谓农业产业结构的合理化,是在确定的生产力发展水平下,使农业各产业、各产业内部及产业外部相关部门之间实现最佳组合,综合效益达到最大。由于不同区域、不同条件下的农业产业结构演进在不停变化,即使在同一时间段也会有差异,且不同产业结构对不同地区的农业生产的作用是不同的,因此应该注意结构的相对合理性,要通过全局性、综合性的角度,分时间、地点、客观条件来评价结构的合理性。判断农业产业结构合理性的依据主要有以下几个方面。

(一)具有区域资源优势

农业产业结构的合理程度应体现在自然资源和经济资源的有效充分利用的程度上,从而最大限度地发挥社会、经济和生态提供的优势。资源的利用不是单一的,而是多元性的,当市场机制成为资源配置的主要手段时,资源总是流向高利润行业,农业产业结构的合理化就要满足市场经济的需要。为体现这一特点,就要求做到资源、环境、生态、科技和对外贸易等其他外部条件相适应,从区域和产业实际出发,充分发挥优势资源,提高资源利用效率,增强农业和农产品市场综合竞争力。

(二)具有良好的生态效应

农业生产十分依赖自然资源条件,它完成生产必须依靠动物和植物自身的生命特性,对生态环境的依赖性尤其高。同时,农业生产的过程是改造环境的过程,其结果对自然资源条件和生态环境有着深刻的影响。可持续发展要求农业产业结构在获得较好经济效益的同时,还需要依循生态效应来检验其合理性。合理的农业产业结构,应该具有良好的生态效应,最起码不能对生态环境有过度的破坏,树立"绿水青山就是金山银山"的绿色发展理念,尊重自然规律,顺应自然,保护自然。

(三)具有部门间的和谐发展机制

农业同其他产业之间、农业各部门之间及各部门内各个行业之间的相互配合、和谐发展,是对农业产业结构的合理配置的基本要求。所谓和谐发展,是指农业和其他产业之间及农业各部门之间互相转换的能力比较强,能够使生产、分配、流通和消费各个环节相互配合、运转良好,能够让各种专业性、综合性的生产部门之间密切配合,把农业产业的产前、产中和产后三个环节密切联系在一起,在全区域内形成一个围绕农业生产、由相关各部门按照一个协调比例组成的、相互促进相互辅助的统一整体。各产业、各部门、各行业的和谐主要体现在:第一,各部门之间水平和谐,相关部门之间不能有技术障碍,也不能存在劳动生产率的巨大差距;第二,各部门之间地位相对和谐,相关部门之间要分出主次、轻重,整个产业内部各部门之间要有比较合理、层次分明的地位关系;第三,各部门之间沟通协调和谐,各相关部门要拧成一股绳,劲往一处使,围绕产业中心目标,相互辅助、相互督促;第四,各部门之间发展速度和谐,不同的各部门之间由于分工不同、社会经济条件不一,会出现发展较快、发展较慢或者是有发展潜力的区别,这几类部门不仅要在发展速度上相对和谐,还要在数量比例上相对和谐。

(四)具有强的自我调节应变能力

建立合理的农业产业结构就是为了促进农业经济的健康快速稳定发展,从而实现农业生产较好服务社会的目的。因此，农业产业的生产结构、产品结构和质量结构要适应社会需求的变化，在市场经济条件下，市场中充满了竞争，而社会的需求变化主要是由市场需求变化体现的，这就要求农业产业对市场要有一定的适应和应变能力，可以协调各种资源优势，通过贸易相互补漏，减少行业之间的发展不平衡现象，从而提高整体的竞争力，建立合理的产业结构。可见，合理的农业产业结构所生产出的产品不仅要满足社会需求，还应对市场变化有一定的自我调节应变能力。

（五）具有先进性

只有先进的农业产业结构才能保证该区域的农业与农村经济实现长期、稳定、快速的发展。先进的农业产业结构表现形式主要有以下几个方面：第一，农业生产过程中高新技术的应用情况。现代化农业在高新技术应用方面主要是体现在区域范围内高新技术的含量和农业科技产学研的转化率的情况上，主要以农业科技、农业市场、农业信息平台建立发展情况来具体代表现代科技的发展程度，特别是农业科技发达程度，对农业产业结构是否代表着先进性起了决定性的作用。第二，围绕农业生产要建立专业化生产部门。先进的农业产业机构分工更加细化、部门组成更加复杂，本区域需要建立起专业化的生产部门。专业化生产部门要有基地模式的生产、规模化的经营，同时要围绕专业化生产部门的生产经营建立一套生产前中后期的服务保障部门，因此在区域内建立了农业专业化生产部门，并围绕它形成了一系列链条产业，是农业产业结构代表先进性的最明显的重要标志之一。第三，建立了高级农业产业结构。高级农业结构是指，区域内的农业结构从低层次向更高的水平发展，进入了一个先进的阶段。农业产业结构高级化程度主要表现在五个方面，一是在整个产业结构中，第一产业占主导地位逐步向第二、三产业占主导地位发展；二是农业产业模式中，以劳动密集型模式逐步向科技密集型模式发展；三是农业产业结构中，初级产品获得的利润所占优势比例逐步向加工生产产品获得的利润所占优势比例发展；四是农业生产方式方面，由粗放型发展向集约型发展；五是农业劳动力方面，农业生产中出现大量的剩余劳动力，并且这些剩余的劳动力顺利完成向非农经济的转化，农民的收入增长方式更加多元化，增长速度越来越快，增长幅度越来越大。

第三节　农业产业结构调整模式与关键技术

一、畜—沼—果（菜、鱼、粮、菌）模式及其技术

畜（猪、羊、牛、禽）—沼—果（菜、鱼、粮、菌）模式以畜禽养殖业为龙头，以沼气为纽带，联动种植、养殖等产业，在吸收传统农业精华和现代农业先进技术的基础上，广泛开展生物能综合利用，形成能流与物流的良性循环，达到改良土壤结构、改善生态环境、有效降低农业生产成本、提高农产品品质，增加农民收入、实现农业可持续发展的目的（图8-2）。

畜—沼—果模式主要有猪—沼—粮模式、猪（禽）—沼—菜模式、牛（羊）—沼—菜模式、猪—沼—果模式、猪—沼—茶模式、猪—沼—渔模式、日光温室（大棚）—猪—沼—菜

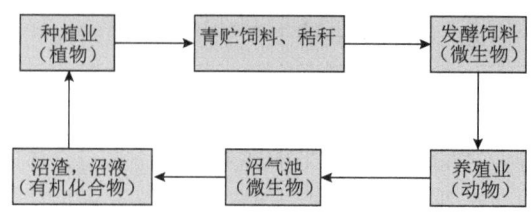

图 8-2 猪（羊、牛、禽）—沼—果（菜、鱼、粮、菌）模式

（菌）模式等，其主要配套技术包括农村沼气生产利用技术、微生物利用技术、畜禽健康养殖技术、农作物高效种植技术、绿色农产品生产技术、日光温室（大棚）构建技术、大棚蔬菜高效栽培技术、有机茶生产技术、沼液沼渣还田与土壤培肥技术、农业生态环境保护技术。

二、绿色农产品生产模式及其技术

绿色发展是农业供给侧结构性改革的基本要求，绿色农产品生产模式以保护农业生态环境和促进农业增效、农民增收为出发点，推广应用绿色农产品开发技术，建设绿色农产品生产基地和加工企业，实现化肥农药使用量零增长，把资源优势和生态优势转化为经济优势，改善生态环境，提高农产品品质和市场竞争力，适应市场需求，创造生态、经济、社会三大效益，有利于建立农村新的经济增长点，加快农业产业化进程，促进中国农业由传统农业向现代农业转变，有效地应对农产品供求关系发生根本变化的考验，增强我国农产品的国际化水平和市场竞争力。

针对影响农产品质量安全的主要因素，抓住关键技术环节，采取相应措施，控制和减少生态环境污染和农产品有害物质的残留量；坚持以施用有机肥为主，优化配方施肥技术的原则；坚持"预防为主，综合防治"农作物病虫草害的原则，提倡生物防治和使用生物农药防治，减少或控制化学农药和植物生长调节剂；采取选用抗虫病品种、育苗移栽、间作套种等栽培措施；推广生态农业技术，实现农产品高产、优质、无公害和食用安全的目标；定期监测和掌握生产基地生态环境和农产品质量状况；贯彻以有机肥为主、化肥为辅的原则，推广作物秸秆还田，沼肥、高温堆肥和化肥深施，测土配方施肥等技术，合理施用钾、磷肥和微肥，提高肥料利用率；应用灯光、食饵、性引诱剂等诱杀害虫，保护天敌、以虫治虫、以菌治虫等生物防治措施；制定并实施无公害、绿色、有机农产品生产技术规范和质量安全标准，建立农产品质量安全可追溯系统。

其主要配套技术包括高效种植养殖技术、农村沼气生产利用技术、测土配方精准施肥技术、农作物立体栽培技术、农作物病虫草害综合防治技术、畜禽防疫防病技术、绿色农产品生产和加工技术、农产品质量安全的可追溯系统构建技术、农业生态环境监测和保护技术。

三、小流域综合治理模式及其技术

小流域综合治理模式把实行小流域综合治理、防止水土流失作为一项生态工程，正确处理绿水青山与金山银山的关系，科学制订规划，探索一套小流域综合治理技术，采取农耕措施、植树造林措施、水土保持和生态旅游等措施，以水土保持为核心，合理利用土地资源，改善小流域生态环境，提高小流域生态经济系统的整体效益。将资源优势转化为商品优势，以实现资源的永续利用，使贫困山区脱贫致富。

采取与等高线呈现1%～2%的比降等高耕作，以适应排水，防止冲刷；因地制宜地采用间种套种、增施有机肥、建立立体栽培模式等农耕措施，发展农牧业生产；在一切可利用尚未利用且需要人为干预才能防止水土流失并获得效益的土地上，实施小流域治理，保护、开发和利用资源，获得生态、经济、社会三大效益。加强林业网络建设，大力植树造林，提高森林覆盖率。发展森林旅游业，将绿水青山的资源优势转化为收入增长的经济优势。其主要配套技术包括小流域可持续发展规划技术、农作物高效耕作技术、植树造林技术、水土保持技术、经济林和茶园改造技术、小流域综合治理技术、森林旅游的规划设计技术、农业生态环境保护技术。

四、种—养—加—菌（沼）模式及其技术

种—养—加—菌（沼）模式把粮食与经济作物、饲用作物的大田种植与林、牧、副、渔业，大农业与第二、三产业紧密结合起来，相互促进，共同发展。利用传统农业精华和现代科技成果，通过人工设计、生态工程建设，协调解决经济发展与环境建设之间、资源利用与生态保护之间的矛盾，形成生态、经济两个良性循环。农作物秸秆用生态菌加工处理，提高营养价值，优质的用作猪、禽饲料，一般的用作牛、羊饲料；精饲料用生态菌处理，提高饲料营养价值。畜禽直接饲用可以防病害促生长。畜禽粪便入发酵池，经生态菌处理，转化成优质有机肥，同时杀灭病菌虫害，实现无害化。生态菌肥施于土壤，增加养分，消灭有害病虫，培肥土壤，减少化肥、农药用量，使作物达到高产、优质、高效。由于生态菌的作用，把种植业、养殖业连接起来，组成一个高效低耗无公害的生态循环系统。有效降低化肥、农药等化学物质的使用量，提高农产品品质，降低农业生产成本，减少农业产出物对环境造成的污染，实现经济、社会和生态三个效益的统一。主要模式有种—养—菌（沼）模式、种—养—加—沼模式、种—养—沼—菜（果）模式等。

主要配套技术包括高效种植技术、农作物病虫害综合防治技术、高效合理施肥技术、畜牧业和渔业高效生产技术、农村沼气生产利用技术、微生物利用技术、生态菌生产与使用技术、农作物秸秆综合利用技术、绿色农产品生产技术、农业生态环境保护技术。

五、低洼地种养结合增效模式技术与关键技术

针对低洼地洪涝灾害频发易发，抗逆种质资源匮乏、农牧生产脱节等突出问题，围绕农牧结合效益提升，充分利用水资源优势，建立稳定高效的基塘系统，构建避灾减灾的各种适应性新型农作制度，在塘基上种植高产、优质、高效、绿色农作物（水稻、牧草、果蔬等），用农作物副产品或废物饲喂塘中养殖的动物（如鱼、蟹、虾、鸭、鹅等），用塘水浇灌、塘泥施用于塘基培肥植物，从而使水陆两个不同的生态系统联结成一个互利共生、良性循环、减灾避灾的复合系统。同时，延长产业链，发展农产品加工业和农村电商，使农产品生产、加工、销售一条龙，形成低洼地种养结合增效生产系统。

主要配套技术包括农作物（水稻、牧草、果蔬等）高效种植技术、农作物病虫害绿色防控技术、高效合理施肥技术、水禽健康养殖技术、优质水产养殖技术、绿色农产品生产技术、农业生态环境保护技术。

六、水田综合生态种养模式及其技术

水田综合生态种养模式以水稻稳产增效为核心，以特种经济水产品种为主导，以标准化生产、规模化开发、产业化经营、品牌化运作为特征，具有稳粮、促渔、增效、提质、生态、安全等多种功能的一种现代生态循环农业发展新模式。水田综合生态种养模式保持和改善了水田生态平衡，保证水体不受污染，保持各种经济水生生物种群的动态平衡和食物链的合理结构，确保经济水生生物、水资源的永续利用。该模式利用人工诱导方法将种植业和特种经济水产养殖业紧密联系在一起，互惠共生。鱼（蟹、虾）食害虫，鱼（蟹、虾）粪肥田，并且它们可疏通土壤。稻为鱼（蟹、虾）提供杂草与害虫饵料，节约了外部投入，促使稻、鱼（蟹、虾）双丰收。同时，该模式要求增施以农家肥为主的基肥，少施化肥，不施农药和其他化学制剂，既保护了农田生态环境，又降低了农业生产成本，还大幅度降低了农产品有害物质的残留量。

主要配套技术包括田间工程关键技术、种养茬口衔接关键技术、种养品种选用技术、水稻绿色栽培新技术、水产品健康养殖关键技术、高效合理施肥关键技术、病虫草害防控关键技术、水质调控关键技术、捕捞加工关键技术、绿色产品质量控制关键技术、农业生态环境保护技术。

七、林（果）—草—禽（畜）高效种养模式及其技术

采用幼林地（果园）套种牧草、果园放养土鸡等，形成果林下种草，种草养鸡，分区轮牧，实行林（果）—草—禽（畜）立体利用的高效种养模式。林（果）—草—禽（畜）高效种养模式合理配置林地（果园）与作物之间的时间差和空间差，充分利用果园的空间资源，种植优质耐阴的牧草，养殖草食养畜禽，或者在果树下，直接养鸡，畜禽粪便排入沼气池或者用生态菌处理，沼气用作生活能，沼肥或者菌肥返回果园，给林地（果园）或者牧草施肥，把种植与养殖、养殖与沼气或生态菌、沼气与种植等环节有机衔接起来，形成一个完整的生态系统，从而达到生态环境的良性循环。主要模式有杨树—牧草—鸡（鹅）模式、葡萄园（桃园）—牧草—鸡（鹅）模式、猕猴桃果园散养草鸡模式、甜柿—牧草—羊—沼—菌模式等。

主要配套技术包括林（果）间牧草新品种（系）引进与筛选技术、林（果）间适宜耐阴高产栽培技术、林（果）间养鸡的密度与管理技术、分区轮牧体系的构建技术、果树高效种植技术、林果草病虫害综合防治技术、畜禽粪便无害化处理与土壤培肥技术、农业生态环境保护技术。

八、观光生态农业模式及其技术

观光生态农业模式以生态农业为基础，以观光旅游和休闲度假为主要目的，将农业资源利用、开发和保护等多功能集于一体，建设具有特色的高科技生态农业园、生态农业公园、生态观光村和生态农庄等。综合考虑生态上的合理性、技术上的可行性、经济上的有效性，强化农业的观光、休闲、娱乐和教育等功能，形成具有第三产业特征的一种新的农业生产经营方式，走既有利于促进农业资源优势向生态旅游优势转变又有利于促进生态环境优势向经济发展优势转变的新路子。要把发展观光生态农业与美好乡村建设结合起来，乡村民宅设计

建设一要与自然生态环境相协调、有特色、有味道，再过几十年也不落后；二要与农村的生产生活相结合，做到舒适、美观、卫生、适用、隔热、保温、通风、节能，不浪费空间，不浪费土地，有条件的地方还要考虑发展生态庭院经济，兴办"农家乐""渔家乐"。

主要配套技术包括高产高效农业生产技术、农业生态环境资源高效开发利用技术、生态旅游工程设计和建设技术、无公害农产品生产技术、农业生态环境保护技术。

九、农机农艺融合模式及其技术

农机农艺融合模式是指在农业生产中，单项或者多项的生产技术集成配套，农机和农艺相互适应，高度融合。首先，农机的设计制作要适应农艺技术的要求，而农作物品种和种植模式也要方便农业机械作业。随着现代农业发展和农机化水平提升，农民对农机作业的需求越来越迫切，现代农业对农机应用的依赖越来越明显，农机农艺融合的重要性更加突出。深耕深松、秸秆还田、精量播种、联合收获等先进适用技术的大面积实施和推广，不仅提高了生产效率，还使种植技术得到大幅度提升。农业生产中的抢收抢种、抗旱排涝及大规模的病虫害防治，更是需要依靠农机作业来完成。

该模式的主要配套技术包括新型农机具产品研发设计和制造技术、优质高产多抗广适且有利于实现机械化生产的新品种选育推广、适应农机农艺融合的新型种植制度构建技术等。

第四节 农业产业结构调整的方向和途径

一、世界农业产业结构调整的方向与趋势

当前，世界各国农业产业结构的调整与发展出现以下趋势。

一是畜牧业的发展速度快于种植业，畜牧业在农业生产结构中的比重越来越大。在发达国家，畜牧业产值一般超过农牧业总产值的50%，有的国家甚至达到90%。

二是粮食作物与饲料作物并重。这是因为一些发达国家的食物结构中不断提高动物蛋白的比例，对畜产品需求量增大。目前在世界粮食总产量中，人吃的口粮占59%，饲料粮占41%，一些发达国家的饲料粮甚至占70%以上。在产品结构中，优质产品的比例日趋增大。

三是农产品消费升级对生产提出了更高的要求。随着人们生活水平的提高、生活节奏的加快，市场对优质、安全、享用方便的农产品有较高的需求。人们更多地考虑农产品是否安全、是否有益于健康，消费者对农产品质量安全的期待倒逼生产者（农民）必须下决心解决好农产品质量安全问题，纯天然"绿色食品"的需求将会增加。同时农产品应包含着更多的服务，发展净菜、小包装、半成品、速冻食品、方便食品，使消费者购买商品同时购买了劳务，适应现代快节奏生活。

二、中国农业产业结构调整的方向与途径

（一）加快农业生产结构调整

我国已进入工业化中期阶段，保证人民吃饱、吃好、吃得安全、吃得放心是最基本的民

生问题,因此要十分重视优质安全农产品生产,强化农产品质量安全监管,建立农产品质量安全的可追溯系统。在确保粮食总产量稳定增长,提高单产和改善品质的同时,积极发展林业、畜牧业和其他各业。粮食是天大的事,要确保我国谷物基本自给、口粮绝对安全,在此前提下,基本形成与市场需求相适应、与资源禀赋相匹配的现代农业生产结构和区域布局,提高农业综合效益。按照2016年4月农业部编制的《全国种植业结构调整规划(2016—2020年)》,稳定水稻和小麦生产,适当调减非优势区玉米种植。支持粮食主产区建设粮食生产核心区。经济作物的发展要提高质量,合理调整区域布局。"菜篮子"产品生产要推广优新品种,降低成本,提高效益,实现均衡供给。制定划定粮食生产功能区和大豆、棉花、油料、糖料等重要农产品生产保护区的指导意见。积极推进马铃薯主食开发。扩大粮改饲试点,加快建设现代饲草料产业体系,以农牧结合、农林结合、循环发展为导向,在种植业中逐步扩大饲料绿肥种植面积,促进粮食、经济作物、饲草料三元种植结构协调发展。调整优化农业种植养殖结构,加快发展绿色农业,加快现代畜牧业建设,畜牧业结构的发展要以稳生猪、兴奶业、促牛羊为主线,根据环境容量调整区域养殖布局,调优畜禽品种结构,突出草食型、节粮型畜禽业发展,抓好畜禽粪污处理和资源化利用,促进绿色、循环、低碳型养殖业发展。加强渔政渔港建设。加快发展水产养殖业,稳定近海捕捞,扩大远洋捕捞。加强农业标准体系建设,严格生产全过程管理。大力发展旱作农业、热作农业、优质特色杂粮、特色经济林、木本油料、竹藤花卉、林下经济。

(二)推进农村第一、二、三产业融合发展

目前我国大部分农民在种植和养殖领域进行生产,自产自销,农民的收入只是初级农产品的销售,没有专业的农产品保鲜、加工、运输的基础设施,农产品的生产范围小、链条短、效益差、竞争力弱。推进农村第一、二、三产业融合发展,以产业链延伸、产业范围拓展和产业功能转型为表征,通过农业与农村第二、三产业的融合渗透和交叉重组,有利于整合资源、集成要素、拓展和提升农业中高端市场,推进农业完善产业链、打造供应链、提升价值链,农业竞争力明显提高,农民收入持续增加,农村活力显著增强。农村第一、二、三产业融合发展方式主要包括推进新型城镇化、农业结构调整、延伸农业产业链、拓展农业多种功能、发展农业新型业态、产业集聚发展等内容,是拓宽农民增收渠道、构建现代农业产业体系的重要举措。通过农村第一、二、三产业的融合渗透和交叉重组,形成产业跨界融合、要素跨界流动和资源跨界集约配置,实现业态创新和商业模式创新,加快转变农业发展方式,推动具有中国特色的农业现代化发展。

(三)坚持农业可持续发展战略

牢固树立和深入贯彻落实创新、协调、绿色、开放、共享的发展理念,大力推进农业现代化。我国属于人多地少、资源约束的国家,要树立大食物观,面向整个国土资源,全方位、多途径开发食物资源,满足日益多元化的食物消费需求。正确处理好绿水青山和金山银山的关系,是实现可持续发展的内在要求,也是推进农业现代化建设的重大原则。与传统农业自然资源具备充足的承受能力和自我净化能力的状况相比,我国现代农业生态系统生态环境已相当脆弱,一旦对其造成灾难性的破坏,若想恢复如初就要付出沉重的经济代价。改革开放以来，我国农业农村经济取得巨大成就，但高速发展的同时，也面临农业资源开发过度、农业投入品使用过量、地下水超采及农业内外源污染相互叠加等带来的一系列问题。因此，农业发展要秉承可持续理念，处理好发展与保护的关系，加快资源节约型、环境友好型和生态保育型农业发展，切实转变农业发展方式，利用好山好水好空气，大力发展生态精品农业。倡导绿色农业生产方式和生活方式，倒逼结构转型，把从拼资源消耗、拼农资投入、拼生态环境的粗放经营，转到注重提高质量和效益的集约经营上来。增加科技投入，着力解决制约农业可持续发展的技术难题，并形成有利于促进农业可持续发展的运行机制，稳步推进全国农业可持续发展。

第九章　现代农业的可持续发展战略

第一节　农业可持续发展的理论与实践

人类社会的发展创造了灿烂的物质文明和精神文明。然而，这种发展犹如一把双刃剑，在向贫困和落后开战的同时，也刺伤了人类自己的家园——地球村，显现了这种发展所带来的破坏性。1962年美国生物学家蕾切尔·卡尔逊编写了《寂静的春天》一书，被认为是农业可持续发展思想的起源。农业可持续发展是可持续发展理论在农业领域内的体现，对其发展做出理论奠基贡献的则是美国农业科学家莱斯特·布朗，他于1981年指出："我们不是从前辈手中继承地球，而是向子孙后代预支地球"。1987年，以布伦特兰夫人为主席的世界环境与发展委员会（WCED）提交的著名报告《我们共同的未来》，正式提出了"可持续发展"战略；1991年联合国粮食及农业组织在荷兰召开会议，首次正式采用"可持续农业"概念。从此，农业可持续发展的理念及其思想很快得到世界各国的认同和接受。

一、可持续农业的理论研究

可持续农业是运用生态学原理和系统科学方法，把现代科学成果与传统农业技术精华相结合而建立起来的具有生态合理性、功能良性循环的一种农业可持续发展的技术和管理体系。它既是现代农业的发展目标，也是促进世界农业可持续发展的产业载体，是解决由农业生产所带来的全球性环境与资源问题的良好途径。世界上许多发达国家和地区已就可持续农业展开理论研究和实践活动，其经验和做法将为在全球范围内尤其是农业欠发达地区探索农业可持续发展提供借鉴。

（一）可持续农业的提出

1980年国际自然资源保护联合会、联合国环境规划署和世界自然基金组织共同发表《世界自然保护大纲》，提出可持续发展（sustainable development）的思想。关于"可持续发展"，目前最为经典的定义是1987年世界环境与发展委员会（WECD）在《我们共同的未来》报告中所提出的"既满足当代人的需要，又不对后代人满足需求的能力构成危害的发展"。这个定义考量了人类需求和资源环境之间的关系，兼顾同代和代与代之间的公平性，追求经济、自然和社会三方面的协调统一，充分体现了可持续发展的精髓。

随着可持续发展理论的提出与发展，20世纪80年代起"可持续农业"（sustainable agriculture）的概念应运而生，并逐步在全球得到积极响应。1991年，在荷兰召开的国际农业与环境会议上，联合国粮食及农业组织（FAO）把农业可持续发展定义为："采取某种使用和维护自然资源的方式，实行技术变革和体制改革，以确保当代人类及后代对农产品的需求得到满足，这种可持续的农业能永续利用土地、水和动植物的遗产资源，是一种环境永不退化、技术上应用恰当、经济上能维持下去、社会能够接受的农业。"1994年，中国颁布的《中国21世纪议程——中国21世纪的环境与发展白皮书》，对中国农业可持续发展的目标做了进一步阐释，即保持农业生产率稳定增长，提高食物生产和保障粮食安全，发展农村经济，增加农民收入，改变农村贫困落后状况，保护和改善农业生态环境，合理和永续地利用自然资源，以满足逐年增长的国民经济发展和人民生活的需要。另外，从农业资源来理解，就是要求将目前的农业资源开发与长期的资源保护结合起来，做到既能不断满足当代人和后代人对农产品的需要，又能维护良好农业生态环境，遵循农业资源所具有的有限人口承载能力的客观规律，使农业资源在时间上和空间上优化配置以达到农业资源的永续利用。

（二）发展可持续农业的必要性

目前，世界农业正处于现代工业化农业向现代生态农业转变阶段。第二次世界大战以来，特别是21世纪以来，农业进入以机械化、电气化、水利化和化学化为标志的现代工业化农业时期。发达国家率先采用机械、化肥、农药、农作物杂交技术等现代科技和现代工业技术武装农业，显著提高劳动生产率和土地生产率。现代工业化农业的出现创造了农业生产的奇迹，为解决全球粮食问题发挥了巨大作用。然而大量化肥、农药、除草剂和农业机械的应用，也对农业生态环境和资源利用带来了很多恶性影响。各种环境污染严重破坏了人类赖以生存的地球，导致了生态破坏、水土流失、土地退化、生物多样性减少等全球关注性环境问题。

农业发展必然以减少林地、草地、湿地面积为代价，如果生态用地被过度开垦、地下水被过度采用、农业面源污染不加以治理，那么农业生态环境将进一步恶化，农业也将因此无法持续发展。根据中国第一次全国污染普查公报显示，全国农业源的化学需氧量（COD）年排放量达到1320t，占全国排放总量的43.7%，农业源总氮、总磷分别为270万吨和28万吨，占全国排放总量的57.2%和67.4%（张桃林，2012）。可见，中国农业面源污染问题比较严重，迫切需要树立生态文明的发展观念，发展可持续农业，加大农业生态环境保护和治理工作。

现代工业化农业的发展加速了人口和环境、生态和资源、经济和社会的不平衡发展，不仅影响当代人的生存，也影响子孙后代的延续和发展。这就促使人们重新考虑农业、人口、资源、环境的关系，努力排除农业可持续发展的不利因素，探索未来农业发展的方向和策略。可持续农业将按照"整体、协调、循环、再生"的原则，将现代工业化农业与传统有机农业技术结合起来，对农业资源进行全面规划、综合开发，实现农业生态系统的能量多级利用和物质再生循环，促进农村生态环境与经济发展的良性循环，拓展农业的生产性、生态性和生活性功能，实现农村经济、生态和社会效益的统一，保障农业的可持续发展，是现代农业健康发展的必由之路。

二、可持续农业的实践经验

现代农业的发展并不仅是追求经济效益，还要建设良好的生态系统，实现人与自然的和谐发展。中国正面临来自人口、资源、生态环境的恶化等多重挑战，必须按照科学发展观的思想，坚持走农业可持续发展的道路；必须正确处理经济与人口、资源、环境的关系，达到经济、社会和生态三大效益的统一。因此，吸收借鉴国外可持续农业发展的经验，根据农业可持续发展的要求，形成适合中国国情的可持续农业发展模式显得尤为重要。

（一）美国的高效率持续农业

美国是当今世界上农业最发达的国家之一，农业生产水平相当高，农产品出口量世界第一，其劳动生产率很高，平均一个农民可以养活95个人。针对现代农业由于大量投入化学产品及能源，导致成本上升、水体污染、土壤侵蚀及对人类和牲畜健康造成威胁等现象，美国于20世纪80年代中期提出建设"低投入持续农业"。其内容主要包括：①利用种草养畜增加有机肥料，依靠种植豆科作物、轮作换茬来解决养分供应，减少化肥的施用量；②采取综合防治方法控制农田病虫草害，减少农药、除草剂使用；③进行品种改良及调整种植制度，以适应低投入技术要求。

但是，从1990年起，美国农业部为了更准确地反映可持续农业的实质，提出建设"高效率持续农业"，用以强调可持续农业并非泛泛地提倡低投入，而是要通过智力的高投入来适当减少生产资料的投入。与低投入有所不同，其目标是增加农产品的生产，扩大出口量，并依靠先进农业科技，在高产高效的同时，保持农业生态平衡，减轻环境污染。

（二）德国的综合型持续农业

德国在20世纪80年代中期以后，根据经济发展的需要和自然环境现状，制定了农业发展目标和战略，提出了综合型持续农业的模式。综合型持续农业明显地强调生态系统、土壤保护、水资源保护和农业经济各因素之间的相互作用和协调发展。为了促进综合农业的建设，德国专门成立了联合会，致力于农业的可持续发展的研究和推广应用。

德国农业人口占全国人口的5%，每个农民可养活64人，农业生产水平较高。从20世纪80年代中期以来，欧共体的食品生产过剩抑制了德国农业的发展，加上现代农业带来的环境污染问题，使德国开始向综合型持续农业方向发展。德国的综合型持续农业包括四大方面的内容：①强调生态平衡和农业生产系统的良性循环；②重点防止土壤肥力下降与土壤退化，加强对土地利用、水土流失及病虫防治的管理；③注意水资源的高效利用，严格控制水源的污染；④努力降低生产成本，提高农产品在市场上的竞争能力，并且重视生态环境发展与经济发展的关系，加强宏观调控，等等。

（三）日本的环保型可持续农业

环保型可持续农业是指在保持农业经济发展的同时注重环境保护，保持生态环境的良好状态。通过正确使用农药和化肥，使用秸秆及家畜粪便等有机物来改良土壤，达到维持和增强农业的自然循环机能的农业生产方式。

20世纪60年代以来，日本在农业领域大量采用以石油制品为原料的化肥和农药，推动了农业的迅速发展，结果大量消耗了资源。为了解决污染环境造成的社会公害，当农业可持续发展浪潮到来之时，日本推出了环保型的农业持续发展模式。一是降低农场外部如化肥、机械、农药等投入来保护环境，防止土地盐碱化，保持和逐步提高土地肥力；同时利用现代生物技术培育适于水地、盐碱地、荒漠和生态敏感区耕作的作物品种，扩大耕地面积，弥补耕地不足。二是以提高效率来保护环境。重视农业系统内部各部门的效率及其与资源系统关系的协调，强调种植业、渔业、林业和畜牧业的比例结构与区域农业自然资源及其组合特点的相吻合，以防止自然资源的浪费和自然生态结构的破坏。三是对农业资源特别是森林进行经济效益评价和测算，指出了森林在防止水土流失和动植物多样性及净化空气等方面的价值，以期保护绿色资源。农业经济、社会、生态"三效益"的统一，形成环保型农业，为农业的可持续发展创造一个良性的宏观环境。

从整个生产、生活和产品销售的过程来看，物质流、能量流、产品流完全处在一种良性生态循环之中。日本政府为推动环保型可持续农业建设，以环保型农户为载体，从政策、贷款、税收上给予支持，以提高环保型农户经济效益和社会地位。日本政府确定环保型农户的标准是拥有耕地 $0.3hm^2$ 以上，年收入50万日元以上。经农户申请，并附环保型农业生产实施方案，报农林水产县行政主管部门核实审查后，报农林水产省审定，对合格的确定为环保型农户，银行可以提供额度不等的无息贷款，贷款时间最长可达12年，在设施农业建设上，政府或协会支助50%的资金扶持，在税收上第一年可减免7%～30%，往后2～3年内还可酌情减免税收。

（四）印度的可持续农业

印度是亚洲农业大国，20世纪90年代以农为主的人口约占6.8亿，占总人口的60%，农产品有部分出口，但粮食基本上是低水平自给。从20世纪60年代开始的"绿色革命"使农业加快发展，粮食总产由50年代初的5000万吨增加到90年代初的1.7亿吨，达到了农业增产的效果，使印度的粮食严重短缺的局面得到明显的缓解。到80年代初，印度已基本实现粮食低水平自给。但大量的化肥和农药的投入带来的生态环境问题也日益严重，全国80%的居民得不到安全饮用水，水土流失、沙漠和干旱面积扩大趋势加剧。从20世纪70年代起，印度政府开始关注环境污染问题，20世纪80年代制定了有关法规并增加财政投入，致力于解决环境问题。在国家"六五"和"七五"计划（1980～1990年）中，正式提出农业资源与环境的保护和有序利用，并重点加强农村综合发展，建设可持续农业。1992年印度农村发展部提出了一份关于可持续农业现状的报告，其基本思路是：生态的、经济的、社会的和文化的相关要素，必须有机地同环境结合起来，从而开发出一种成本低廉、能源效率高和环境优良的农业经营管理体制。它既适合当地的特点，又能取得发展，并且还能持续不断。近年来，印度在发展可持续农业方面采取了多种具体措施，其主要内容包括：①研制和推广生物肥料，节约化肥施用，推广运用生物农药，减少化学农药；②成立农工商企业集团，加强对资源的有效开发及振兴农村经济。

（五）中国的现代生态农业

中国现代生态农业的概念是20世纪80年代初提出的，此后有大批学者及地方政府开始现代生态农业理论探索和生产实践，经过三十多年的发展，已形成较大的影响和声势。初步统计，到20世纪90年代中期我国已有不同类型、不同规模的生态农业试点1200多个，而且从1994年起，国家7个部委在全国开始了50个现代生态农业试点县的建设工作，使现代生态农业建设正式纳入政府行为。

我国现代生态农业的兴起与发展，一方面受当时国际替代农业思潮的影响；另一方面也与我国传统农业基础及农村经济发展需求密切相关。我国现代生态农业的基本特征是在充分利用传统农业精华技术的同时，充分发挥现代科技及物质投入的重要作用，把保护资源环境与提高生产力作为统一的发展目标，使生态效益、社会效益和经济效益达到有机统一，符合我国的国情，在实践中易于发展。

显然，中国的现代生态农业思想的产生受到可持续发展思潮的影响，而且在某种意义上也可以说，是总结发达国家现代工业化农业经验教训的产物。中国现代生态农业的主要实施内容：①强调现代科学技术与传统农业技术的结合；②劳动密集型与技术密集型相结合；③因地制宜构建多样化农业结构，提高系统生产力及效益；④农业资源的深度开发和综合利用；⑤强调整体结构的系统优化，发挥农业生态系统的总体功能等。因此，立足中国国情，既注重经济效益，又不忽视生态、社会效益，以"整体、协调、循环、再生"为指导思想，通过建立多种高效人工生态系统、农林牧副渔综合发展的中国的现代生态农业实践，不失为在可持续农业方面进行的先导性和形式独特的有益探索。

第二节 现代生态农业的模式和技术

现代生态农业是通过科学技术、管理科学和人文科学三轮齐驱的农业系统工程，是实现农村第一、二、三产业融合发展的新型农业。现代生态农业以先进的现代农业生产技术和生产模式为支撑，汲取传统农业与现代科学技术的双重精华，建立起各种半自然生态系统以重建与优化农业生态系统。其不断拓展现代农业的生态功能，积极发挥了人类农业生产活动对生态平衡的正面影响作用，带动了整个社会物质文明和人文环境的改善，为人与自然的和谐发展建立了新机制。

现代生态农业是中国农业的根本出路，建设现代生态农业是摆脱贫困的战略选择，是中国实施农业可持续发展战略的重要举措。现代生态农业不仅可以解决环境污染、治理土地荒漠化，还可以提高土地利用率、生产率，推进农业经济发展，促进农民增收，缩小城乡差距，实现城乡一体化。同时，发展现代生态农业，必须结合中国各地的实际，因地制宜采用现代生态农业发展模式及其配套技术，充分发挥地区资源优势，合理组织农业生产，解决环境与生产之间的矛盾，最终实现生态和经济两个系统良性循环和生态、经济和社会"三个效益"相统一。

一、现代生态农业的发展模式

生态农业模式是指按照生态学和经济学原理组织农业生态系统结构和组装配套技术以发挥系统功能达到可持续发展的生态农业系统格局。中国生态农业建设的主要内容：①强调现代科学技术与传统农业技术的结合；②劳动密集型与技术密集型相结合；③因地制宜构建多样化农业产业结构，提高系统生产力及效益；④农业资源的深度开发和综合利用；⑤强调整体结构的系统优化，发挥农业生态系统的总体功能等。

在生态农业建设的初始阶段，中国生态农业的发展模式较为简单。人们感到以沼气作为纽带，有很突出的生态、经济和社会效益，于是在模式中一般都有沼气工程这一环节。在现代生态农业进一步发展中，人们认识到模式应当是多样化的，它不但要因地制宜，而且要依发展的不同阶段而变换。现代生态农业理论的普遍指导意义及发展模式的多样性、灵活性和可变性,是现代生态农业的生命力所在。在推广现代生态农业时,不能把某种模式固定化、僵化,或不问条件地照搬。目前,按生态农业系统物质循环利用的方式分类,中国现代生态农业发展模式主要有如下几种。

(一)种养结合型

这是种植业、养殖业相结合的现代生态农业模式(图9-1)。根据种植作物和养殖动物的种类、营养级数,将这种类型可分为若干个细分模式:①禽—渔—作物循环模式;②畜—渔—作物循环模式;③禽—畜—渔—作物循环模式;④禽—畜—渔—食用菌循环模式;⑤禽—畜—渔—林(果、菜、饲料作物)循环模式,等等。

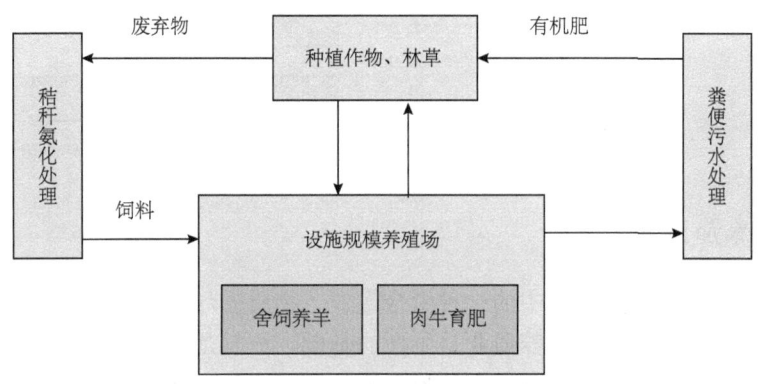

图9-1 种养结合型生态农业模式

(二)种养加结合型

这种类型将种植业或养殖业的产品再经过加工环节,使各种农业废弃物在整个生态农业系统中进一步循环利用,保证了资源的充分利用和经济效益的增加(图9-2)。

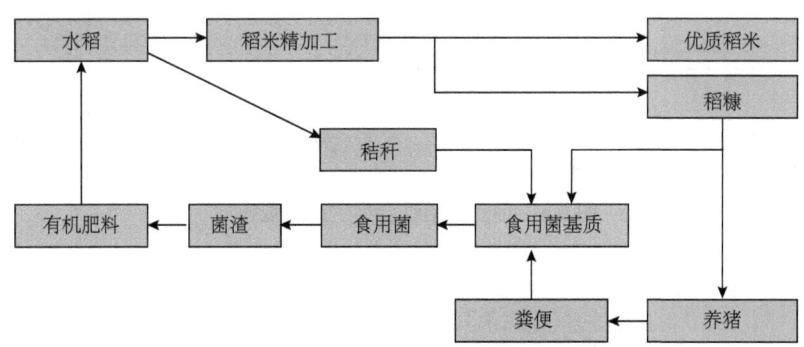

图9-2 种养加结合型生态农业模式

(三)种养沼结合型

在这种现代生态农业模式中,沼气起到一个枢纽的作用,把生态农业系统中的各个部分都有机地联系起来,实现农业废弃物的循环利用。畜牧生产中的禽畜粪便进入沼气池后,发酵产生沼气,用于农民生活,甚至用于发电;沼气底下的沼渣用于培养食用菌或作肥料使用;沼气池内的沼水可作为优质饵料,用于喂鱼,也可作为速效肥料用于农田。经发酵后的沼渣和沼水也能用于喂猪。由于沼气发酵要求较高的温度,因此这种类型普遍适用于热带、亚热带地区(图9-3)。

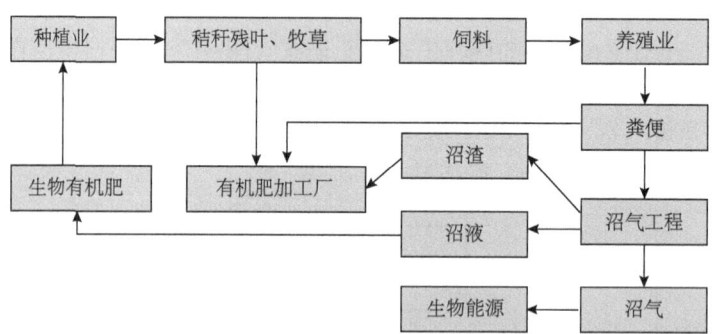

图9-3 种养沼结合型生态农业模式

(四)种养加沼结合型

这是中国现代生态农业系统中的一种组合最多、物质循环最复杂、功能最齐全的复合生态农业系统类型。其中种植业和养殖业是生产的基础,沼气是联系物质循环的枢纽,加工业是联系种植业和养殖业的桥梁及系统与外界联系的窗口。该生态农业系统中的各个部分都能充分发挥作用,使系统发挥出极大的效益(图9-4)。

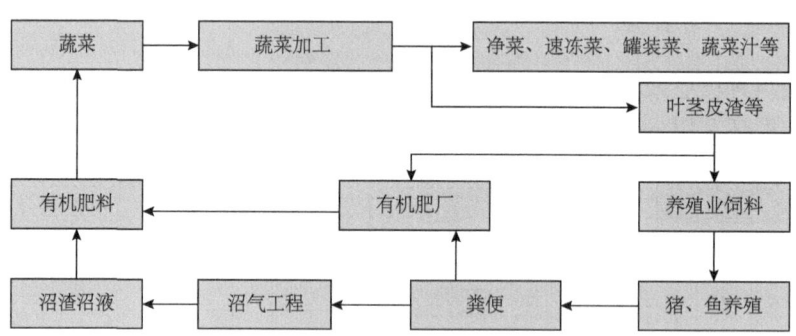

图9-4 种养加沼结合型生态农业模式

(五)休闲农庄型

这种现代生态农业模式就是对休闲农庄餐饮服务中的厨房废弃物进行粉碎发酵,产生的沼液和沼渣作为肥料用于果树、蔬菜等农作物生产,或施于农庄周边的园林植物进行景观美化,产生的沼气用于厨房燃料,实现休闲农庄内部的资源利用最大化、零排放和零污染(图9-5)。

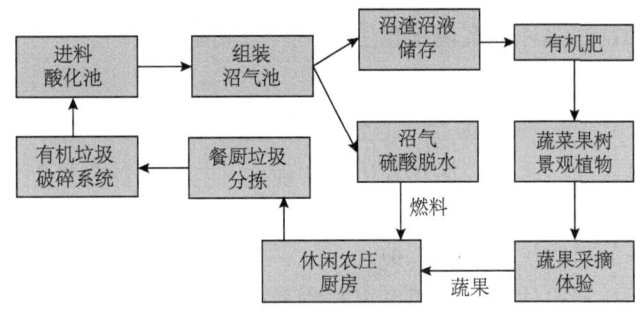

图 9-5 休闲农庄型生态农业模式

二、现代生态农业的技术体系

现代生态农业建设离不开正确的理论和先进的技术作为支撑。生态农业技术体系是指推动生态农业模式运行的、相互关联的多个技术的集成方案。生态农业技术体系区别于单个农业技术的最大特点是认识到农业生态系统各个组分是一个相互联系的整体，认识到一个部分的技术会影响到系统的另一部分的结构和功能，从而影响到系统另一部分最适用的技术。

未来要加强与生态农业相关的基础理论与关键技术（特别是传统农业技术与现代农业技术）的原始创新、二次创新和组合创新等方面的研究。在基础理论与关键技术方面，特别要加强生态农业模式的结构与功能、生物多样性（包括遗传多样性、物种多样性、生态系统与景观多样性）利用技术、不同技术之间的组装与整合及创新、不同层次模式之间的尺度转换、生态农业安全及其生态管理技术的研究。

现代生态农业主要应用生态工程技术及传统农作技术，对农业生态系统的不同层次进行设计与管理，并配合相应的配套技术；运用系统工程的最优化方法，设计分层多级利用资源的生产工艺系统。目前，在中国广泛开展的现代生态农业建设就是以农业生态工程建设为主体的，也就是说现代生态农业是农业生态工程的理论基础和建设方向，而农业生态工程是实现现代生态农业的技术手段。从国外农业生态工程技术及中国现代生态农业发展趋势看，现代生态农业的主要技术包括以下几个方面。

（一）立体种养技术

这是一种劳动密集型的技术，是浓缩中国传统农业精华的技术体系。它与现代新技术、新材料结合，从而得到更充分发挥。这种立体种养技术通过协调作物与作物之间、作物与动物之间及生物与环境之间的复杂关系，充分利用互补机制并最大限度地避免竞争，使各种作物、动物能适得其所，以提高资源利用效率及生产效率。这类模式在我国广大农区相当普遍，尤其是光、热、水资源条件较好、生产水平较高的地区更是类型多样，成为解决人多地少、增产增收的主要途径。例如，山东泰安郊区的"小麦／西瓜／夏玉米—菜豆"一年四熟模式，秋季播种小麦，麦收前一个月在行间套种西瓜，麦收前10天左右在西瓜两侧套种两行夏玉米，小麦收获后及时接茬播种菜豆，并在播种秋麦前收获。一般可亩产小麦350~400kg，西瓜1400kg，玉米400kg以上，菜豆500kg。又如，上海郊区的稻田养蛙立体种养模式，它是一种高效的农田污染综合防控技术模式，通过生物资源如动物、植物、微生物有效调控、利用，构建农业生态系统的良性循环,实现水稻生产的"三效益"统一。

（二）有机物质多级利用技术

通过有机物质多层次、多途径循环利用,实现生产与生态的良性循环,提高资源的利用效率,这是现代生态农业中最具代表性的技术手段。主要通过种植业、养殖业的动植物种群、食物链及生产加工链的组装优化加以实现。

生物物质的多层次利用技术可大幅度提高物质及能量的转化利用效率,如中国科学院在湖南进行的饲料喂鸡、鸡粪喂猪、猪粪制取沼气,沼渣种蘑菇、养鱼、养蚯蚓及作为肥料还田的综合多级利用试验,饲料经多级利用后能量利用率由一次利用的64.7%增加到90.5%,其中氮素利用率由45%提高到92.4%。归纳农业生态系统中物质多级利用技术主要方式有以下两类。

1. 畜禽粪便综合利用

这种现代生态农业技术已受到普遍重视,在美国、欧洲等许多国家和地区都利用干燥膨化鸡粪替代粗饲料及粗蛋白饲料,在我国一些地区也已采用。这是由于鸡的消化道短,饲料未被充分吸收利用就排出体外,鸡粪中有约70%的营养成分未被消化吸收,经过适当处理后可作为猪、鱼等动物的优质饲料。畜禽粪便另一种利用途径是作为商品有机肥加工原料,或用于沼气发酵,沼气可以作为能源利用,而沼渣沼液不仅可作为优质的有机肥料供作物利用,同时可作为食用菌培养料,猪、鱼饲料等。

2. 作物秸秆综合利用

农作物的秸秆产量是相当多的,能占到作物光合产物的60%左右,我国每年农作物秸秆产生约6.5亿吨,如何加以合理利用是相当关键的问题。目前的秸秆有相当一部分在田头就烧掉了,不仅污染大气,还把所含的粗蛋白、纤维素及大量微量元素等浪费掉了。因此,加强对秸秆的综合利用是现代生态农业一项重要的技术及任务。

秸秆综合利用主要有肥料化、饲料化、基料化等途径,目前除部分直接用作有机质补充农田外,还有一部分作饲料供牛、羊等草食动物食用。秸秆可通过氨化处理、微生物发酵及添加剂处理等,使营养价值和适口性大大提高,也可替代其他牲畜的饲料。秸秆还可作为食用菌（蘑菇等）的培养料、沼气原料,这些生产环节产生的菌渣或沼渣还可以还田作为肥料来利用。

（三）病虫草害生物防治技术

病虫草害是造成作物减产的重要原因,利用生物措施及生态技术有效控制病虫草危害的潜力很大。其优点在于无毒性残留,不污染环境,又可以保护生物多样性和生态系统自我调节机制。通常生物防治技术有以下几个方面。

1. 利用轮作、间混套作等种植方式控制病虫草害技术

轮作是利用不同作物茬口特性的不同来减轻土壤传播的病害、寄生性或伴生性虫害、草害等,其效果很好,甚至是农药所不能达到的。间混套作等是通过增加生物种群数目,控制病、虫、草害,如玉米与大豆间作造成的小环境,因透光通风好能减轻大小叶斑病、黏虫、玉米螟的危害,又能减轻大豆蚜虫发生。

2. 通过调整收获和播种时间防控病虫草害技术

各种病虫草都有其特定的生活周期,通过调整作物种植及收获时间,打乱害虫食性时间或错开季节,可有效地减少危害。此外,利用抗病虫品种也是一种经济有效的途径。

3. 利用动物、微生物治虫、除草技术

通过放养天敌(或食虫性动物)可有效控制虫害,如稻田养草食性鱼类除草、治虫,棉田放鸡食虫,利用七星瓢虫捕食蚜虫,以及利用真菌类的白僵菌防治蛴螬,细菌类的蛴螬乳剂防治天蛾、黏虫等。

4. 从生物有机体中提取的生物试剂替代农药防治病虫草害技术

利用自然界生物分泌物之间的相互作用,运用生物化学、生态学技术与方法开发新型生物农药控制病虫草害将会成为未来生物防治技术发展的新趋势。

(四)精准施肥和喷药技术

土壤、作物、养分间的关系十分复杂。精确施肥技术是将不同空间单元的产量数据与其他多层数据(土壤理化性质、病虫草害、气候等)的叠合分析为依据,以作物生长模型、作物营养专家系统为支持,以高产、优质、环保为目的的变量处方施肥技术。精确施肥是"3S"等信息技术、农业生物技术和机械工程技术的优化组合,按作物生长期可分为基肥精施和追肥精施,按施肥方式可分为耕施和撒施,按精施的时间性分为实时精施和时后精施等。

精准喷药技术是以"3S"技术为基础,智能化植保机械根据田间空间变异,对生产过程实施一整套精确定位、定量管理集成技术。通过田间数据采集(杂草检测识别系统)、图像数据处理、数据地图形成、数据文件拷贝,智能喷雾机在全球定位系统的支持下根据数据地图进行防治作业。精准喷药的核心在于获取农田小区域病虫草害信息,并根据其差异性采取变量施药技术,实现按需施药。精准喷药技术以显著提高农药利用率、极大减轻环境污染等为优势,必将得到大力发展与广泛应用。

(五)再生能源开发技术

以开发利用生物能(薪炭林、沼气)、生态能(太阳能、风能、水能)等新能源,替代部分化石能源是现代生态农业的重要新技术。

1. 沼气发酵技术

沼气发酵是通过微生物在厌氧条件下,把淀粉、蛋白质、脂肪、纤维等有机大分子降解为可溶性碳、氮小分子化合物,同时产出甲烷(CH_4)等可燃性气体的有机化学反应过程。从农业生态系统角度来看,将秸秆、粪尿、有机废弃物等通过沼气发酵产生可利用能源,还解决了环境污染问题,同时强化了农业生态系统的自净能力,实现无污染、零排放生产。

2. 太阳能利用技术

太阳能是恒定的、可再生的、清洁的能源,是实现农业生产过程的基本能源。目前所采用的常规技术包括地膜覆盖、塑料大棚、日光温室、智能温室、光伏温室等,它们都可有效

地增强太阳光能的吸收利用，解决作物生长过程中的热量需求及农业生产用能。

3. 风能和地热能利用技术

在一些海拔较高、风力强大的地区，风力能发电、照明、取暖，有相当的利用潜力。一些地区利用地热能开展的蔬菜、瓜果、高价值植物栽培，效益也非常显著。

（六）生物措施与工程措施配合的生态治理技术

水土流失是我国农业发展和环境变劣的重要原因。实施生物措施与工程措施结合的综合治理技术对改善环境和控制水土流失的效果显著，通过种草、种树，提高地表覆盖度，利用根系固定土壤、减缓径流、降低风速，配合修筑梯田、蓄水坝、等高种植等工程措施，是控制水土流失的有效手段。

对一些盐碱地、沙荒地等改造治理，也需要工程措施和生物措施相结合。例如，通过种植抗盐碱的牧草、向日葵等作物，结合开沟挖渠等工程措施，能有效控制和改良盐碱地，并逐步发展成为高产高效的优质农田。

第三节 生态文明视角下现代农业的可持续发展战略

在生态文明建设背景下，现代农业的可持续发展应当体现农业生态持续性、经济持续性和社会持续性的协调发展，能够在尽可能满足粮食需求的前提下，促进农业生产的经济效益持续稳定提高、农村生态环境持续改善、农民经济收入稳步增长和农村居民的物质与文化生活水平的不断提升，实现合理利用自然资源、发展农业生产力和保护生态环境三者之间的统一，实现人与自然的和谐发展、农村第一、二、三产业的融合发展。

一、生态文明视角下现代农业的主导功能

现代农业是由一个多元化产业形态组成的多功能农业产业体系。现代农业的多功能性主要体现在环境、社会、食物安全、经济、文化等方面。2007年，中央一号文件指出要开发农业的多种功能，首次明确界定了农业的六大功能：一是食品保障功能，二是原料供给，三是就业增收，四是生态保护，五是观光休闲，六是文化传承。现代农业的可持续发展，就要求现代农业的主导功能不仅是对经济功能的开发，也要求实现生产、生态、生活、文化等功能的共同开发和有机统一，建设全功能性的大农业。

（一）生产功能

农业的生产功能是指通过农业生产而获得丰富的农产品及其经济收益。现代农业的生产功能比传统农业的生产功能更加深化，现代农业不仅满足人们基本的消费需求，更主要的是通过市场交换不断扩大农产品市场，发展农业服务业，提升农业产业化和现代化水平，并根据市场需求的变化不断优化农业产业结构，在实现农业经济效益的同时实现农业的可持续发展。现代农业通过产业化经营，拓展了农业的主导功能，提高了农产品的附加值，增强了农业的综合实力，从而能够使农业的生产功能得到充分发挥。

(二) 生态功能

现代农业的生态功能是指作为具有自然再生产特征的产业部门，现代农业具有显著的土壤保持、水源涵养、气候调节、生物多样性维护等生态作用。近年来，环境问题日益突出，农业的生态功能就显得更为重要。农业本身就是自然再生产的部门，农业的种植、养殖等生产过程的本身就是对生态进行调节的过程。例如，生态循环农业，通过不同农作物对光、肥、水等能量和物质的不同需求，从而能在空间、时间和功能上多层次综合利用和循环利用，既能增加单位耕地面积的产出，又不会破坏农业生态环境，达到农业耕作和生态平衡的双重目的。

(三) 生活功能

生活功能体现在两个方面。一方面是农业为农村人口提供就业机会，农户通过农业生产劳动获得相应的生活资料；同时，通过农业功能拓展、农业产业延伸，还创造出更多的就业岗位，为相关部门创造就业机会。另一方面是农业为人们提供了休闲、旅游、体验等活动场所，休闲农业是农业产业化发展的一种形式，拓宽了农业的功能定位。城市居民不再拘泥于固定的消费和休闲形式，而是更多地倾向于更加生态、更加自然的消费和休闲方式。中国广大农村的自然风光、农耕文化、民风民俗等，都是吸引城市居民释放各种压力、休闲和体验的主要因素。

(四) 文化功能

现代农业还承担着文化传承的作用，农村文化是农业耕作的产物，目前中国农村文化保存较为完整，如方言、民俗、民风、民族工艺品、民间舞蹈等，这些都是农村民俗文化的表现形式，并具有强烈的地域色彩。随着社会的发展，由于农村文化的传承性、流变性等特性及农村文化对城市居民的吸引力，农村文化产业的类型在不断丰富与创新。今后，在建设现代农业的同时，注重农村文化产业的发展，可以重点发展以下农村文化产业：乡村旅游文化、农村建筑文化、民俗节庆文化、农村艺术文化、农村饮食文化等五大类型。

二、生态文明视角下现代农业可持续发展的理念

在全球视野下，当前人口、资源与环境问题已成为影响世界经济和社会可持续发展的主要障碍。以牺牲自然环境和生态系统安全为代价的工业化农业生产虽然带来了农业的腾飞，却也引发了严重的环境问题和生态危机。统筹兼顾自然资源与生态环境的有序利用与保护，谋求农业生产与人口、资源、环境、经济、社会发展相协调的可持续发展模式，在人与自然和谐相处中实现农业生产与社会发展的生态文明，成为未来农业发展的必然选择。

农业是国民经济的基础，也是与自然结合最为紧密的生态产业，农业发展对于生态文明建设的影响十分深远，是生态文明建设的重要领域。生态文明建设理念对于农业的可持续发展具有重要的指导意义，有利于处理好农业发展与生态保护之间的关系，使得农业走上科学的发展道路。实现农业可持续发展的最终突破点在于以生态文明理念及其精神引导农业生产过程中人与自然、人与环境的关系，使得农业生产在保证生产足量的同时，实现资源环境可

持续性、经济可持续性和社会可持续性。

（一）树立大农业的发展观念

大农业中的农、林、牧、副、渔等行业及其现代生态农业产业需要相互协调，否则会导致农业资源闲置或利用不充分，农业供给结构失衡，整体竞争力减弱。在当前产业升级、消费升级、品牌升级的大背景下，要统筹考虑整个国土资源，准确把握农产品发展方向和需求动态，针对不同区域的资源禀赋，在控制总量、提高质量及保持种植业、畜牧业和渔业的供给平衡的原则下，推进农业供给侧改革，不断优化产品结构、生产结构和生产力布局，推动农村第一、二、三产业融合发展。走经营规模化、生产标准化、营销品牌化的现代农业发展道路。进一步开发和利用大农业新资源，发展现代生态农业，以适应人口增长和社会经济发展的需要。现代农业的可持续发展必须树立大农业的发展观念，重视产业结构的调整，坚持有所为有所不为。优化资源配置，提高有限资源利用的社会价值、经济价值、生态价值，大幅度减少造成农业面源污染的生产项目，加强生态保护、美化生活环境。

（二）确立"高科技农业"的战略定位

当前，新一轮科技革命正以前所未有的速度孕育兴起，互联网、大数据、云计算、智能制造、自动控制、机器人、基因技术等新的科技发明创造，正在加速渗透各行各业，不断改变原有的生产方式和生活方式，并创造许多新的产业形态，改变了生产力的生成法则，促进了产业之间的深度融合。现代农业的可持续发展，必须紧紧抓住新一轮科技革命契机，以创新驱动为核心，提高现代农业的科技含量，依靠技术进步获得竞争优势，以智能化、精准化手段改变生产方式，以大数据、云计算、物联网实施管理控制，以定制化、网络化再造物流营销体系。在资源约束的情况下，利用科技创新积极引领现代农业的发展，提高资源的利用率，特别是在农药研制、肥料生产、污染修复技术上实现突破。同时，加强农业经营主体与科研院校的合作，组建技术服务后备队伍等。现代农业可持续发展一定要定位于高科技应用与技术创新，这也是中国现代生态农业的历史担当。

（三）建立"绿色发展"的目标导向

现代农业的可持续发展，必须强化绿色发展的目标导向。随着生态文明意识的增强和消费能力的提高，人们对农产品的品位、质量、安全的要求越来越高。农业绿色发展融入了保护环境、崇尚自然、促进人类社会可持续发展的理念。现代农业要以技术创新为支撑，以绿色产能的增长接替边际产能的退出，对于剔除国家农业补贴后生产成本仍然高于市场均衡价格的不可持续的农业产能，需要逐步退出经营范围。农业绿色转型的实质是用绿色发展理念转变传统追求高产量的思维，用绿色生态技术改造传统农业生产技术，提升农业全产业链的绿色安全度。以绿色发展引领农业可持续发展，有利于保护农业生态环境，在城乡一体化进程中，美化优化人居环境，促进人与自然的和谐发展。坚持农业绿色发展方向，需要改变发展农业的惯性思维，在新型城镇化建设的规划中，合理安排现代农业布局，在已经基本城市化的区域内，也可以镶嵌发展现代生态农业，成为城市的湿地和绿肺，展现城乡一体的亮丽风景。

（四）构建现代生态农业的产业体系

现代生态农业的发展需要宏观大环境的整体改善，需要与其他产业的协调发展。要在全国范围内全方位开展现代生态农业产业建设，必须加强生态循环农业、生态旅游与休闲农业及其他生态服务业的建设，提倡清洁生产，控制环境污染，生产绿色产品，发展循环经济，建立节约型社会；加强生态农村、生态城镇和生态社区的建设；提倡清洁消费和持续性消费。同时，大力拓展农业生态涵养、文化传承、养生修性、休闲旅游等多种功能。满足城市居民对农业的多功能性、多样化和高品位的消费需求，加快走"农旅结合、农网结合、农文结合"的路子，把农村旅游、美丽乡村、田园综合体与农业园区的生态化、休闲化结合起来，努力把农产品变成旅游品，把农院变公园、农景变风景，使多功能农业、多业态农业成为现代生态农业的支柱产业，使农业转型与乡村旅游发展、民宿经济发展形成互促共进的新态势。要将农业与大健康产业结合起来，打造以促进人民的健康生活为宗旨的健康农业。通过全方位发展多功能农业，构建现代生态农业的产业体系。

三、生态文明视角下现代农业可持续发展的路径

我们必须转变发展理念，在生态文明视角下，思考现代农业可持续发展的路径。现代农业的主导功能与农业的可持续发展有很强的相关性，现代农业主导功能的实现有赖于农业可持续发展的技术体系和政策体系支撑，而农业的可持续发展的最终目标是实现农业的生产、生态、生活、文化等多功能协调发展。同时，农业具有较强的公益性，必须依靠政府的强力支持才能实现现代农业主导功能的拓展及其可持续发展。

现代农业可持续发展是当今世界性潮流，方向正确，内涵丰富。各国要根据自己的资源特点和农业发展水平，确定本国农业持续发展的道路。中国在农业现代化进程中同样面临着很多问题，如人多地少、人均资源相对短缺、水土流失、工业污染、环境破坏、土壤肥力下降等，有必要在现代农业中引入保护环境、优化资源、重视效益和食品安全等先进思想和措施。

（一）用生态文明理念引领现代农业的可持续发展

生态文明的理念就是要求我们在进行农业生产保量的同时，保护生态环境，转变农业生产方式、经营方式和组织方式。解决农业集约化、规模化带来的环境问题，提高农业管理效率、资源利用效率，"既要粮食满仓，又要绿水青山"，以牺牲环境为代价，片面追求 GDP 增长的做法是得不偿失的。因此，首先要加强生态文明理念的转变，加强教育与宣传，调动民众参与的积极性。

生态文明从一种理念逐步上升成为国家层面的制度设计和政策依据，它是一种新型的文明形态，包含政治、文化、经济、生态等各个方面，是一种综合性、整体性的文明。生态文明建设的目标中就提到"资源节约型、环境友好型社会建设取得重大进展""形成节约资源和保护环境的空间格局、产业结构、生产方式、生活方式"。可以看出，农业可持续发展与生态文明建设目标与原则是相吻合的，现代农业的可持续发展是实现生态文明建设的重要举措。

（二）强化政府对现代农业的政策支持和保护

生态文明视角下现代农业可持续发展的推进，在一定程度上还依托于政府对现代农业的政策支持和保护。首先，政府要强化现代农业的制度建设，完善有利于现代农业可持续发展的政策和法律体系，推动农村金融市场化改革，加强农业基础设施建设和农业环境管理，为现代农业可持续发展提供良好的政策环境。其次，政府要加大现代农业的投入力度，优化农业补偿机制。各级政府应高度重视，完善农业生产激励机制，提高进行农业生产的积极性和主动性，引导发展现代生态农业模式，建立基于土地承载力的退出和准入机制，确保现代农业的可持续发展。再次，政府及民众要改变对农业的社会地位及重要性的认识。农业是国民经济的基础，农业的发展为国民经济的繁荣发展奠定了最起码也是最必需的物质基础，离开了农业的发展，任何形式的经济繁荣都是假象，也很难实现对国民经济的可持续发展。政府必须给予现代农业政策支持和保护，使现代农业的多元功能充分发挥出来。只有在政府强有力的政策支持和保护下，现代农业的功能才会向多元功能拓展，现代农业的结构才能趋于优化合理，才能实现现代农业的可持续发展。

（三）拓展现代农业的非经济功能

现代农业的非经济功能包含的范围广阔，包括生态调节、扩大就业、休闲体验、传承文明等。这些非经济功能不但能够创造广泛的社会价值，也为现代农业的可持续发展创造经济价值，经济价值是社会价值的基础，社会价值为提升现代农业的地位和创造更大的经济价值提供支持，社会价值和经济价值二者互为促进，相得益彰。因此，要实现现代农业的可持续发展，还应该强调对农业非经济功能的拓展，不仅有效利用现有的非经济功能，还要积极推进农村第一、二、三产业的融合发展，不断发掘现代农业的新功能，共同促进现代农业的可持续发展，并以现代农业的可持续发展为国民经济的可持续发展夯实基础。为实现现代农业的非经济功能的拓展，政府要从多方面、多层次、多维度对现代农业进行补贴，专门为农业制定各种优惠政策，加快形成高效的、多样化的现代农业财政资源分配机制，引导更多的社会资金投入农业领域和农村地区，加强农业的技术创新能力和市场拓展能力，使现代农业能够真正产生经济、生态和社会等综合效益，充分发挥现代农业的生产、生态、生活和文化功能。

（四）推动农业供给侧结构性改革

中国现代农业发展面临着国际国内农产品价格倒挂、农业生产受"两板挤压"（即农产品生产成本"地板"不断提升和农产品价格"天花板"下移的挤压，农业生产利润微薄）、"双灯限行"（资源环境的"红灯"和世界贸易组织设置的农业补贴政策的"黄灯"）、农业的生态环境系统难以承受粗放的生产方式、农业生产的组织化和市场化程度较低等挑战，这些挑战都需要通过农业供给侧结构性改革来解决。农业供给侧结构性改革，就是用改革的办法推进农业结构调整，有效改善农业生产条件、提高农业生产技术和经营管理环境、优化农业资源配置及与之相适应的制度安排，扩大农业供给的有效性，提高供给结构对市场需求的适应性和匹配性，进而通过农业供给结构的合理化和高度化，提高农业供给体系的质量和效益，真正有效解决农业生产的结构性矛盾，实现创新、协调、绿色、开放、共享的发展理念。推进农业供给侧结构性改革，对于保障粮食安全、提高农业综合效益、促进农民增收、实现农业绿色发展具有重要意义。

（五）推广现代生态农业模式和技术

现代农业可持续发展思想涵盖农村社会、农业经济和生态环境三大领域。中国现代生态农业发展的核心，是以当代科学技术进步为基础，以持续增长的生产率、持续提高与保持土壤肥力、持续协调农村生态环境及持续利用与保护自然资源为目标，以高产、优质、高效和社会共同富裕为宗旨，采用传统精细农艺与现代科技相结合，用现代工艺来武装，以现代经营方式来管理，走农业集约化持续发展的道路。中国政府以发展"高产、优质、高效、生态、安全"现代农业为目标，也强调了农业生产的经济、社会和生态效益的高度统一。

在中国发展现代生态农业，不但有利于改变城乡二元经济结构，缓解城市就业矛盾，改善生态环境，也将为城镇居民的食物在数量和质量上做出保证，为实现中国农业供给侧结构性改革做出保障。因此，积极开展现代生态农业模式及其技术的示范和推广，促进现代农业的可持续发展，对于实现农业现代化、农村城镇化、城乡一体化的战略目标具有重大的理论和现实意义。

（六）降低农业面源污染，提升农产品的品质

农产品品质是农业持续健康发展的生命线，降低农业面源污染，提升农产品品质需要政府在政策层面上予以引导和支持。一是要制定完善农业生产标准体系及配套政策，加快探索和制定农作物种植、家畜养殖等农业生产的技术标准与生产规范，并通过资金补贴、政策倾斜等措施引导经营主体执行统一的标准体系，对不按标准组织生产的经营主体予以惩罚，进一步扩大农业标准化生产的覆盖范围。二是针对现代生态农业制定完善相关支持政策，如对生物有机肥、生物农药的生产企业给予减免税，对发展现代生态农业的生产经营者给予资金补贴，提高农业生产者生产绿色农产品或有机农产品的积极性，促进农产品质量的提高。三是提高资源转化率和利用率。"只有放错位置的资源，没有不可利用的垃圾"，对于作物秸秆、畜禽粪便等农业废弃物，可以通过秸秆还田、发展沼气、生产有机肥、生物质发电等途径变废为宝，实现资源的循环利用。不断减少化肥、化学农药的使用，采取生物防治，大力推广应用农家肥和生物有机肥，不仅减少农业面源污染还可有效控制病虫草害，使得农作物生产保质保量，促进农业增效和农民增收。

（七）深化农地制度改革，培育新型经营主体

深化农地制度改革就是要明晰集体土地所有权，长期稳定农户土地承包权和搞活土地经营使用权，实现"三权分离"的要求，让市场在农地配置中起决定性作用，促进适度规模经营主体的成长。要进一步深化集体非农建设用地进入市场的改革和宅基地使用制度的改革，全面完成农村集体经济股份合作制改革，使农民社员成为有产权的股东，进一步促进农民分工分业和到城镇创业就业，并提升集体经济的实力，努力为现代农业的可持续发展提供更多的基础性服务。

培育新型经营主体就是尽快改变农业劳动力老龄化、农业新主体小散化的现状，通过搞活农业土地流转，大力培育家庭农场、农业企业等新型农业经营主体。同时，规范发展农业专业合作社等新型服务主体。要大力引导和支持大中专毕业生、城市文化人、工商企业家、互联网业主和各类社会人士来参与农业投资建设，让他们带着新知识、新理念、新资本和新需求来发展现代农业。

参 考 文 献

阿尔文·托夫勒. 2006. 第三次浪潮. 黄明坚译. 北京: 中信出版社.
白金明. 2008. 我国循环农业理论与发展模式研究. 北京: 中国农业科学院博士学位论文.
白蕴芳, 陈安存. 2010. 中国农业可持续发展的现实路径. 中国人口·资源与环境, 20(3): 117-122.
包仁艳, 蒋金洁. 2012. 文化创意产业与农业的融合发展. 科技智囊, (7): 62-75.
保继刚. 2002. 发展中国家旅游规划与管理. 北京: 中国旅游出版社.
蔡立根. 2014. 浅谈农村生态文明建设. 绿色科技, (05): 221-222.
曹承忠, 孙素芬, 罗长寿. 2008. 我国现代农业发展研究. 安徽农业科学, 36(2): 788-790.
曹林奎, 高峰. 2005. 中国现代农业的基本特征. 中国农学通报, 21(7): 115-118, 137.
曹林奎. 2011. 农业生态学原理. 上海: 上海交通大学出版社.
曹卫星. 2004. 农业信息学. 北京: 中国农业出版社.
曹新. 2002. 论制度文明与生态文明. 社会科学辑刊, (2): 56-60.
曹幸穗. 2006. 犁与中国文化. 民间文化论坛, 05: 105-106.
柴艳萍. 2004. 古代农业文明兴衰的启示——生态环境呼唤科学发展观. 道德与文明, 04: 55-58.
陈安宁. 2001. 资源可持续利用: 一种资源利用伦理原则. 自然资源学报, 1: 65-70.
陈晨. 2009. 新农村建设过程中的乡村旅游模式研究——以陕西乡村旅游为例. 兰州: 兰州大学硕士学位论文.
陈红武, 邹志荣. 2014. 休闲农业概论. 北京: 科学出版社.
陈启明. 2009. 生态文明视野下的农村环境问题探析. 农村经济, 9: 12-15.
陈善鹤. 2014. 美丽乡村建设实践模式探索——以浙江省瑞安市为例. 上海: 华东理工大学硕士学位论文.
陈锡文. 2015. 中国农业发展形势及面临的挑战. 农村经济, (1): 4-6.
陈昭郎. 2009. 休闲农业概论. 新北市: 全华图书, 2912: 1-74.
程怀儒. 2003. 传统农业向现代农业转变是中国农业的根本出路. 农村经济, (9): 51-53.
池田大作, 奥锐里殴·贝恰. 1988. 二十一世纪的警钟. 北京: 中国国际广播出版社.
戴圣鹏. 2008. 农村生态文明建设的实践模式探索. 南京林业大学学报(人文社会科学版), (3): 183-186.
邓启明. 2007. 基于循环经济的浙江现代农业研究: 高效生态农业的机理、模式选择与政府管理. 杭州: 浙江大学博士学位论文.
邓启明, 黄祖辉, 胡建锋. 2009. 以色列农业现代化的历程、成效及启示. 社会科学战线, 7: 74-78.
丁文喜. 2010. 现代农业与可持续发展的生态农业. 中国农学通报, 26(15): 328-331.
丁文喜, 李伟征. 2009. 现代农业知识. 北京: 中国言实出版社.
董彩荣. 2005. 中国传统"天人合一"自然生态观及其现代价值. 南京: 南京师范大学硕士学位论文.
杜朝晖. 2006. 法国农业现代化的经验与启示. 宏观经济管理, (5): 71-74.
杜青林. 2003. 中国农业和农村经济战略性调整. 北京: 中国农业出版社.
段景春. 2008. 我国乡村生态旅游发展中的问题与对策研究. 安徽农业科学, (10): 4216-4230.
范水生. 2011. 休闲农业理论与实践. 北京: 中国农业出版社.
冯海发. 2002. 荷兰农业产业化经营的基本模式. 世界农业, 3: 29-31.
冯天瑜. 1990. 中国古代农业文明诸特征. 江汉论坛, 02: 60-64.
傅晓华. 2005. 论可持续发展系统的演化——从原始文明到生态文明的系统学思考. 系统辩证学学报, 13(3): 96-99, 104.

干春晖, 郑若谷, 余典范. 2011. 中国产业结构变迁对经济增长和波动的影响. 经济研究, (5): 4-16.
高更和, 李小建. 2005. 产业结构变动对区域经济增长贡献的演变研究. 地理与地理信息科学, 21(5): 60-63.
高桂花. 2006. 国外乡村旅游特点及动态研究// 中国生态旅游发展论坛.
葛威. 2014. 福建省休闲农业的发展模式及策略研究. 福州: 福建农林大学硕士学位论文.
耿宝江. 2015. 休闲农业开发与管理. 成都: 西南财经大学出版社.
耿品富, 梅素娟, 肖兴跃, 等. 2012. 乌当区休闲农业与乡村旅游管理经营模式探索. 贵州农业科学, 40(5): 205-209.
谷树忠, 胡咏君, 周洪. 2013. 生态文明建设的科学内涵与基本路径. 资源科学. 35(1): 2-13.
顾海英, 周小伟. 2001. 现代都市农业可持续发展的意义及内涵. 农业现代化研究, 22(1): 20-23.
顾晓君. 2007. 都市农业多功能发展研究. 北京: 中国农业科学院博士学位论文.
郭焕成. 2008. 休闲农业与乡村旅游发展. 贵州师范大学学报, (8): 26-239.
郭焕成, 郑建雄, 吕明伟. 2010. 乡村旅游理论研究与案例实践. 北京: 中国建筑工业出版社.
郭静利, 郭燕枝. 2011. 我国生态文明建设现状、成效和未来展望. 农业展望, 11: 34-38.
郭镭, 张华. 2003. 生态文明及其发展对策研究. 贵州环保科技, (1): 44-48.
海笑. 2015. 南京竹镇六合园创意农业休闲旅游开发研究. 成都: 成都理工大学硕士学位论文.
韩长赋. 2016. 推进农业供给侧改革 重点抓三件事: 玉米, 大豆, 牛奶. 中国乳业, (3): 3-4.
郝际陶, 陈锡文. 2007. 略论古代希腊农业经济与历法. 世界历史, 01: 106-112.
何勇. 2003. 精细农业与3S技术. 杭州: 浙江大学出版社.
何勇, 刘飞, 聂鹏程. 2012. 数字农业与农业物联网技术. 现代农机, 01: 8-10.
何勇, 聂鹏程, 刘飞. 2013. 农业物联网与传感仪器研究进展. 农业机械学报, 10: 216-226.
何勇, 赵春江, 吴迪, 等. 2010. 作物-环境信息的快速获取技术与传感仪器. 中国科学: 信息科学, S1: 1-20.
洪绂曾. 1997. 农业结构调整与农业产业化. 北京: 中国农业科技出版社.
侯全亮. 2009. 生态文明与河流伦理. 郑州: 黄河水利出版社.
胡泽学. 2010. 世界农业文化遗产保护学术研讨会综述. 古今农业, 03: 99-106.
胡泽学, 李琦珂. 2015. 关于中华农耕文化现实价值的思考. 古今农业, (2): 98-108.
黄国勤. 2001. 我国水资源面临的问题与对策. 中国生态农业学报, 9(4): 123-125.
黄国勤. 2007. 农业可持续发展导论. 北京: 中国农业出版社.
黄国勤. 2008. 建设生态文明的重大意义及战略对策. 中国科学技术协会、河南省人民政府. 第十届中国科协年会论文集(二).
黄国勤. 2009. 生态文明建设的实践与探索. 北京: 中国环境科学出版社.
黄海辉. 2011. 发达国家和地区乡村旅游的发展模式探析. 黑龙江对外经贸, 204: 112-114.
黄茂兴, 王荧. 2011. 新中国成立以来产业结构演变对经济增长的贡献研究. 经济研究参考, (63): 2-13.
黄群慧. 2013. 中国的工业化进程: 阶段、特征与前景. 经济管理, 27(7): 5-11.
黄帅, 王清刚. 2012. 湖北省产业结构影响因素的实证分析. 统计与决策, 364(16): 108-112.
黄云峰. 2015. 农村生态文明建设问题研究. 上海农村经济, 11: 34-37.
黄正泉. 2012. 农村生态文明建设的目标与路径. 湖南农业大学学报(社会科学版), (5): 6-10.
纪永茂, 陈永贵. 2007. 专业大户应该成为建设现代农业的主力军. 中国农村经济, (S1): 71-73.
贾乐芳. 2008. 现代农业与生态文明. 社会主义新农村建设, 12: 139-142.
江小国, 洪功翔. 2016. 农业供给侧改革: 背景、路径与国际经验. 现代经济探讨, (10): 35-39.
姜玉辉. 2014. 乡村旅游发展模式研究——以长沙市乡村旅游发展为例. 广州: 广东海洋大学硕士学位论文.
姜长云, 杜志雄. 2017. 关于推进农业供给侧结构性改革的思考. 南京农业大学学报(社会科学版), 17(1): 1-10.
蒋浩永. 2009. 猪—沼—稻生态种养技术. 农技服务, 26(6): 100-101.
金花, 王丽华. 2003. 旅游规划学. 大连: 东北财经大学出版社.

靳双珍, 刘国顺, 闫新甫, 等. 2010. 我国发展精准农业的必要性与应用前景. 浙江农业科学, 02: 414-416.
孔祥智. 2016. 农业供给侧结构性改革的基本内涵与政策建议. 改革, (2): 104-108.
雷丹. 2008. 浅论生态文明的基本内涵和特征. 商业文化(学术版), (12): 125.
李道亮. 2012. 农业物联网导论. 北京: 科学出版社.
李冬梅. 2013. 对生态文明及其建设特征的再解读. 长白学刊, (5): 55-56.
李红梅. 2011. 社会主义新农村生态文明建设研究. 武汉: 武汉大学博士学位论文.
李景彬, 陈兵旗, 刘阳. 2014. 棉花铺膜播种机导航路线图像检测方法. 农业机械学报, 01: 40-45.
李景源, 杨通进, 余涌. 2004-4-30. 论生态文明. 光明日报 A1 版.
李军华. 2004. 山东省潍坊市农业产业化发展研究. 北京: 中国农业大学硕士学位论文.
李渌. 2009. 乡村旅游实现可持续发展的伦理探讨. 中国商贸, (11): 134-136.
李荣生. 2002. 资源环境约束下的西北农业结构调整与产业化发展对策. 自然资源学报, 17(5): 737-743.
李文华, 成升魁, 梅旭荣, 等. 2016. 中国农业资源与环境可持续发展战略研究. 中国工程科学, 18(1): 56-64.
李小兵. 2012. GPS 自动导航驾驶系统在田间机械作业上的推广应用. 农业机械, 26: 121-122.
李校利. 2008. 建设社会主义生态文明基本问题探讨. 西安欧亚学院学报, 6(3): 36-41.
李彦玲. 2010. 诸城市农业产业化龙头企业发展研究. 青岛: 中国海洋大学硕士学位论文.
李莺莉, 王灿. 2015. 新型城镇化下我国乡村旅游的生态化转型探讨. 农业经济问题, (6): 29-34.
李应振. 2006. 从农业文明到生态文明: 走向人与自然的和谐发展. 阜阳师范学院学报(社会科学版), 02: 71-73.
李勇强. 2012. 先秦两汉时期中国生态智慧略论. 北京: 国际儒学论坛 2012.
廖才茂. 2004. 论生态文明的基本特征. 当代财经, (9): 10-14.
林柏利, 刘晓霞. 2016. 我国农村生态文明建设问题研究. 青春岁月, 9: 238-239.
林存友. 2008. 资源环境约束与中国经济增长方式转变. 生态经济, (11): 100-106.
林建涵. 2004. 激光控制平地系统接收和控制装置的研究与开发. 北京: 中国农业大学硕士学位论文.
林娜. 2008. 分时度假立法研究——从购买者权利保护出发. 厦门: 厦门大学硕士学位论文.
刘婵娟, 蒋建平. 1992. 战后日本农业现代化建设的基本做法及问题. 世界农业, 09: 10-11.
刘春. 2014. 东北地区生态农业发展研究. 长春: 吉林大学.
刘江. 2001. 中国可持续发展战略研究. 北京: 中国农业出版社.
刘俊伟. 1998. 马克思主义生态文明理论初探. 中国特色社会主义研究, (6): 55-58.
刘丽红. 2013. 浅谈生态文明建设的制度确立. 企业经济, (4): 155-158.
刘丽君, 郭宏杰. 2008. 我国乡村旅游开发模式研究. 安徽农业科学, 36(16): 6907-6908.
刘龙. 2004. 生态农业——我国农业发展的必然选择. 甘肃农业, 2: 17-18.
刘年艳. 2016. 我国乡村旅游发展未来展望. 中国农垦, 07: 47-50.
刘倩. 2011. 循环农业发展研究. 保定: 河北农业大学博士学位论文.
刘薇. 2013. 生态文明建设的基本理论及国内外研究现状述评. 生态经济(学术版), (2): 34-37, 51.
刘晓红. 2013. 生态文明新阐释: 概念、内涵及特征. 苏州党校, (2): 15-17.
刘秀丽. 2014. 以生态文明的理念发展乡村旅游. 经济生活, (17): 30-31.
刘秀莲. 2012. 中国产业结构调整的难度及政策选择. 经济研究参考, (42): 5-12.
刘巽浩. 2007. 农业概论. 北京: 高等教育出版社.
刘娅. 2016. 生态文明下——现代农业发展新机遇. 农业与技术, (36)22: 140-141.
柳平增, 孟祥伟, 田盼, 等. 2012. 基于物联网的精准农业信息感知系统设计. 计算机工程与科学, 03: 137-141.
路明. 2002. 现代生态农业. 北京: 中国农业出版社.
路明. 2008. 现代农业与生态文明. 北京: 第四届中国杰出管理者年会(论文集).

罗锡文, 臧英, 周志艳. 2006. 精细农业中农情信息采集技术的研究进展. 农业工程学报, 01: 167-173.
骆世明. 1995. 中国多样的生态农业技术体系. 自然资源学报, 10(3): 225-231.
骆世明. 2007. 传统农业精华与现代生态农业. 地理研究, 26(3): 609-615.
骆世明. 2009a. 论生态农业模式的基本类型. 中国生态农业学报, 17(3): 405-409.
骆世明. 2009b. 农业生态学. 2版. 北京: 中国农业出版社.
骆世明. 2010. 论生态农业的技术体系. 中国生态农业学报, 18(3): 453-457.
骆世明. 2017. 农业生态转型态势与中国生态农业建设路径. 中国生态农业学报, 25(1): 1-7.
吕俊芳. 2013. 旅游规划理论与实践. 北京: 知识产权出版社.
马克思恩格斯全集(第31卷). 北京: 人民出版社, 1995.
马克思恩格斯文集(第9卷). 北京: 人民出版社, 2009.
马良怀. 2007. 汉唐环境保护思想研究. 厦门: 厦门大学博士学位论文.
苗孝可, 夏克俭, 王秀. 2004. 精准农业变量施肥智能决策支持系统的研究. 计算机应用, 11: 153-155.
牛若峰, 夏英. 2000. 农业产业化经营的组织方式和运行机制. 北京: 北京大学出版社.
潘明, 陈艺. 2011. 3S技术在精准农业中的应用. 现代农业装备, 06: 56-58.
潘顺安. 2007. 中国乡村旅游驱动机制与开发模式研究. 沈阳: 东北师范大学博士学位论文.
潘瑜春, 赵春江. 2003. 地理信息技术在精准农业中的应用. 农业工程学报, 04: 1-6.
齐江涛. 2011. 玉米果穗产量实时监测方法及其应用研究. 长春: 吉林大学博士学位论文.
钱穆. 1994. 中国文化史导论. 上海: 商务印书馆.
钱燕, 尹文庆, 张美娜. 2010. 精准农业中农田信息传输方式的研究进展. 浙江农业学报, 04: 539-544.
卿文辉, 张润. 2004. 农业文明、工业文明与民族主义——盖尔纳民族理论解读. 欧洲研究, 01: 29-44, 156-157.
邱明. 2005. 论中国古代农业起源. 甘肃农业, 12: 192.
任俊华. 2013. 中国古代生态文化. 北京: 中国自然辩证法研究会.
荣开明. 2011. 论生态文明建设的三个基本问题. 孝感学院学报, 31(1): 78-83.
善浪. 2002. 中国农村经济结构调整研究. 北京: 中国农业科技出版社.
邵红岭, 卢秀茹, 杨伟坤. 2010. 农业信息化服务于生态文明建设的制约因素及对策. 湖北农业科学, 49(3): 749-751.
邵金峰. 2012. 中国古代的生态智慧. 宜宾学院学报, 8: 48-51.
沈培玲, 俞富强. 2011. 我国"农家乐"持续发展的路径探讨: 基于国外乡村旅游发展的经验借鉴与启示. 江苏商论, (7): 85-87.
沈镇昭. 2012. 中华农耕文化. 北京: 中国农业出版社.
石声汉. 1981a. 中国古代农书评介. 北京: 农业出版社.
石声汉. 1981b. 中国农学遗产要略. 北京: 农业出版社.
史美兰. 2006. 农业现代化: 发展的国际比较. 北京: 民族出版社.
帅娅娟. 2008. 休闲农业发展模式研究. 长沙: 湖南师范大学硕士学位论文.
速水佑次郎, 弗农·拉坦. 2000. 农业发展的国际分析. 北京: 中国社会科学出版社.
孙洁. 2014. 国外城市化进程中文化创意村镇的实践模式及启示. 天津社会科学, (5): 87-90.
孙克真. 2012. 传统村落生态系统保护与旅游开发策略探讨. 中国民居学术会议.
孙绮雪, 陈国生, 雷炳谈. 2004. 我国古代农业生态安全建设思想略论. 南华大学学报(社会科学版), 3: 60-63.
唐珂. 2011. 关于农业与文明的关系. 古今农业, 01: 1-9.
唐珂. 2012. 中华农耕文化及其现实意义. 前线, (2): 72-76.
唐珂. 2014. 努力建设农业生态文明. 现代管理, 10: 10-11.
陶涛. 2014. 以乡村旅游为导向的村庄规划策略研究. 杭州: 浙江大学硕士学位论文.

田启波, 赵蕾. 2003. 文明范畴辨析. 江汉论坛, (11): 68-71.
田昕加. 2011. 基于循环经济的林业产业生态化. 林业经济问题, 31(4): 98-101.
万宝瑞. 2002. 新阶段农业结构调整的研究. 北京: 中国农业出版社.
汪建云. 2014. 生态文明建设之我见. 宁波大学学报(理工版), 27(1): 109-112.
汪懋华. 2011. 精细农业. 北京: 中国农业大学出版社.
王德刚. 2010. 乡村生态旅游开发与管理. 济南: 山东大学出版社.
王帆宇. 2014. 关于生态文明的哲学思考. 生态经济, 30(7): 127-132.
王凤花, 张淑娟. 2008. 精细农业田间信息采集关键技术的研究进展. 农业机械学报, 05: 111-121.
王航. 2015. 基于ZigBee的智能精准农业系统关键技术研究及应用. 合肥: 中国科学技术大学硕士学位论文.
王姮. 2004. 农业产业化融资体系研究. 哈尔滨: 哈尔滨工程大学博士学位论文.
王厚俊. 2007. 农业产业化经营理论与实践. 北京: 中国农业出版社.
王金宝. 2014. 大力发展休闲农业与乡村旅游为全域城市化建设做出更大贡献. 中国乡镇企业, 4: 14-17.
王孔雀. 2008. 建设社会主义生态文明基本问题探讨. 黄河科技大学学报, 10(3): 55-58.
王梅杰. 2013. 我国农村生态文明建设的困境及其路径. 黑河学刊, (1): 5-6.
王齐奖, 何勃, 何爱双, 等. 2016. "猪—沼—菜"生态型养猪模式的工艺特点及技术要素. 畜禽业, (5): 30-31.
王荣莲, 于健, 赵永来, 等. 2010. 以色列农业发展成功的主要经验及启示. 节水灌溉, 5: 61-63.
王天翔. 2010. 生态文明视域下的社会主义新农村建设. 哈尔滨: 东北林业大学硕士学位论文.
王婷婷, 蒋知栋, 杨耀淇, 等. 2013. 农村生态文明建设中的环境污染问题与治理对策, 40(10): 203-208.
王先菊. 2012. 河南新农村建设中的生态农业研究. 农业经济, (1): 41-43.
王献志. 2016. 传承农耕文化推进现代生态农业发展. 安徽农学通报, (z1): 3-4.
王新玉. 2015. 实践、经验与路径——江宁、高淳生态文明建设模式比较研究. 生态经济, 31(7): 156-160.
王鑫. 2013. 对生态文明建设的认识与路径探析. 沈阳干部学刊, 15(6): 9-11.
王星光. 1989. 传统农业的概念、对象和作用. 中国农史, (1): 27-30.
王秀忠, 严端祥, 王桂玲, 等. 2013. 美丽乡村幸福安吉——浙江安吉县推进美丽乡村建设的新实践、新形势、新对策. 中国乡镇企业, (9): 31-40.
王亚辉. 2013. 生态文明理念下的乡村旅游发展研究——以团结镇为例. 云南社会主义学院学报, 6: 242-244.
王涌涛. 2016. 生态文明建设视域下我国乡村旅游的生态化转型. 农业经济, (6): 43-45.
王云才, 郭焕成, 徐辉林. 2006. 乡村旅游规划原理与方法. 北京: 科学出版社.
文天植. 2008. 浅谈日本农业现代化的特点、经验和存在问题. 科技资讯, 22: 104.
吴必虎. 2001. 大城市环城游憩带(EeBAM)研究——以上海市为例. 地理科学, 21(04): 354-359.
吴建华, 郑向敏. 2004. 我国乡村旅游发展存在的问题与对策分析. 桂林旅游高等专科学校学报, (3): 5-9.
吴理财, 吴孔凡. 2014. 美丽乡村建设四种模式及比较——基于安吉、永嘉、高淳、江宁四地的调查. 华中农业大学学报(社会科学版), (1): 15-22.
吴仲广. 2015. 国外和我国台湾乡村旅游发展的成功模式及启示. 农业科技与信息, (21): 57-60.
夏学禹. 2009. 农耕文化与现代农业论坛论文集. 北京: 中国农业出版社.
夏学禹. 2010. 论中国农耕文化的价值及传承途径. 古今农业, (3): 88-98.
夏雪. 2015. 武汉市东西湖区休闲农业发展研究. 武汉: 华中师范大学硕士学位论文.
夏自军. 2013. 生态文明的时代意蕴. 长白学刊, (2): 19-23.
邢可霞, 王青立. 2007. 建设生态文明与中国农业未来发展. 农业环境与发展, 6: 12-15.
徐琪. 2009. 我国乡村旅游的发展现状、存在问题与对策. 贵州农业科学, (10): 218-221.
徐全忠. 2013. 主体功能区视域下内蒙古农业可持续发展研究. 武汉: 武汉理工大学博士学位论文.
徐旺生. 1995. 中西饮食文化内涵的异同. 农业考古, 03: 17-19.
徐玉明. 2009. 积极推进新农村生态文明建设. 中国农学通报, (2): 287-290.

许经勇. 2016. 用新的发展理念破解"三农"新难题. 湖湘论坛, 170(5): 65-70.
薛晓源, 陈家刚. 2005. 从生态启蒙到生态治理——当代西方生态理论对我们的启示. 马克思主义与现实, (4): 14-21.
闫虹霞. 2005. 我国传统农业向现代农业转变的模式研究. 太原: 太原理工大学硕士学位论文.
严耕, 杨志华. 2009. 生态文明的理论与系统建构. 北京: 中央编译出版社.
严力蛟. 2007a. 台湾休闲观光农业的发展及对我们的启示. 新农村, (11): 29.
严力蛟. 2007b. 我国休闲观光农业的模式与发展对策. 新农村, (2): 6-7.
严力蛟. 2009. 浙江省休闲观光农业发展现状与对策措施. 浙江林业, (8): 28-29.
严力蛟. 2013. 生态家园 美丽杭州. 北京: 中国科学普及出版社.
严力蛟, 卢旻衍, 周建英. 2006. 休闲观光农业国内外发展现状、存在问题与对策措施//中国生态旅游发展论坛.
严立冬, 邓远建, 屈志光. 2010. 论生态视角下的低碳农业发展. 中国人口·资源与环境, 20(12): 40-45.
阳丽波, 廖桂霞. 2009. 生态文明建设的重要性及其途径探析. 新疆职业大学学报, 17(1): 1-3.
杨超. 2009. 发展现代农业: 现实挑战与路径选择. 济宁: 曲阜师范大学硕士学位论文.
杨春, 陈文宽, 王云飞. 2013. 我国西南农区草食畜牧业发展研究——以四川省简阳市种草养肉山羊为例. 农业经济问题, (6): 14-19.
杨建利, 邢娇阳. 2016. 我国农业供给侧结构性改革研究. 农业现代化研究, 37(4): 613-620.
杨瑞, 郑明, 王志军. 2016. 大数据助力"互联网+旅游"解决方案研究. 电信技术, (03): 17-20.
杨银磊, 许玉贵. 2011. 基于灰色关联度方法的云南农民收入来源结构及贡献率分析. 林业经济问题, 31(4): 365-368.
姚元福, 逯昀. 2015. 休闲农业与乡村旅游. 北京: 中国农业科学技术出版社.
叶庆. 2016. "猪—沼—果"模式示范效益分析及其综合利用技术. 现代农业科技, (5): 284-285.
佚名. 2016. 中央一号文件聚焦农业供给侧改革实施种植业调结构. 吉林农业, (4): 13.
尹昌斌, 程磊磊, 杨晓梅. 2015. 生态文明型的农业可持续发展路径选择. 中国农业资源与区划, 36(1): 15-21.
尹昌斌, 赵俊伟, 尤飞, 等. 2015. 基于生态文明的农业现代化发展战略研究. 中国工程科学, (17)8: 97-102.
尹海红, 李益敏, 叶志强. 2009. 云南怒江峡谷农业产业结构优化原则与特色优势种植业空间布局. 农业现代化研究, 30(6): 707-711.
尤海涛. 2012. 乡村旅游的本质回归: 乡村性的认知与保护. 中国人口·资源与环境, 22(9): 158-162.
尤海涛. 2015. 基于城乡统筹视角的乡村旅游可持续发展研究. 青岛: 青岛大学博士学位论文.
于合龙. 2010. 精准农业生产中若干智能决策问题研究. 长春: 吉林大学博士学位论文.
于少东. 2014. 我国生态文明与新农村建设研究——以北京市延庆县为研究对象. 合肥: 中国科技大学博士学位论文.
于洋. 2015. "美丽乡村"视角下的农村生态文明建设. 农业经济, (4): 7-9.
余谋昌. 1995. 环境意识与可持续发展. 世界环境, (4): 11-16.
余谋昌. 2000. 生态哲学. 西安: 陕西人民教育出版社.
袁树, 黄洪雷. 2015. 关于我国农村生态文明建设的思考. 长春理工大学学报(社会科学版), 28(3): 28-31, 37.
苑严伟, 张小超, 吴才聪, 等. 2011. 玉米免耕播种施肥机精准作业监控系统. 农业工程学报, 08: 222-226.
藏晓辉. 2011.《周易》传统生态伦理观及其当代意义. 西安: 陕西科技大学硕士学位论文.
翟虎渠. 2006. 农业概论. 北京: 高等教育出版社.
翟勇. 2006. 中国生态农业理论与模式研究. 杨凌: 西北农林科技大学.
詹玲, 蒋和平, 冯献. 2010. 国外休闲农业的发展概况和经验启示. 中国乡镇企业, (10): 91.
张宝林, 姚琦. 2013. 农村环境污染成因与防治对策. 江苏农业科学, 41(12): 357-359.
张岱年. 1992. 中国农业文化. 西安: 陕西人民教育出版社.
张冬平, 鲁怀坤. 2009. 中国休闲农业发展状况与特征分析. 河南农业大学学报, 43(6): 677-680.

张海翔. 2011. 迈向生态文明的思考与绿色农业的升华. 云南农业大学学报(社会科学版), 05(2): 1-4.
张海燕, 王忠云. 2010. 旅游产业与文化产业融合发展研究. 资源开发与市场, 26(4): 322-326.
张好收. 2015. 制约农村生态文明建设的主要因素及对策分析. 32(1): 17-20.
张弘. 2015. 湖南省传统农业向现代农业转型路径研究. 天津: 天津师范大学硕士学位论文.
张洪新, 赵艳华, 王仕文, 等. 2014. 江宁区生态文明建设的实践与思考. 中国环境管理干部学院学报, 24(6): 25-28.
张洁. 2007. 我国乡村旅游可持续发展的研究. 天津: 天津大学博士学位论文.
张金艳. 2013. 大力推进我国生态文明建设的主要对策. 法制与社会, (14): 188-189.
张九汉, 叶守民. 1998. 荷兰、法国农业考察报告(上). 江苏农村经济, 7: 4-8.
张敏. 2008. 论生态文明及其当代价值. 北京: 中国致公出版社.
张攀春. 2012. 现代农业的主导功能及其可持续发展. 农业现代化研究, 33(5): 548-551.
张平. 2005. 道家生态哲学思想评析. 衡阳师范学院学报, 2: 24-26.
张齐发. 2014. 目前农村面临的严峻生态问题及治理对策. 山东农业工程学院学报, 31(2): 18-20, 29.
张胜利. 2014. 中国休闲农业发展现状与对策研究. 长沙: 湖南农业大学博士学位论文.
张世刚. 2015. 休闲农业的现状和发展. 农业与技术, 35(19): 169-170.
张首先. 2010. 生态文明:内涵、结构及基本特性. 山西师大学报(社会科学版), 37(1): 26-29.
张树民, 钟林生, 王林恩. 2012. 基于旅游系统理论的中国乡村旅游发展模式探讨. 地理研究, 31(11): 2094-2103.
张松柏, 赵继海. 2002. 新世纪日本农业面临的问题与对策. 世界农业, 4: 10-12.
张桃林. 2012. 加强农业面源污染防治. 新农业, (8): 4-5.
张桃林. 2017. 切实加强农业资源环境工作不断提升农业绿色发展水平——在全国农业资源环境与能源生态工作会暨2016中国现代农业发展论坛上的讲话. 农业资源与环境学报, 34(2): 95-101.
张卫. 2016. 加强农业供给侧改革确保"舌尖上的优质". 中国食品, (2): 11-15.
张弦, 苏百义. 2015. 农业生态文明建设中存在的问题及对策研究. 青岛农业大学学报(社会科学版), (27)4: 21-25.
张小超, 王一鸣, 方宪法, 等. 2002. 精准农业的信息获取技术. 农业机械学报, 06: 125-128.
张燕. 2016. 论发展生态农业对生态文明建设的作用. 农业经济, 12: 68-69.
张扬. 2010. 借鉴国外成功经验大力发展海南休闲农业. 热带农业科学, (1): 62-65.
张忠伦. 2005. 人类文明的起落及中国生态文明. 哈尔滨: 东北林业大学出版社.
章家恩, 骆世明. 2000. 农业生态系统模式研究的几个基本问题探讨. 热带地理, 20(2): 102-106.
赵安奇. 2014. 泰安市农业产业结构优化调整的调查与研究. 泰安: 山东农业大学硕士学位论文.
赵承华. 2008. 我国乡村旅游可持续发展问题及对策研究. 农业经济, (4): 18-19.
赵春江, 薛绪掌, 王秀, 等. 2003. 精准农业技术体系的研究进展与展望. 农业工程学报, 04: 7-12.
赵华, 于静. 2015. 新常态下乡村旅游与文化创意产业融合发展研究. 经济问题, (04): 50-55.
赵珏, 张士引. 2015. 产业融合的效应、动因和难点分析——以中国推进"三网融合"为例. 宏观经济研究. (11): 56-62.
赵丽珍. 2012. 清流县休闲农业发展对策研究. 福州: 福建农林大学硕士学位论文.
赵其国, 黄国勤, 马艳芹. 2016. 中国生态环境状况与生态文明建设. 生态学报, 36(19): 6328-6335.
赵彤. 2009. 基于区位商的江苏产业结构实证分析. 经济师, (12): 270-271.
赵宇. 2015. 传统农业对现代农业发展的启示. 云南民族大学学报(哲学社会科学版), 32(4): 157-160.
郑德胜, 张於倩, 张忆川. 2010. 大兴安岭国有林区产业结构调整的研究. 林业经济问题, 30(1): 32-38.
郑健雄, 郭焕成, 陈田主. 2005. 休闲农业与乡村旅游发展. 徐州: 中国矿业大学出版社.
郑丽敏, 刘忠. 2006. 农业信息系统原理及其应用. 北京: 化学工业出版社.

郑有贵, 李成贵. 1997. 中国传统农业向现代农业转变的研究. 北京: 经济科学出版社.
郑园园. 2014. 现代生活方式生态化转型的哲学思考. 新乡: 河南师范大学硕士学位论文.
钟立华. 2008. 论中国特色农业现代化道路的战略选择. 老区建设, 16: 19-21.
钟平. 2009. 休闲农业发展之欧美借鉴. 农村工作通讯, (7): 18-19.
周芬芬. 2014. 农村生态文明建设对策研究述评. 山西广播电视大学学报, (2): 21-23.
周敬宣. 2009. 可持续发展与生态文明. 北京: 化学工业出版社.
周生贤. 2009a. 积极建设生态文明. 求是, 22(12): 30-32.
周生贤. 2009b. 落实科学发展观 探索环保新道路(下). 世界环境, (1): 50-51.
周义龙. 2015. 国外休闲农业发展的典型模式与经验启示. 改革与战略, (10): 196-199.
周颖, 尹昌斌, 邱建军. 2008. 我国循环农业发展模式分类研究. 中国生态农业学报, 16(6): 1557-1563.
周忠丽, 夏英. 2014. 国外"家庭农场"发展探析. 广东农业科学, 5: 22-25.
朱春江, Singh SP, Comer SL. 2013. 论农业与生态文明建设. 生态经济, 11: 127-131.
朱立志. 2013. 农业发展与生态文明建设. 中国科学院院刊, (28)2: 232-238.
邹德秀. 1984. 中国古代传说中的农业起源问题. 中国农史, 04: 1-8.
邹德秀. 1989. 中国古代农业与中国社会发展. 农业考古, 02: 175-180.
邹德秀. 1992. 中国农业文化. 西安: 陕西人民教育出版社.
邹德秀. 2006. 根石屋文存. 杨凌: 西北农林科技大学出版社.
邹先定, 陈进红. 2005. 现代农业导论. 成都: 四川大学出版社.
2015 中国统计年鉴. http://www.stats.gov.cn/tjsj/ndsj/2015/indexch.htm.

Crawford GW. 2011. Advances in understanding early agriculture in Japan. Current Anthropology, 52(4): S331-S345.

Francois-Joseph D, Daniel P. 2009. The multifunctionality of agriculture and contractual policies. A comparative analysis of France and the Netherlands. Journal of Environmental Management, 90 (2): S132-S138.

Marques FC, Oliveira D. 2016. Ecological agriculture in southern Brazil: from alternative to counter-tendency. ICONOS, 20 (54): 87-106.

Marten G. 1988. Productivity, stability, suitability, equitability and autonomy as properties for agro-ecosystem assessment. Agricultural System, 26: 291-316.

Mellor JW. 1988. 农业经济发展学. 何宝玉, 等译. 北京: 农村读物出版社.

Parsons J, Kimberling C, Parson GV, et al. 2015. Colorado SheepID project: Using RFID or tracking sheep. Journal of Animal Science, 83: 119-120.

Picket TA. 1995. Landscape ecology, spatial heterogeneity in ecological systems. Science, 269: 331-334.